SOCIOLOGIE D'AUJOURD'HUI
COLLECTION DIRIGÉE PAR GEORGES BALANDIER

L'ILLUSION SOCIALE

Essai sur l'individualisme démocratique et son destin

ANDRÉ AKOUN

PRESSES UNIVERSITAIRES DE FRANCE

À FRANÇOIS CHÂTELET,
mon ami

ISBN 2 13 042233 0
ISSN 0768 0503

Dépôt légal — 1re édition : 1989, mars

Sommaire

INTRODUCTION

L'objet de notre travail est de chercher à comprendre comment, dans l'espace politique créé par la révolution de l'individualisme et *contre* celle-ci, s'élabore l'illusion d'un Sujet social maître de son Histoire, et comment cette illusion organise l'univers des partis révolutionnaires.

Il s'agit de rendre intelligible le chemin qui, dans l'histoire des idées, va, de l'invention du politique comme ordre autonome ayant pour fondement unique l'individu sujet-libre, à la construction de discours nouveaux qui, par la médiation de l'Histoire, redonnent à la société cette coagulation imaginaire que la révolution de l'individualisme avait défaite.

Plus profond que les discours, il y a la façon dont est distribuée l'économie libidinale. Mais ce sol préréflexif n'existe que repris dans l'univers symbolique et dans les discours qui ambitionnent de dire l'ordre et les fins. Ces discours ne sont pas la simple transcription de l'immédiateté vécue, ils sont la rationalisation et la légitimation de ce rapport originaire qu'ils transforment en « monde-pour-soi » de l'homme.

Cette rationalisation, en Occident, s'est inscrite dans la logique d'un discours né en Grèce il y a vingt-cinq siècles : le discours de la Raison. C'est à partir de cette Raison et de son odyssée que nous avons voulu interroger la façon dont est pensé le monde nouveau de significations : notre monde.

Avec l'individualisme s'est inventé, dans cet espace de l'Occident, un nouveau commerce des hommes entre eux et un nouveau type de légitimation, à partir de la rupture des liens qui unissaient les significations à une source extérieure. Désormais, dans l'errance, l'incertitude, le sujet-séparé, le sujet-libre, se pose comme la source et la fin du sens. Il est l'individu que n'assigne aucune identité naturelle et qui doit organiser cette incomplétude dans un espace politique, désormais profane, que plus rien ne fonde *in aeternum*, ni ne clôture.

Nous aurions pu (aurions-nous dû ?) étudier la façon dont s'organise l'économie des investissements, dans le jeu des identifications et des projections qui dessine l'individu et son monde d'objets. Nous avons choisi d'étudier les textes qui légitiment cette incomplétude nouvelle qui habite l'homme et sa société, ou qui y ripostent. Mais nos présupposés demeurent ceux-là mêmes que nous trouvons dans l'œuvre de Freud ; une référence qui nous a incité à penser le rapport de l'homme, à soi et à son monde, à partir de la pulsion de mort, qui le constitue *divisé* ; qui nous incite, également, à mesurer les effets du divorce de la Loi et du Sacré, puisque l'homme s'appréhende comme la source des significations dans l'opacité desquelles il est pris.

Le monde moderne se donne comme monde de l'égalité des hommes, tous libres également. Cette notion d'égalité implique, à la fois, la lutte de tous contre tous et l'amour de chacun pour tous. L'autre y est perçu, à la fois, comme le concurrent dont le désir me menace et à cause de qui mon espace de puissance et de liberté rencontre ses limites, et comme le semblable, le frère. Une telle dynamique engendre la question qui est au cœur du politique : « Comment vivre ensemble ? » Comment empêcher que le corps social ne devienne corps disloqué par la dissociation de ses membres ? Comment instituer, contre les dérives passionnelles collectives, la loi commune, dès lors que n'existe plus de références transcendantes pour fonder la coexistence civique ? Comment obtenir que la raison démocratique ait cette sacralité qui fut celle des prêtres et des rois, alors même qu'on sait qu'à l'origine du Contrat, il y a toujours une violence que seuls le temps et l'histoire peuvent faire oublier ?

Ces apories, le libéralisme politique a voulu les dépasser en organisant séparément le lieu de la lutte et le lieu de l'association, rêvant, ainsi, de faire se répondre l'amour de soi et l'amour commun. Mais une telle organisation des investissements ne va pas de soi. A la hantise du corps morcellé répond le fantasme du corps social plein dans l'indifférenciation de l'Un.

Dans l'espace de l'individualisme, l'*illusion politique* est cette riposte qui veut faire que le Peuple SOIT et que l'Etat et le peuple soient une seule et même réalité. A un pouvoir substantifié répond une réduction de l'individu à la dimension unique de sa citoyenneté. Mais l'illusion politique (parce qu'elle demeure sous la dépendance de l'individualisme) laisse hors de sa volonté furieuse une société civile qu'elle « ignore ». Son langage est celui de l'exhortation à la vertu, à la fois civique et morale, puisque les deux sont une même chose.

L'*illusion sociale* relève d'un autre univers de pensée. L'individu y est récusé au profit des sujets collectifs que la société civile engendre dans sa dialectique conflictuelle : les classes sociales.

Parmi ces sujets, il en est un à qui l'illusion assigne un rôle messianique : le Prolétariat, classe dont la réalisation de son intérêt particulier serait en même temps réalisation de l'universel et ferait passer l'Humanité de la nuit de l'aliénation à la lumière de la maîtrise du destin de l'homme par l'homme.

Illusion mortifère que celle d'une société sans médiation qui ne riposte à la déréliction de l'individu que par son absorption dans un corps social réunifié. Mais il n'est pas de corps social-Un qui puisse être. Il n'est pas de système politique qui suturerait la division constitutive de l'homme et constitutive de la société. L'illusion sociale veut dissoudre l'Etat dans une société d'individus réconciliés [un monde de frères qui ne seraient pas Caïn et Abel], d'où est extirpée la racine du mal : la propriété privée. Effet pervers, ruse de la Raison, la société qui en sort est celle, non de « l'homme total », mais du totalitarisme.

Dans un premier temps, l'illusion sociale est l'illusion lyrique révolutionnaire. L'histoire réconciliera le monde de l'homme avec lui-même et la médiation de cette désaliénation est la classe tout entière. Mais bientôt l'illusion se fait institution partisane. Ce qui était mis au compte de la classe devient la tâche du parti de la classe. La IIe Internationale, et surtout le Parti social-démocrate allemand, en qui s'inscrit cette logique de l'illusion, sont pris dans une contradiction entre, d'une part la définition du parti comme lieu du savoir sur la société et son histoire, comme lieu où s'énonce l'inéluctabilité de « l'avenir radieux », et d'autre part la nécessité pragmatique de jouer le jeu démocratique, de faire inscrire dans l'espace de la représentation politique les succès de leurs luttes et donc de contribuer à intégrer les « exclus », les « damnés de la terre ». S'opposent ainsi le radicalisme d'une contre-société messianique et le pragmatisme réformiste d'un parti à vocation « sociale ».

Cette contradiction fait du Parti social-démocrate allemand la source de ce révisionisme dans lequel, de scientifique qu'il prétendait être, le socialisme se résout à devenir une simple « exigence morale ». Mais elle fait aussi de lui le père du léninisme qui poussera jusqu'à ses conséquences ultimes l'illusion et mettra au service de celle-ci un « parti de type nouveau », porteur de la vérité et substitut, dans la fonction messianique, du prolétariat désormais réduit à la tâche de suivre le Maître-qui-sait. Il en résulte la dissolution de ce qui était l'essence politique de l'espace démocratique : l'Etat sans convictions, l'individu libre comme fondement — extérieur — du politique, l'affirmation de la société civile comme espace propre.

L'achèvement de l'illusion dans le totalitarisme, en même temps qu'il révèle la façon dont la révolution de l'individualisme organise sa propre négation à l'intérieur de son propre espace, nous permet d'appréhender les soubassements fantasmatiques de la structure nécessaire et impossible de la « réciprocité ».

PREMIÈRE PARTIE

Chapitre 1

Qu'en est-il de la « modernité » ?

Sait-on toujours de quoi on parle quand on parle de société « moderne » ? A quels signes reconnaîtra-t-on cette modernité revendiquée ? Ce n'est évidemment pas le simple fait d'appréhender la société dans son actualité, car, à ce titre, toute les sociétés contemporaines seraient modernes, qu'elles soient « primitives » comme telle tribu australienne, théocratiques comme nombre de sociétés du monde arabe ou industrielles démocratiques comme nos sociétés occidentales. La modernité ne saurait se résumer à l'être-présent. Elle implique autre chose.

Doit-on faire référence, explicitement ou implicitement, à une philosophie de l'histoire qui légitimerait le fait de voir dans un présent particulier la réalisation la plus accomplie du devenir des hommes ? Ainsi Hegel expliquait-il que l'Esprit se manifestait selon une logique du progrès de sa conscience-de-soi, dans des figures successives qui vont de la Grèce classique puis du monde romain au monde chrétien, puis à la Révolution française où il achève son parcours et accède au Savoir absolu de soi. Ainsi Marx, énonçant avec le sérieux du philosophe qu'il croit ne plus être, que « l'histoire de toutes sociétés jusqu'à nos jours est l'histoire de la lutte des classes », définit-il le capitalisme à la fois comme la forme ultime de l'exploitation de l'homme par l'homme et comme le moment unique où sont créées les conditions pour en finir avec le malheur de l'aliénation et faire accéder l'humanité à la maîtrise consciente de son destin, dans le communisme.

Avec une philosophie de l'histoire nous possédons, certes, un critère de définition de la modernité, avec même, à la clé, si on ose dire, la façon dont cette modernité s'achèvera et produira son lendemain. Mais lorsqu'on récuse l'aide d'un système qui organise les faits à partir d'un *a priori* négateur de toute histoire, comment utiliser la notion de modernité ?

En renonçant, en tout premier lieu, à l'illusion universaliste. La modernité que nous invoquerons n'est pas à comprendre à l'échelle de l'humanité. Elle est celle du monde occidental. Rien ne nous dit que cette modernité soit la préfiguration du destin des autres mondes et de leur histoire. Car il y a *des* histoires et non pas une histoire. Ces histoires s'uniront-elles un jour en une histoire du monde ? La réponse relèverait de la prophétie, non d'un pronostic de la raison. Cette modernité, nous la définissons comme ce moment où advient, pour l'homme occidental, un nouveau type de rapport au monde, une nouvelle façon de penser son être social et son destin, un nouvel imaginaire qui dynamise son existence collective et organise sa sociabilité, bref une nouvelle culture qui refoule — sans tout à fait la détruire — un monde ancien de croyances. Toute une tradition idéologique met l'accent sur l'économique pour définir le moment où se constitue la société « moderne ». Cette tradition est *marxiste* lorsqu'elle souligne l'importance décisive des rapports sociaux que les hommes entretiennent dans le mode de production et qu'elle réduit le politique à une superstructure appelée à disparaître. Elle relève de *l'opinion commune* qui adhère à l'idée vague du progrès quand elle se contente de souligner le caractère industriel d'une société dans laquelle elle voit le triomphe de la rationalité technique, la libération, voire le déchaînement des forces productives et la réalisation du projet cartésien : devenir maître et possesseur de la nature.

Cette tradition « économiste », quelle que soit sa déclinaison idéologique, ne peut satisfaire. Plus profond que l'organisation économique ou technologique, il y a le tissu symbolique dans lequel cette organisation s'inscrit. C'est dans le mode d'installation de l'homme dans son monde et dans la façon dont il distribue les signifiants pour penser cette installation, la dire et se dire, que se trouve le sol originaire. La modernité est à retrouver à ce niveau. C'est pourquoi nous la définirons non par l'essor industriel et son organisation économique et sociale, mais par l'*avènement de l'individualisme démocratique* tel qu'il s'exprime dans les « Déclarations des droits » américaine ou française. Non qu'il naisse avec elles. Celles-ci ne font qu'expliciter et rationaliser un ensemble de convictions sourdement installées et devenues si « naturelles » qu'elles apparaissent comme des évidences qui n'ont pas à être établies et à partir desquelles on doit raisonner. L'universalité est dès lors appréhendée comme norme et valeur de la réalité profane des hommes, comme règle fondant leur coexistence.

Cette croyance en l'existence de droits de l'homme « en tant qu'homme », cette irruption de l'universalité dans la conscience collective, engendrent des effets qu'on peut regrouper sous la notion freudienne de « malaise ».

Pour évaluer le bouleversement, qu'on songe à la naturelle certitude-de-soi qui habite les sociétés anciennes. La racine de l'ethnocentrisme de ces sociétés anciennes vient de ce que, accepter l'autre culture comme « autre » et comme « culture », c'était se condamner à ne plus voir dans sa propre culture qu'un *possible* parmi d'autres et c'était en souligner une impensable contingence. Toutes organisaient leur consensus en appréhendant leurs institutions, ou leurs modes de vie, comme des choses naturelles (ou sacrées, ce qui est semblable). L'ethnocentrisme n'était que la manifestation de la tendance de la société à persévérer dans son être et à se poser en s'opposant.

Toutes les sociétés se sont ainsi faites sourdes à ce qui n'est pas elles. Toutes, *sauf* précisément nos sociétés, filles des « droits de l'homme ». L' « autre », combattu, contesté, souffrant et haï, désormais existe au cœur d'un espace social sans extérieur, ruinant toutes les tentations d'une identité collective figée, minérale, pure positivité. Et comment pourrait-il en être autrement puisqu'il n'y a, à proprement parler, personne d'extérieur à l'Humanité ?

Nous aurons à nous interroger sur la nature du lien social. Contentons-nous, ici, de souligner un de ses aspects essentiels : l'ambivalence fondamentale du consensus. L'accord des hommes pour vivre ensemble ne se fait jamais sans que soit désigné un objet contre lequel se fait cet accord. Le consensus implique toujours une relation d'exclusion et de mort comme condition du lien érotique. Une société ne peut organiser l'espace de sa fraternité sans qu'existent des objets vers qui l'agressivité peut se porter légitimement. Acte de paix civile, le consensus ne se dessine jamais que sur fond de guerre. Qui peut nier qu'au niveau des pratiques politiques on retrouve ces caractéristiques ? Le secret de tout pouvoir est de savoir désigner ce qui est à exécrer.

Et cet objet, ce peut être le sujet lui-même. Lorsque est récusée toute extériorité vers quoi diriger légitimement une pulsion de mort indestructible, celle-ci peut-elle faire autrement que se retourner en culpabilité mortificatrice ? Dans un article paru dans la revue *Commentaire*[1], Leszek Kolakowski s'interroge : « Où sont les barbares ? », et constate que la tradition démocratique européenne, par fidélité à ses principes universalistes, est amenée à professer un relativisme culturel généralisé qui lui fait refuser de porter tout jugement de valeur sur les civilisations différentes d'elle et proclamer leur égalité intrinsèque. Ainsi l'Europe se trouve-t-elle dans l'étrange situation de reconnaître la valeur de sociétés qui inscrivent l'intolérance et l'exclusivisme dans leur éthique, alors même qu'elle les dénie en son sein. Ce relativisme qui menace d'ôter à l'Europe toute identité aboutit au paradoxe : le seul objet qui paraisse mériter critique et condamnation, le seul qui porte en lui le mal, c'est l'Europe elle-même. Indépendamment des autres questions que soulève une telle analyse, ne peut-on s'interroger et se demander s'il n'y a pas là le symptôme du travail de la pulsion de mort qui se retourne sur le Sujet de n'avoir aucun objet extérieur ? Mais le plus souvent cette pulsion sera dirigée non vers soi mais vers ces « semblables » qu'on pourra soupçonner de n'être pas si semblables que cela. C'est dans ce mouvement que surgissent des figures qui relèvent de l'imaginaire ? Il faut donc inscrire le racisme dans le registre des ripostes qu'une société de l'individualisme, inquiète de son identité, peut-être parce que cet individualisme n'y est pas devenu le milieu *naturel* de l'existence de chacun et de tous [une maladie infantile de société démocratique en quelque sorte], est vouée à inventer. C'est qu'avec l'individualisme il n'y a plus de société sacrée et immobile à l'échelle des vies d'hommes. Il n'y a

1. Leszkek Kolakowski, Où sont les barbares : les illusions de l'universalisme culturel, *Commentaire*, vol. 3, n° 11, automne 1980.

plus que des sociétés profanes, prises dans le vertige de leur histoire. Mais ce *nihil* comme fondement, et cette *errance* comme destin, en même temps qu'ils suscitent le rejet de l' « autre » — première condition pour être un Soi — suscitent, de façon semblable et inverse, la recherche effrénée de racines, d'authenticité, toute une nostalgie du positif. C'est l'avers du revers que nous venons d'analyser : la recherche d'une identité échappant au vertige du temps, enracinée dans un sol ou accrochée à un ciel. Le rejet de l'autre s'inverse, paradoxalement, en rejet de Soi.

Ainsi en est-il de la fascination du « primitif », du « bon sauvage », qui deviennent les supports imaginaires d'une nostalgie : celle d'un monde (qui n'a évidemment jamais existé) où l'homme savait le secret des choses, leur vrai nom et son vrai nom, et vivait en harmonie avec l'Etre. Ainsi en est-il de l'engouement pour un mythique « Tiers Monde » qui n'a de qualités que celles qui lui viennent du refus de l'Occident par l'Occident. Car il va de soi que cette passion pour le Noir dressé mains nues contre la société blanche, ou pour le militant colonial en révolte contre l'oppression (une oppression qui est réelle, elle), n'est pas, dans le cas qui nous intéresse, une prise de position politique résultant de la reconnaissance de l'autre comme autre, mais la négation de cette altérité. Ils doivent, tous ces héros virils et purs, manifester cette volonté occidentale d'intégrer jusque ce qui la nie, dans son Panthéon.

Dans le même registre on peut inscrire l'érection mystique du prolétariat qui, messie du monde moderne en même temps que son grand exclu, se voit attribuer la mission d'accomplir l'histoire en réalisant la grande réconciliation de l'homme avec l'homme après la grande nuit de l'aliénation.

Dans le même registre également, la frénésie de retrouver ses ancêtres paysans (mais qui a d'autres ancêtres que paysans ?, les juifs peut-être ?), de vouloir faire revivre coutumes et langues mortes, de se réinstaller dans un régionalisme, un provincialisme sans consistance car leur seule réalité est d'être la protestation imaginaire contre un monde qui impose sa déréliction. Sous ces formes ou sous d'autres, ce qui s'exprime c'est ce besoin d'échapper au sentiment de la perte en adhérant à un univers d'essences où les choses et les êtres sont ce qu'ils sont, et le sont pleinement.

Société du manque à être, la société de l'individualisme multiplie les substituts à l'être absent et ne cesse ainsi de favoriser la formation de « familles », de « sectes », de « groupes » et d'exalter tous les exotismes de pacotille, tous les mysticismes infantilisants, tous les folklores desséchés. En même temps elle ne cesse de les détruire en révélant leur absence de réalité et d'authenticité.

A ce « malaise de civilisation » qui ordonne, devrait-on dire, la quotidienneté calme des sociétés modernes, s'ajoutent ces paroxysmes que sont les grandes ivresses idéologiques. Nous sommes alors confrontés à un phénomène particulier qui voit le politique se faire lieu de communion mystique. Est-ce à dire que la société démocratique est vouée par nature à osciller entre ses petites religiosités quasi privées et les grands mysticismes séculiers ? Doit-on reprendre à notre compte le diagnostic de Benjamin Constant ?

« Comment se fait-il que toutes les fois que les religions positives sont entièrement discréditées, l'homme se précipite dans les superstitions les plus effroyables ?...

« D'où vient ce désordre moral à une époque où la philosophie a étendu partout des enseignements et où les lumières semblent avoir dissipé les ténèbres de l'ignorance ?

« L'homme s'applaudit d'avoir repoussé tous les préjugés, toutes les erreurs, toutes les craintes, et toutes les craintes, tous les préjugés, toutes les erreurs semblent déchaînées. On a proclamé l'empire de la raison et tout l'univers est frappé de délire ; tous les systèmes se fondent sur le calcul, s'adressent à l'intérêt, permettent le plaisir, recommandent le repos, et jamais les égarements ne furent plus honteux, les agitations plus désordonnées, les douleurs plus poignantes : c'est que dans ses attaques contre la forme qu'il a réduite en poussière, le scepticisme a porté atteinte au sentiment dont l'espèce humaine ne saurait se passer. (...) Cette terre séparée du ciel devient pour ses habitants une prison et le prisonnier frappe de sa tête les murs du cachot qui le renferme. Le sentiment religieux s'agite avec frénésie sur des formes brisées... »[2].

2. Benjamin Constant, *De la religion considérée dans sa source, ses formes et ses développements* (*in* Benjamin Constant, *Œuvres*, La Pléiade).

Certes, notre temps en a connu de ces explosions où l'idéologie s'apparentait, dans sa violence lyrique, à un mysticisme collectif avant que de se figer en un instrument de contrôle rigide de la société par le politique. Les paroxysmes idéologiques et leur glaciation totalitaire sont-ils le destin d'une société démocratique sans transcendance ? Nous ne le croyons pas.

La représentation que la société démocratique a d'elle-même est celle d'une association entre des sujets libres originellement. Ainsi défait-elle le lien vécu comme naturel dans les société antérieures en le rendant illégitime et lui substitue-t-elle le lien de convention. Mais cette utopie d'une société tout entière contractuelle repose sur le mythe selon lequel l'individu existe, calculateur naturel de ses intérêts et totalement adéquat à lui-même. On sait bien qu'un tel individu *n'est pas*. Les apories de la démocratie ne peuvent venir que de cette illusion d'un individu-Un, en état de se retrouver tout entier membre de la société politique.

L'individu démocratique ne saurait être confondu avec l'individu réel, concret, dont l'ensemble des déterminations font une existence. La sphère de la citoyenneté s'offre comme sphère « différente », espace où chacun n'agit et ne se pense que comme volonté abstraite et législatrice. L'individu, il faut l'entendre comme celui qui veut que naisse un espace de droit dont il est supposé être à la fois *la source* et *la fin*.

La démocratie et l'individualisme ne sont pas voués par leur nature à dissoudre toute sociabilité de telle sorte que place nette soit faite aux ripostes exacerbées des idéologies paroxystiques. Si la démocratie individualiste est bien ce que nous pensons qu'elle est — la définition du politique comme espace *séparé* qui ne saurait se confondre avec le tout de l'existence sociale — sa dérive idéologique totalitaire n'est pas sa conséquence nécessaire mais une perversion (et certes, une perversion *de* la démocratie). En effet, ce qui y est impliqué est toujours la politisation de la sphère sociale en son entier et donc l'abolition du caractère symbolique du principe de *l'égalité des conditions*, principe qui ne saurait être la loi de la société civile ni celle de la société familiale sous peine de les voir s'anéantir dans le fantasme de la communauté indivise.

L'existence, à côté des relations spécifiquement politiques, de ces formes de sociabilité vécues comme naturelles parce que relevant de la « loi de l'amour et du sang » et des formes de sociabilité contractuelles privées ou particulières propres à la société civile, toutes formes grâce auxquelles l'individu se fait semblable et dissemblable en aménageant l'espace propre de son activité, de son imaginaire et de ses opinions est, non une des possibilités de la démocratie individualiste, mais la condition *a priori* de son existence. L'absolu de l'idéologie politique est peut-être une maladie des démocraties balbutiantes ou prématurées mais c'est certainement la dénégation de la démocratie, par une confusion introduite entre l'ordre principiel et l'ordre réel, l'ordre de la loi et celui de l'existence empirique. Ainsi, lorsque la notion d'égalité se fait coextensive à la totalité sociale et que, de ce fait, elle devient une norme exigeante à partir de laquelle la société existante est évaluée, la « déception » qui en résulte engendrera, paradoxalement, une *politisation illimitée*. Le pouvoir, lieu-dit de la volonté de tous et du Tout, se voit assigner une tâche impossible : *soumettre réellement le réel à l'idéal*. Au nom de l'universel qu'on veut voir incarné, tout ce qui semble étranger à la norme abstraite (la norme politique) devient symptôme d'un vice.

Tout regroupement partiel s'apparente à une association d'intérêts particuliers, une « association de malfaiteurs » en quelque sorte. Tout groupe particulier, dans la mesure où il affiche (ou on lui attribue) une spécificité, fait figure de « nation dans la nation ».

Qu'on nous permette une parenthèse. La mode a redonné, il y a peu, à travers le discours de la « nouvelle droite », une jeunesse inattendue au thème de l'inégalité présentée comme éloge de la différence. Les écrits d'Alain de Benoist dénoncent comme le mal absolu l'universalisme démocratique qu'il réduit à l'égalitarisme et à qui il attribue le projet d'un monde uniforme et froid. Or cette analyse nous montre l'incompréhension du fait démocratique et du sens à donner à « l'égalité des conditions ». Celle-ci ne vise pas un idéal de société « égalitariste » (comme on dit aujourd'hui), mais de société qui se pense *politiquement* comme société du contrat, un contrat dont Kant nous rappelle la nature *d'idée régulatrice* et non de réalité historique passée (à l'origine) ou à venir :

« Le contrat originaire est une simple idée de la raison, mais qui a sans doute sa réalité (pratique) ; cette réalité à lui consiste à obliger tout législateur à faire des lois *comme si* elles devaient dériver de la volonté commune de tout un peuple, et à considérer tout sujet en tant qu'il veut être citoyen, comme s'il avait donné son consentement à cette volonté. »[3]

Cette société démocratique individualiste, qui nous apparaît comme fondement des formes de notre modernité, pose à l'esprit une interrogation à laquelle nous ne voyons pas de réponse.

Freud a montré que la condition de possibilité de toute sociabilité est le « meurtre du père primitif » et son érection en source du symbolisme. Toutes les sociétés anciennes ont eu un fondement de l'ordre de l'altérité. Prêtre, prince ou despote, la légitimité leur venait toujours d'ailleurs : des ancêtres, des morts, des dieux. Or, aujourd'hui, la société démocratique se définit elle-même comme pacte des égaux, entente entre « frères » sans qu'aucun meurtre originel ne fasse advenir un Père symbolique d'où le pouvoir tirerait sa légitimité. Dès lors, d'où la Loi tirera-t-elle sa sacralité ? Que devient le lien communautaire qui ne le réduise pas à une entente utilitaire entre égoïstes ?

C'est cette inquiétude qui anime John Adams lorsqu'il prophétise :

« Est-il possible que le gouvernement des nations tombe aux mains d'hommes qui enseignent le plus triste des credo, disant que les hommes ne sont que des lucioles et que ce "tout" n'a pas de père ? Est-ce là la bonne façon de faire de l'homme en tant qu'homme un objet de respect ? Ou bien s'agit-il de faire de l'assassinat même une chose aussi peu importante que la chasse au pluvier, et de l'extermination de la nation des Rohillas quelque chose d'aussi innocent que d'avaler les vers qui se trouvent sur un fromage ? »[4]

Et Joseph de Maistre ne touche-t-il pas à quelque chose d'essentiel — quel que soit le jugement qu'on portera sur son œuvre — lorsqu'il remarque :

3. E. Kant, De l'expression courante : cela peut bien être vrai en théorie mais ne vaut rien en pratique (1793), *in* E. Kant, *Œuvres*, La Pléiade.

4. John Adams, Discourses on Davila (*Œuvres*, Boston, 1851), cité par Hannah Arendt, *Essai sur la Révolution* (Gallimard, 1967).

« L'essence d'une loi fondamentale est que personne n'ait le droit de l'abolir ; or, comment sera-t-elle au-dessus de tous si quelqu'un l'a faite ? L'accord du peuple est impossible ; et quand il en serait autrement, un accord n'est point une Loi et n'oblige personne, à moins qu'il n'y ait une autorité supérieure qui le garantisse. »

Et il ironisera sur l'infinie prétention de l'humanisme moderne :

« Que penser de la profonde ignorance ou de la téméraire présomption de ces hommes qui disent "assemblons-nous et inventons une société".[5] Mais serait-il plus raisonnable, lorsque les hommes ont cessé de croire, lorsque leur univers devient profane, de leur dire « assemblez-vous et inventez des dieux » ? Que serait une puissance divine engendrée et fabriquée consciemment et volontairement par le désir des hommes ? Comment ne pas noter à ce sujet l'ambiguïté qui réside dans ce qu'on appelle parfois le « renouveau des religions » en Occident, après, en général, qu'on ait évoqué le jugement péremptoire « le XXe siècle sera religieux ou ne sera pas ». Le renouveau religieux ne donne pas à la religion l'authenticité collective qui fut la sienne lorsqu'elle organisait uniment la vie individuelle et la vie collective des hommes. Moins, d'un « retour » du religieux, c'est d'un mime de ce retour qu'il s'agit. Mime d'une religion qu'on sait bien absente définitivement comme fondatrice du serment collectif et dont les pompes ressuscitées ont le charme nostalgique des commémorations, à moins que ce ne soit l'explosion affective de l'abréaction (psychanalytique).

Pour en revenir à ce qui était notre interrogation, c'est dans la prise en considération de la réalité démocratique, et contre la tentation qui nous fait croire que l'homme peut être le maître de toutes les significations, qu'il faut résoudre *l'impossible exigence* : nous ne pouvons être souverains de nous-mêmes mais il n'est pas d'autre souverain que nous. La modernité ne pose pas à l'homme une question étroitement politique mais une question métapolitique : comment penser un au-delà du nihilisme ?

Ce que nous ambitionnons de faire, ce n'est pas de répondre aux interrogations que pose le malaise de notre civilisation,

5. Joseph de Maistre, *Considération sur la France* (1797), Paris, Ed. Garnier, 1980.

c'est de retrouver, au niveau de l'histoire des idées politiques et sociales, le chemin qui a mené de la « découverte » par l'homme qu'il est nu sur une terre vierge avec un ciel dépeuplé, au *déni de ce vide* par la construction de discours où le social et l'histoire redonnent à l'existence collective (et individuelle) cette consistance « imaginaire » que la révolution de l'individualisme démocratique avait, un temps, et sans bien le voir, défaite. Notre itinéraire est porté par la conviction, déjà affirmée, que le totalitarisme, s'il est bien engendré sur le terreau symbolique de la démocratie, n'est qu'un refus paroxystique de celle-ci, un refus qui est d'abord l'effet des difficultés à vivre l'individualisme. L'Etat totalitaire ne peut se concevoir en dehors de l'espace ouvert par la « révolution démocratique » et de ses interrogations. Certes, il en est la réfutation point par point. Mais si la démocratie trouve dans le totalitarisme son adversaire absolu, elle l'y trouve comme cette part d'ombre qui est en elle et d'où elle tire, dans l'organisation de son refus, son être.

Nous cherchons à comprendre comment des exigences, propres à cet univers de représentations, ont suscité la formation d'un imaginaire sociopolitique qui unit, dans un paradoxal syncrétisme, des propositions contraires ou étrangères les unes aux autres.

Comme cette logique ne nous apparaît, évidemment, que rétrospectivement, elle n'échappe pas au soupçon d'être une généalogie illusoire, la construction d'un « roman des origines ». Nous passerons outre, espérant que notre chemin fera la preuve de son intérêt à la fin du voyage.

Chapitre 2

Le mythe de la raison

Faire une généalogie de l'Esprit du temps, c'est-à-dire de cet ensemble de croyances, d'affects, d'images, qui est l'élément dans lequel nous nous ébattons si naturellement que nous en oublions sa nature historique et contingente, c'est repérer comment cet Esprit s'est constitué et à partir de quelles ruptures. Mais c'est aussi repérer comment il s'est déplacé de son lieu d'origine, à la façon dont se serait déplacé un continent, qui reste tout entier semblable à lui-même et devient cependant tout entier différent d'être ailleurs.

Cette généalogie, on peut l'inscrire dans un *Grand Temps*, celui de la rationalité occidentale, née en Grèce il y a vingt-cinq siècles. Car la modernité, comment ignorer qu'elle s'est inscrite dans le ciel des idées, avec cette croyance en la toute-puissance de la *raison* contre le dogmatisme religieux. Affirmer que l'homme peut connaître le vrai par la voie discursive et non se contenter d'adhérer à des vérités révélées présentées comme échappant à toute démonstration du fait de la faiblesse de l'entendement humain, tel est le *credo de la modernité.* Et ce credo est le rejaillissement (dans un monde de significations autre et avec d'autres exigences), de l'ancienne croyance platonicienne : le vrai est dans le discours de l'homme qui raisonne.

On peut, de façon plus historienne, inscrire l'individualisme dans un temps plus court et le voir naître de la rupture avec l'univers chrétien du Moyen Age en ce temps de la Renaissance. Mais pourquoi nous interdire le plaisir d'appréhender notre présent comme le *devenu* d'une longue épopée de l'Esprit, l'achèvement apparent du choix antique de la rationalité philosophique ? Nous nous accorderons donc la joie de ce détour et de ce retour. Nous n'ignorons pas que cette sorte de généalogie prête à discussion et que cette longue durée que nous donnons au processus du Discours est rien moins qu'évidente. Mais, même s'il fallait ne voir dans notre digression que l'exposé d'un mythe — celui de « la modernité achevant le destin de la philosophie » — et non la vérité d'un devenir, nous persistons à penser que notre « roman des origines » demeure éclairant quant à notre projet. Donc...

***

Aujourd'hui la civilisation occidentale tend à imposer au monde entier — y compris à ce Tiers Monde qui, en apparence, la conteste et en réalité la mime et l'idéalise de toute la force de son ressentiment — ses projets, ses valeurs et ses techniques. Or cette civilisation, avec ses croyances et ses savoirs, est l'aboutissement d'un choix premier, le choix de la rationalité, en Grèce, au ve siècle avant J.-C., lorsque Socrate et Platon inventèrent la métaphysique et qu'ils affirmèrent que l'homme est un être de raison et que, donc, seul le raisonnable peut le satisfaire authentiquement.

La Raison, dès lors, impose sa législation universellement. Tribunal suprême, elle seule décrète le valable et le non-valable, le sensé et le non-sensé. Juge et partie, elle s'accorde le droit exclusif de parler de ce qui ne parle pas ou de ce qui parle de façon « folle », pour leur assigner un statut légal dans son Empire : *l'Empire du vrai*. Avec le choix de la rationalité le discours se produit comme discours « *vrai* » et désigne comme erreur ou errement ce qui n'est pas lui : *le mythe*.

A bien y réfléchir pourtant, la définition « l'homme est un être de raison » a des caractéristiques étonnantes qui interdisent de l'assimiler à une définition du genre « la vache est un mammifère ». C'est que, si l'homme est « raisonnable », les hommes, quant à eux, ne le sont pas. En fait la définition grecque « l'homme est un être de raison » est une définition programmatique et éthique. Elle *veut* dire que l'homme n'est homme que *dans* et *par* la raison ; que hors de celle-ci il n'est qu'animalité. Mais cette exclusion est également paradoxale. De l'homme qui n'est pas doué de raison, dira-t-on qu'il n'est pas homme, à la façon dont on dit d'une carpe qu'elle n'est pas un mammifère ? Non. L'homme déraisonnable est exclu de l'humanité sans en sortir. Fou, pervers, barbare, il reste — dans son inhumanité — un homme.

La raison n'est pas une différence positive qui définit l'espèce homme. *Elle est un programme* : programme d'une discipline morale, d'une pédagogie s'imposant au sujet ; programme d'un type d'organisation de la Cité en vue de réaliser l'accord des hommes — de tous les hommes — pour vivre ensemble ; programme d'un commerce avec le monde en vue de le « connaître ».

La rationalité dissimule un arrière-fond auquel elle riposte et qu'elle masque. Tout se passe comme si, en deçà de ces choix existentiels par lesquels les hommes se déterminent comme hommes, c'est-à-dire par lesquels les cultures s'instituent comme cultures, il y avait une indétermination — dira-t-on une liberté ? — dont l'être humain, individuellement et collectivement, cherche à annuler le vide par la construction d'une *nature*. Mais quelque chose gêne dans une analyse qui, poussée au bout de sa logique, ne peut que conclure à l'égalité du mythe et de la rationalité, univers semblables et différents de croyances qui organisent l'installation de l'homme dans le monde. Car, ce discours, qui le tient sinon la raison ? Et l'inquiétude qui s'y exprime, qu'est-elle d'autre que cette inquiétude de la raison s'interrogeant sur sa légitimité et son fondement ?

L'homme du mythe adhère au discours mythique et vit dans le monde de la certitude, non dans celui de l'interrogation. Il n'a, d'autre part, aucune exigence interne d'universalité et ne se sent pas contesté par l'existence, à côté de lui, d'autres mythes auxquels adhèrent d'autres hommes (mais ce ne sont pas tout à fait des hommes ! ?).

Les univers mythiques sont des univers clos, dont les discours sont sourds les uns aux autres. La raison, tout au contraire, ne cesse d'être travaillée par le souci de faire la preuve de son dire, c'est-à-dire le souci de sa propre légitimation. Et cette légitimation, elle veut l'obtenir d'abord de cet « autre » qui ne l'entend pas, qui ne veut pas l'entendre parce qu'il séjourne dans ce monde de la croyance certaine-d'elle-même. La raison, et elle seule, parce qu'elle pose que tous les hommes sont des êtres de raison et qu'elle en conclut que tous doivent pouvoir reconnaître la vérité du discours raisonnable et se reconnaître en lui, ne peut coexister avec l'erreur ni ignorer les autres discours. Il s'agit pour elle, de façon impérieuse, de les discuter et de les réfuter. La vérité n'est-elle pas *UNE ?*

Peut-on faire un rapprochement avec la dynamique du monothéisme qui, prônant l'unicité de Dieu, affirmera que tous, y compris les incrédules et les païens, en sont les créatures et que *Dieu Unique* est nécessairement leur Dieu, quand bien même l'ignoreraient-ils ?

Il reste — et c'est la mission des hommes de la foi — de les en convaincre.

Ainsi donc la rationalité, qui dans un premier temps nous est apparue comme un univers symbolique analogue au mythe, dans un second temps s'offre à nous comme radicalement différente puisque aussi bien sa propre exigence interne l'amène à une incertitude sur elle-même. C'est la raison qui, s'interrogeant, se demande, dans la crainte, si elle n'est pas une forme qui s'ignorerait, de la croyance. Mais le propre de la croyance ou du mythe est précisément de n'offrir aucune place à cette interrogation perverse sur soi.

La rationalité ne saurait être assimilée à un mythe. Est-ce suffisant pour la libérer de l'hypothèque de sa contingence ? Lorsque la rationalité, sous la forme de la raison scientifique, découvre — c'est le fait de notre temps — le dessous des cartes (l'irrationalité de l'inconscient, le scandale du désir), lorsqu'elle nous révèle que l'homme n'est pas l'être raisonnable qu'il croyait être, elle ne quitte pas l'espace ouvert par la métaphysique il y a vingt-cinq siècles. C'est toujours, dissimulée derrière la modestie, le désintéressement, l'effacement de l'homme-de-la-vérité qui affirme ne jamais parler au nom de sa particularité mais au nom de l'universel, cette volonté de domestiquer, de « mettre à la raison » la subjectivité, en vue d'aménager un vivre collectif universel, qui est en action.

C'est bien là le diagnostic que fait Nietzsche dans un très beau texte du *Gai Savoir* : « *En quoi nous sommes encore pieux* »[1].

1. F. Nietzsche, *Le Gai Savoir*, Paris, Gallimard, 1967.

Mais, quand bien même, à sa suite, renoncerait-on à la naïveté dogmatique selon laquelle le discours « vrai » dit « ce qui est », ne nous faudra-t-il pas évaluer la nature de cette croyance particulière, toujours orgueilleuse et toujours incertaine d'elle-même : la croyance dans la raison et dans la science ; une croyance qui vient d'un déracinement, d'une rupture avec la torpeur sereine des univers mythiques et qui ouvre sur une volonté jamais satisfaite, de puissance, de conquête et de mouvement ? Résumons la démarche nietzschéenne telle qu'elle est exposée dans le *Gai Savoir*[2].

Nietzsche part de l'opinion commune : dans la science, les convictions n'ont pas droit de cité. Elles n'y sont admises qu'en cessant d'être des convictions pour devenir, au mieux, des hypothèses. Ainsi donc l'esprit de la science est d'abord un esprit de « grand soupçon », qui refuse toute adhésion à l'immédiat et qui s'impose une dure discipline : sacrifier sur l'autel du savoir toutes les croyances. Toutes, vraiment ?

« Reste à savoir — écrit Nietzsche — s'il ne faudrait pas, pour que pareille discipline pût s'instaurer, qu'il y eût déjà conviction ; conviction si impérative et inconditionnelle qu'elle sacrifiât pour son compte toutes autres convictions. »

Ainsi donc l'entreprise de connaissance ne repousse-t-elle les croyances qu'au nom d'une croyance qu'elle ne soumet pas au doute et qu'on peut énoncer ainsi : Rien n'est aussi nécessaire que la vérité et, par rapport à elle, tout le reste n'est que de seconde importance.

La volonté de vérité n'est-elle que le résultat d'un choix guidé par le sentiment de l'utile ? Est-ce parce que le vrai est plus utile que le non-vrai que l'homme a fait choix de la vérité ? Non. Même s'il s'avérait que partout et toujours le vrai était plus utile que le faux et le mensonger — et qui dirait que cela est avéré ? — ceci ne serait qu'un effet, une conséquence d'un choix préalable qu'ils n'expliquent pas : le choix *moral* et *politique* de la vérité comme valeur suprême.

« La volonté de vérité signifie non pas "je ne veux pas me laisser tromper" mais "je ne veux pas tromper, pas même me tromper moi-même" : nous voilà sur le terrain de la morale. »

Derrière l'humilité de l'homme de la connaissance, derrière

2. *Ibid.*

l'apparente pauvreté de Socrate devant les certitudes de l'homme-de-l'opinion, ce qui se dissimule c'est un choix que l'on qualifiera de sacerdotal, un choix ascétique : celui d'imposer un *Empire de la raison* — monstre froid et policé où la subjectivité est soumise à discipline pour devenir sujet universel — et de l'imposer au dépens de ce monde-ci devenu monde inessentiel, monde des apparences sensibles et des passions individuelles... « Mais l'on aura déjà compris à quoi j'en veux venir, à savoir que c'est encore et toujours une *croyance métaphysique* sur quoi repose notre croyance en la science, — et que nous autres qui cherchons aujourd'hui la connaissance, nous autres sans dieu et antimétaphysiciens, nous puisons encore notre feu à l'incendie qu'une croyance millénaire a enflammé, cette croyance chrétienne qui était aussi celle de Platon, la croyance que Dieu est la vérité, que la vérité est divine... »

La rationalité, telle que Nietzsche en décrit le destin, aboutit à la *République des savants*, autoritaire, policière, rigide et sans grâce, avec son système de normes et de prescriptions hygiéniques. Ce n'est que trop évident !, la mise à la raison s'est inscrite — dans l'histoire de l'Occident — dans des sciences, des machines, des institutions dominatrices, toutes vouées au dressage, à la normalisation, des individus et des sociétés. Et il en faut peu pour voir se dessiner une généalogie qui s'achève dans la Cité totalitaire où le déviant est soumis à l'équarrissage.

Mais c'est regarder les choses en borgne qu'en rester là. Que la rationalité ait une connivence cachée avec le totalitarisme et son idéal d'universalité bureaucratique abstraite, c'est exact. Mais la rationalité est *aussi* la riposte à cela. Elle oppose au dogme le travail perpétuel du négatif. Si la raison s'inscrit dans le répertoire des machines à dompter la vie, elle est aussi cette taupe qui creuse au-dessous et sape les hauts édifices...

De Nietzsche nous reste cette question : *D'où vient la rationalité,à quoi a-t-elle répondu ?* Pourquoi les hommes ont-ils pris cette distance avec eux-mêmes qu'est la réflexion philosophique ? Car nous connaissons des sociétés sans philosophes et nous ne pouvons pas invoquer comme raison de la philosophie une « nature philosophique » de l'homme.

Toute réflexion implique qu'un écart s'institue entre le désir et l'objet et que, dans l'angoisse, apparaisse le *manque*. Par exemple, le petit garçon dispose sa mère autour de lui comme un écran, sans savoir qu'elle est un écran (il vit *dans* l'univers de sa mère). Un jour cette protection lui échappe. La mère devient un élément d'insécurité parce qu'elle manque à l'enfant. De là naît l'étonnement. L'anxiété suit, puis la réflexion.

De la même manière, on peut assigner une place à soi-même dans le monde. Nous apprenons que nous allons mourir, c'est-à-dire que nous allons manquer à nous-même. Alors apparaît l'angoisse et la réflexion. Que réponse soit donnée, définitivement, à l'interrogation ainsi ouverte et la réflexion laisse place à la torpeur naturelle de l'esprit. C'est le rôle de la culture que de répondre aux questions avant même qu'elles apparaissent, de coder le monde des hommes pour que tout ait signification, pour qu'à tout désir corresponde un objet désigné, que le réseau des normes et des interdits ne laisse aucune place au manque.

Quand les hommes vivent dans une culture close, le code est comme une nature. Et tant que ce code est comme une nature il n'y a pas de philosophie. Celle-ci apparaît quand la matrice de significations est cassée, quand il y a en quelque sorte *manque de code*. C'est ce qui se produit en Grèce au VIIe siècle avant J.-C., engendrant à la fois la tragédie et le dialogue socratique, en réponse à une angoisse nouvelle, dans un univers symbolique désormais incertain de lui-même.

La quête de la vérité est le symptôme qu'un monde — celui de la certitude — a pris fin, mais aussi qu'une tentative est faite d'inventer un nouvel ordre — l'ordre du vrai — qui occulterait l'abîme ouvert.

Donc, la philosophie, cette odyssée de la raison, naît de l'effondrement des communautés archaïques. Celles-ci ont-elles réellement vécu dans un état imperméable au doute et au questionnement ? Le monde de la certitude a-t-il jamais existé tel que la raison philosophique l'affirme, pour s'en séparer ? L'essentiel n'est pas là. Il est dans ce besoin où se trouve la raison de le croire et de le dire pour pouvoir penser son propre commencement. Il faut que la philosophie postule un « avant la raison », monde *infra* où l'esprit est comme minéralisé, afin qu'elle apparaisse comme acte de séparation d'une inconscience première et mouvement vers la sagesse.

En tous cas Platon, lorsqu'il reconstruit, dans *La République*, l'histoire de l'humanité, se donne comme première forme de communauté la famille patriarcale qui vit frugalement sous l'autorité du père et qui subsiste dans la tranquillité naturelle de ses relations avec ses dieux et sa terre.

Et voici qu'à ces communautés étrangères ou indifférentes les unes aux autres succède, en Attique, une forme originale : la Cité.

Si on en croit les témoignages de Thucydide et d'Aristote, celle-ci se forme parce que les diverses familles-tribus décidèrent de mettre en commun leurs ressources et leurs forces et de se réunir en un ensemble organique nouveau. Mais chaque famille, profondément attachée à ses croyances et à ses traditions, est persuadée que ses dieux sont les meilleurs pour le nouvel ensemble. Le nouvel espace qu'est la Cité voit coexister des « visions du monde », toutes persuadées de leur « vérité » et toutes antagonistes. A l'état de certitude, état sans problème et où la question du vrai ne peut se poser, succède l'état de la *foi* dans son opinion face à l'opinion d'autrui. Cet état de foi traduit le fait que l'opinion n'est plus seule mais confrontée à d'autres opinions toutes aussi certaines d'elles-mêmes.

La Cité, qui a besoin d'un système symbolique commun, de dieux et de croyances identiques pour tous, bref d'un consensus, est prise dans la tourmente de ses conflits « idéologiques ». Or il faut trancher entre des certitudes contradictoires. Et il n'est que deux voies de salut : celle de la violence et celle du dialogue. La violence, si elle peut résoudre, par la victoire de l'un sur l'autre, le conflit qui oppose deux étrangers, ne peut être une solution lorsqu'elle est interne, c'est-à-dire « guerre civile ». Comment le glaive peut-il assurer la légitimité de son porteur et faire reconnaître comme vérité commune l'opinion du plus fort ? D'autant que ce fort, rien n'assure qu'il le sera durablement. C'est la leçon que Thucydide tire de la guerre du Péloponnèse ; c'est la leçon que Platon tire de sa polémique avec les sophistes : on n'est jamais assez fort pour l'être toujours. La violence ne peut réaliser l'accord des esprits et l'union dans la Cité.

Peut-on, dès lors, concevoir que la règle démocratique puisse répondre à cette exigence ? Ce que la démocratie invente c'est la nécessité de laisser l'épée au fourreau et de faire, de la parole, la seule arme de la confrontation. Le « miracle grec » c'est d'abord cette conjoncture où les conflits, inéluctables, entre les croyances des divers groupes, se déplacent, de l'affrontement par le glaive, à l'affrontement par le verbe. L'espace est ainsi ouvert au débat politique, fruit d'un renoncement premier : le renoncement à identifier Cité et famille, liens de la citoyenneté et liens obscurs et profonds du sang.

Mais la démocratie ne va-t-elle pas révéler qu'à sa façon elle est violence que dissimule le simulacre du dialogue ? Peut-on considérer que vérité et dénominateur commun des passions et des intérêts opposés de chacun coïncident ? Il nous faut entendre ce que Platon indique lorsqu'il récuse la démocratie, cette « foire aux constitutions ».

« Quand nous nous réunissons pour l'Assemblée, je vois les Athéniens, dans le cas où il y a besoin pour l'Etat de projeter quelque entreprise d'architecture, appeler à eux les architectes en consultation sur les questions d'ordre architectural... Mais quand il y a besoin de délibérer sur les affaires qui intéressent l'administration de l'Etat, alors se lèvent pour leur donner ses conseils sur ces matières, aussi bien un charpentier, un forgeron, un cordonnier, un négociant, un armateur, un riche ou un pauvre, un noble ou un manant... » *(Protagoras*[3]*).*

Si la démocratie donne ainsi un primat à l'incompétence c'est qu'elle est le règne du nombre et que, nécessairement, les plus nombreux sont ceux *qui ne savent pas.*

Les sophistes l'ont bien compris qui ont su voir dans un « bon usage » du langage une technique au service de la volonté de puissance. Si le beau discours, le discours qui sait séduire et persuader la foule, est une arme absolue dans l'arène politique, pourquoi ne pas en faire une discipline qui s'enseignerait ? Les sophistes se veulent professeurs de cette rhétorique qui doit assurer, à ceux qui la possèdent, la supériorité dans la discussion. L'art d'éclairer d'un jour nouveau un lieu commun, de chicaner le sens des mots, de simuler l'improvisation, de feindre une compétence encyclopédique, d'avoir toujours l'air sincère, ne devaient plus avoir de secret pour leurs élèves.

Mais la perversion d'un discours qui n'a plus de référence et n'exprime que l'intérêt de qui sait l'utiliser, aboutit à la décomposition du tissu social. Les valeurs se révèlent instables et

3. Platon, *Œuvres complètes*, La Pléiade, Gallimard, 1950.

relatives. La sophistique, c'est-à-dire la démagogie, vide la démocratie de toute légitimité. C'est de cet échec de la démocratie — *mais dans l'espace inventé par elle* — que naît l'entreprise intellectuelle la plus spécifique de l'Occident et la plus significative de son Esprit : l'entreprise philosophique dont l'ambition est de construire *le discours qui, énonçant le vrai, mettrait les hommes d'accord universellement.*

Ce discours de la vérité, on peut en inférer les caractères : il ne sera pas le discours d'un sujet — d'une subjectivité — pris dans les rets de ses passions et de ses illusions, mais celui d'un Sujet universel. Et il ne portera pas sur le monde des apparences mais sur l'ordre intelligible qui est *sous* les existants. Ainsi sera instaurée une grande division entre subjectivité et sujet de raison et entre sensible et intelligible. Une division au profit de la vérité et qui implique le refoulement de tout ce qui fait obstacle à son avènement.

Mais le philosophe — qui n'est pas l'homme de la foi — se voit contraint de faire la preuve de son dire et il ne le peut qu'en construisant le discours-un qui dise tout le vrai et le vrai sur tout, de sorte qu'aucun discours ne puisse lui être opposé *valablement.*

Le malheur de la philosophie ne viendra pas de l'impossibilité d'enfanter un système absolu fondé sur la raison spéculative, mais, tout au contraire, de la multiplicité des systèmes possibles, chacun clos et parfait, mais s'opposant les uns les autres. Dès lors quelle différence entre opinion et savoir ? La Raison faisait valoir son ordre par contraste avec la multiplicité contradictoire des passions. Mais s'il y a une même multiplicité de systèmes fondés « en raison », comment empêcher le sceptique de conclure que la philosophie est une ruse et la métaphysique une opinion qui s'ignore telle ?

Comment distinguer *rationalité* et *idéologie* ?

En fait il nous faut comprendre le mouvement de la raison philosophique : il est à la fois recherche d'un discours clos et perpétuelle remise en question pour recommencer l'entreprise. La rationalité se distingue du mythe par son exigence interne de tout rendre intelligible, de tout fonder de telle sorte que tous puissent s'y reconnaître et par l'obligation où elle se met d'être toujours au rouet, défaisant la toile et la recommençant, dans l'illusion qu'elle l'achèvera.

Que tout ceci — cette croyance qu'un discours totalisant soit possible — participe de la nature même de la raison et de son « illusion », c'est bien ce qu'établira Kant en qui s'achève la métaphysique et qui est celui par qui le monde moderne appréhende et pense sa modernité.

Qu'il faille distinguer raison théorique et raison pratique, « limiter le savoir pour laisser place à la foi » (c'est-à-dire à la liberté) et donc instituer que science et politique ne sont pas du même registre, que l'une renvoie à la connaissance et l'autre à la volonté, voilà qui résume la « révolution copernicienne » kantienne en philosophie mais aussi qui dessine les linéaments de l'espace individualiste démocratique.

Certes, dans un tel espace s'engendre le retour de l'illusion : le désir de construire l'unité du monde et l'unité de l'homme dans l'unité du discours. Qu'un tel discours s'assigne de rendre compte de ce qui lui paraît être la raison de l'écart entre vérité et discours — à savoir — le devenir, ne saurait étonner.

Au discours métaphysique où la raison prétend dire la vérité absolue dans son intemporalité — et dont Kant a montré le caractère illusoire — succèdent les métaphysiques de l'Histoire : cette de Hegel inventant une logique de la totalité en devenir, celle de Marx dont l'idéalisme absolu, dissimulé derrière la revendication d'un matérialisme sans concession, vise à faire se confondre le réel et l'idéal.

La métaphysique n'aimait pas le temps, cet adversaire qui introduit la caducité dans le discours, qui brouille la relation de l'essence et des accidents et emporte tout dans son flux. C'est cette méfiance que Hegel, qui s'est assigné de « penser la vie », ne peut accepter. Méconnaître le devenir serait laisser sans intelligibilité le sort des hommes qui n'est rien d'autre que leur histoire. Mais connaître le devenir c'est nécessairement se situer à sa fin et, au moins par la pensée, séjourner dans ce temps où l'histoire connaît son achèvement, et c'est faire de cet achèvement son vrai présent.

Hegel ne veut pas signifier qu'il n'y a plus rien à savoir ni que l'histoire s'arrête. Mais que l'espace est définitivement balisé dans lequel les hommes ne joueront plus qu'une histoire sans nouvelle signification car il n'y a plus de nouvelles « figures » possibles. Le système devient ce cercle qui ne laisse rien au-dehors — et surtout pas l'histoire — et dont toute négation est impossible puisque déjà comprise, en lui, comme moment du devenir de la Totalité dont il est la conscience de soi devenue Savoir absolu. Telle est la *Phénoménologie de l'Esprit.*

Mais le doute se lève.

Et si tout ceci n'était qu'un rêve ?, le rêve du penseur, du philosophe qui, nous dit Kierkegaard, « construit un palais d'idées mais vit dans une chaumière » ? Et si la métaphysique, quoiqu'elle en ait, confond toujours cent thalers réels et cent thalers en idée ?

Après l'échec de l'Athènes démocratique est né le projet philosophique, rêve du dépassement des subjectivités dans et par le discours universel. Après l'effectuation de la raison dans notre monde, qu'en est-il de la rationalité, cette dynamique qui ne cesse de rechercher la clôture et qui ne cesse de la briser après l'avoir construite ?

Hegel termine son *Histoire de la philosophie* ainsi : « Voilà donc jusqu'où est arrivé l'esprit universel. La dernière philosophie est le résultat de toutes celles qui l'ont précédée ; rien n'est perdu, tous les principes sont maintenus. Cette idée concrète est le résultat des efforts de l'esprit à travers deux mille cinq cents ans, de son travail le plus sérieux pour s'objectiver, pour se reconnaître. Il lui a fallu un laps de temps aussi étendu pour produire la philosophie de notre époque, tant est grande la nonchalance et la lenteur avec laquelle il travaille pour parvenir à ce but. »

Ne faut-il pas entendre ceci comme l'annonce qu'un Grand Temps s'est achevé, qui a constitué l'histoire et l'esprit de l'Occident ? Et les temps qui suivront, comment faut-il les entendre ? Comme la prose répétitive d'un monde qui a achevé sa course ou comme l'avènement d'un nouveau monde qui ne sait pas encore être dit, si même il a à chercher un dire... ?

Mais l'achèvement hégélien est un achèvement en idée. Il restait une dernière utopie, dans l'Odyssée de la raison qui se veut maîtresse du discours absolu, celle de Marx qui, déclarant : « les philosophes ont interprété le monde, il s'agit de le transformer », fait de la fin de la philosophie une tâche pratico-politique.

Faisant de l'histoire de l'humanité l'histoire des aliénations empiriques de l'homme, Marx situe la désaliénation dans le registre du réel, c'est-à-dire comme programme réalisable par la médiation de l'action collective d'une « classe ».

La transposition « matérialiste » du discours hégélien se traduit par la volonté démesurée d'obliger le réel à devenir semblable à l'Idée.

En continuité et en rupture avec le projet philosophique, le marxisme est ce coup de force qui veut faire que le *réel* soit *réellement rationnel.* Avec Platon, le philosophe se voulait conseiller du tyran, avec Marx il prend innocemment sa place.

Une histoire de vingt-cinq siècles s'achève sur l'interrogation et le malaise.

La réussite de la rationalité, sa réalisation dans l'administration de la vie collective, mais aussi de la vie individuelle, n'ont pas donné tous les fruits qu'en attendaient les amis des Lumières et les progressistes du siècle dernier.

Une barbarie inattendue s'est installée. Mais peut-on réduire ainsi la raison à l'instauration de ces empires glacés et à l'érection de dogmatismes ?

Surtout, peut-on ne pas voir combien la référence à d'autres valeurs que celles de la raison, et l'exaltation jubilatoire que celles-ci suscitent, font problème ?

Nietzsche, le Nietzsche de la joie et de la danse, le Nietzsche dionysiaque, peut-on tout à fait oublier qu'il fut la référence de ces mysticismes sombres qui, par-delà le bien et le mal, inventèrent un nouveau culte héroïque ?

Certes, Nietzsche ne se serait pas reconnu dans l'hitlérisme, même si Hitler voulait bien se reconnaître dans Nietzsche. Mais Marx non plus ne se serait pas reconnu dans le stalinisme, alors que Staline se reconnaissait dans Marx. Peut-on tenir quitte les systèmes d'idées, des monstres qu'ils enfantent ?

Puisque nous avons fait appel à la notion de « malaise », comment ne pas interroger Freud qui est à la fois homme de raison, fidèle à l'idéal scientifique, et homme du « grand soupçon » qui a montré quel bestiaire étrange travaillait derrière les apparences les plus angéliques des hommes.

Ce que, de Freud, chacun peut apprendre, c'est comment entendre derrière la rhétorique des discours politiques et des élans d'amour pour l'Humanité, la demande dont est réellement porteuse la parole. Et cette demande, elle nous renvoie au statut de l'homme, être qui, dans son être, est marqué par cette meurtrissure qui le voue au symbolique, c'est-à-dire à la division d'Eros et de Thanatos. Quelle que soit la force de l'imaginaire où puise la nostalgie de l'Un, c'est le Deux qui est premier.

Une sagesse enseignée par la psychanalyse ? Tout au plus une capacité à affronter le désenchantement et, peut-être aussi, la jouissance narcissique particulière qui naîtrait de la conscience, qu'elle nous impose, de notre pénurie...

L'Occident a inventé la Raison, le chemin de la maîtrise : maîtrise de l'homme sur la nature, maîtrise de l'homme sur l'homme, maîtrise de soi par la domestication des passions. Et ce chemin impliquait un rapport de l'homme aux signes qui est indiqué par l'idée de vérité.

Aujourd'hui, l'Occident découvre à la fois sa réussite et son échec. Le monde des signes est devenu opaque et incertain. Nous ne sommes plus en familiarité avec lui et nous nous retournons sur sa production, et nous nous acharnons à questionner le mystère de son existence et de son fonctionnement.

La psychanalyse a révélé à l'homme que, derrière un sujet qui se prenait pour la source de ses actes, travaillait une machinerie signifiante. La linguistique montre que le langage n'est pas neutre mais qu'il induit un ordre du monde.

Ainsi l'homme est-il le producteur, mais tout autant le produit, de l'univers des signes. Dépossédé, il entend la confidence de Kafka dans son *Journal*[4] :

« J'écris autrement que je ne parle, je parle autrement que je ne pense, je pense autrement que je ne devrais penser et ainsi de suite, jusqu'au plus profond de l'obscurité. »

Cette dépossession de soi est fille de la décomposition des ordres sacrés anciens où tout, y compris l'être de l'homme — de chaque homme — avait une place désignée *a priori*. Avec l'individualisme triomphant et la révolution démocratique moderne naît le temps où l'homme se réapproprie le monde, se désigne lui-même comme source unique du sens et fondement des pouvoirs auxquels il se soumet, où, dans le même mouvement, l'homme découvre cette finitude en lui qui lui rappelle qu'il n'est pas un dieu, s'il n'est pas de dieux, et qu'il n'est pas son maître, s'il n'a pas de maître ; car il est pris dans un décentrement originel.

4. F. Kafka, *Journal*, Grasset, 1954.

Avec l'individualisme et la démocratie moderne, la rationalité aboutit à la dissolution des transcendances et, découvrant le vide du ciel dépeuplé et le vide d'une terre désenchantée, rêve de *recomposer* le corps plein ancien. Et de le recomposer à partir de l'illusion de l'histoire et de l'illusion politique.

Doit-on abandonner le vaisseau de la Raison parce qu'il nous aurait égaré ? Le faire, n'est-ce pas croire que, débarrassé des contraintes et des normes, nous ne pouvons nous réaliser comme êtres du bonheur et de la jouissance. Mais qui peut croire cela : que l'homme est cet être débonnaire qui aime naturellement son semblable et la vie ? Et si, au lieu d'abandonner le vaisseau Raison qui nous a mené aux impasses de la rationalité paranoïaque, nous nous satisfaisions de changer de cap et non de navire, de rester fidèle à notre foi, sinon dans la Raison, du moins dans le raisonnable, parce que nous acceptons d'y voir un moindre mal ou parce que, comme on aime à le dire du système démocratique, cela est ce qu'il y a de pire, mais il n'y a que cela qu'on puisse accepter ? De la raison et de la démocratie il y a à dire qu'une semblable dynamique perverse les pousse au-delà des limites du raisonnable et les transforme en leur contraire : idéologisation absolue pour l'une, totalitarisme pour l'autre. Dira-t-on que l'un est sans rapport avec l'autre ?

Chapitre 3

La formation de l'individualisme

« Nous tenons pour évidentes par elles-mêmes les vérités suivantes : tous les hommes sont créés égaux ; ils sont doués par le Créateur de certains droits inaliénables ; parmi ces droits se trouvent la liberté, la vie et la recherche du bonheur. Les gouvernements sont établis par les hommes pour garantir ces droits, et leur juste pouvoir émane du consentement des gouvernés. »

Ces formules extraites de la *Déclaration d'indépendance américaine* du 4 juillet 1776 proclament, en quelque sorte, le pouvoir nouveau de l'individualisme mais ne le proclament qu'en qualifiant ses propositions de « vérités évidentes par elles-mêmes ». Qu'est-ce à dire sinon que l'individualisme était devenu l'élément dans lequel l'Esprit se mouvait ; que, loin d'avoir besoin d'être fondé, il s'offrait comme *le* fondement ; que donc on ne saurait le réduire à la dimension étroite d'une option politique mais qu'il était *ce* à partir de quoi un choix politique légitime pourra se faire. La taupe (comme dit Marx) avait miné durant des siècles le sol du symbolique et ce travail de sape et de subversion avait porté ses fruits. Un nouvel espace symbolique s'imposait comme espace « évident », d'une évidence morale.

La référence au Créateur intervient pour garantir la laïcisation du Politique. Ce Dieu, qui n'est associé à aucune religion positive et aucun dogme, n'est invoqué que comme auteur de droits imprescriptibles de l'homme. Il demeure étranger à l'ordre de la Cité ; semblable en cela au Dieu de Descartes qui ne servait qu'à fonder la science en garantissant que la nature était soumise à des lois mathématiques et que la raison était l'instrument légitime de la connaissance (et accessoirement de la maîtrise) de cette nature.

Ainsi les lois qui régissent les hommes en société ne renvoient-elles plus à un fondement divin mais à chaque homme également libre et également souverain de soi. Plus rien ne viendra hypothéquer ou troubler un individualisme qui a dissous toutes les hiérarchies organiques, qui, comme dit Marx (parlant de la bourgeoisie), « a détruit toutes les conditions féodales patriarcales idylliques (...), a déchiré les liens multicolores qui attachaient l'homme à son supérieur naturel... ».

Echo radical à la Déclaration d'indépendance américaine, la *Déclaration des droits de l'homme et du citoyen*, en France, renchérira :

« Les hommes naissent et demeurent libres et égaux en droits. Les distinctions sociales ne peuvent être fondées que sur l'utilité commune » (art. I).

Ainsi l'individu devient-il la valeur suprême d'une nouvelle vision du monde (dira-t-on d'une nouvelle religion ?) dont le credo, même lorsqu'il sera contesté (comme le fait, par exemple, Marx dans *La Question juive* que nous rencontrerons ultérieurement) n'en constituera pas moins le nouvel univers culturel dans lequel auront à penser ceux-là mêmes qui croiront s'en distancer.

Qu'il y ait eu, depuis qu'existent des hommes, des individus, qui en douterait ? Ce qui offense l'un n'offense pas l'autre ; et pour tous, comme disait Pascal, la fin est « sanglante et solitaire ». Mais ce qui importe n'est pas là, dans ce constat, qui se veut naïf. Il est dans la façon dont est pensée cette individuation et dans l'interrogation qu'elle suscite. Il est dans l'incertitude où se situe désormais l'identité de chacun, entre le tourment d'avoir à s'appréhender séparés les uns des autres et celui d'avoir à se confondre dans un « nous » indifférencié, cette nuit du soi. Il peut paraître dérisoire de le dire, l'individualisme n'est pas le surgissement, pour la première fois dans l'histoire des hommes, de l'individualité, mais l'apparition d'une façon radicalement nouvelle de penser — ou de ne plus arriver à penser — la répartition des individus, en même temps que le rapport de chaque individu à soi, aux autres et au nous. Ce serait trop réduire le phénomène de l'individualisme que d'y voir seulement un changement dans l'échelle des valeurs et le passage d'une conception holistique de la société, où l'individu s'appréhende comme soumis naturellement au collectif, à une conception atomistique de la société où l'individu s'appréhende comme premier, logiquement, chronologiquement, axiologiquement. Ce changement est bien tel mais il implique un changement plus profond de l'individualité elle-même. Ce n'est pas le même individu qui, de soumis, devient sujet-roi. C'est, d'une certaine façon, une autre individualité, vivant autrement sa propre intimité. L'individualisme n'est pas seulement la mutation du rapport social et politique, c'est *l'avènement de la subjectivité* qui se pense comme fondement et découvre, de ce fait, *l'absence de tout fondement*.

Qu'on nous permette, dans une digression qui n'est qu'apparente, d'évoquer ici l'itinéraire des *Méditations métaphysiques* où cette révolution du symbolisme trouve son inscription philosophique originaire.

Les *Méditations* s'ouvrent sur ces pages où Descartes nous révèle que son itinéraire philosophique n'est pas un simple itinéraire intellectuel mais un véritable drame de la conscience. Les premières lignes nous disent :

« Il y a déjà quelque temps que je me suis aperçu que, dès mes premières années, j'avais reçu quantité de fausses opinions pour véritables, et que ce que j'ai depuis fondé sur des principes si mal assurés, ne pouvait être que fort douteux et incertain ; de façon qu'il me fallait entreprendre sérieusement une fois dans ma vie de me défaire de toutes les opinions que j'avais reçues jusques alors en ma créance, et commencer tout de nouveau dès les fondements... »

Dès le début deux choses sont affirmées : une rupture radicale avec le monde des croyances anciennes et la décision de tout re-commencer. Dans cette capacité de faire place nette par le doute s'affirme le Sujet, libre puisqu'il peut se déprendre du monde, et fondement du discours puisque seul point d'ancrage, que rien ne saurait récuser car seul à ne pouvoir être mis en doute.

Quant à Dieu, dont Descartes découvrira la transcendance au sein même de sa subjectivité par l'expérience de sa finitude, il n'est plus le Dieu de saint Augustin ou de saint Thomas mais ce Dieu dont a vu qu'il n'est que de garantir la puissance de la raison et la dignité du sujet pensant.

Dans la philosophie grecque — également dans celle qui dominera le Moyen Age — l'homme n'était ni le fondement ni le point de référence du discours. Il était inscrit dans une hiérarchie des êtres, du cosmos (ou de la Création), même s'il se voyait accorder une place particulière dans l'ordre de la vérité. Et voici qu'est détruite la belle ordonnance du Tout. La nature, appauvrie métaphysiquement, devient *res extensa*, tout entière transparente. Elle n'est plus ce cosmos qu'habitait l'homme grec, et, encore, l'homme chrétien du Moyen Age. C'est un univers uni par l'identité des lois qui le régissent et des éléments simples qui le composent (selon l'expression empruntée à A. Koyré).

Face à elle, comme enrichi de son appauvrissement, se dresse le Sujet qui tient le discours scientifique mais ne saurait y être enfermé, qui parle mais dont les sciences ne sauraient valablement et exhaustivement parler ; en quelque sorte l'Autre de la science et son fondement. Quant à lui, quel fondement aura-t-il ? Comment échappera-t-il au *nihil* lorsque la logique du sens rendra le Dieu garant de Descartes incertain ?

Avec le cartésianisme est théorisé le fait que l'homme ne se saisit plus comme un élément occupant une place, à lui, assignée par et dans le Tout. Il est celui à partir de qui tout doit être compris. On entre dans l'ère de la *réflexion* ; de ce mouvement dont la philosophie et la littérature se nourriront jusqu'à nos jours et qui verra l'individu se tourner vers le mystère de sa propre existence et non plus vers la hiérarchie des êtres dans l'ordre des perfections de la Création.

Ce retournement du sujet sur soi, cette « découverte », qu'il fait, de son intériorité, comme d'un domaine privé où il est « entre soi » (un soi dont il se sent à la fois possesseur et dépossédé, car, alors même qu'il s'affirme, ce soi ne cesse de se défaire dès qu'on cherche à en éclairer sa nature), Hamlet est d'une certaine façon la mise en scène inaugurale. Hamlet dans lequel le spectateur découvre un personnage à l'identité lacunaire. La pièce de Shakespeare est bien contemporaine de cette époque où la subjectivité établit son royaume séparé, inaccessible par principe. [« Il n'y a que vous — écrit Montaigne — qui sache si vous êtes lâche et cruel ou loyal et dévolieux ; les autres ne vous voyent point, ils vous devinent. »]

L'être et le paraître ne coïncident plus et c'est là le malheur et la maladie *d'Hamlet*. Le monde se déréalise et l'individu se délite. Cet avènement du paraître comme loi et comme destin, avec le rêve de la transparence « perdue » et de l'obstacle toujours rencontré à la retrouver, n'est-il pas l'effet du sentiment que désormais les choses ne sont qu'en fonction de leur seul apparaître ; qu'elles sont, quant à leur être, désormais hors de nous ; que le commerce avec elles — avec le monde — n'est plus celui d'une intimité naturelle, au temps où le dedans était le dehors, et le dehors le dedans ?

Naissent alors ces interrogations qui sont les nôtres : *quid* du monde ?, *quid* d'autrui ?, *quid* de soi ?

Il faut voir plus qu'une métaphore dans le fait qu'Œdipe était hier une *tragédie*, un mythe joué sur la scène du théâtre antique au cœur de la Cité, qu'il devient aujourd'hui un *complexe* sur la scène intérieure du sujet pris dans son histoire et dans son roman individuels. Et Hamlet articule ce passage de l'Œdipe antique à Œdipe, individu dans la cité moderne.

Nous ne perdons pas de vue que notre objet est une recherche sociopolitique sur le devenir des représentations dans la société démocratique ; mais comment ne pas voir que l'espace de cette société moderne ne peut exister sans être habité par ce type d'individu qui s'y pense à la fois auteur et acteur, à la fois dedans et dehors ?

Situer le moment où la notion d'individu acquiert une consistance et une valeur telles qu'elles permettent d'en faire un fondement, serait impossible et, à dire vrai, dérisoire. Il n'est jamais, dans le domaine des idées qui organisent la conscience collective, d'origine pure et franche. On pourra toujours découvrir un « avant » le moment choisi comme origine, où se découvrait, déjà, l'annonce de ce qui sera.

Dans *La Cité antique*, Fustel de Coulanges fait du christianisme, ou plutôt du partage que le christianisme impose entre l'appartenance à la cité terrestre et l'appartenance à la cité céleste, la condition de la prise de conscience par les individus de leur liberté.

« Le christianisme enseignait que l'homme n'appartenait plus à la société que par une partie de lui-même, qu'il était engagé à elle par son corps et par ses intérêts matériels, que, sujet d'un tyran, il devait se soumettre, que, citoyen d'une République, il devait donner sa vie pour, mais que, pour son âme, il était libre et n'était engagé qu'à Dieu... Ce principe nouveau a été la source d'où a pu venir la liberté de l'individu. »

Du fait de sa double allégeance l'individu aurait ainsi été amené à se concevoir comme le gérant de son destin et l'arbitre du compromis entre la cité terrestre et la cité céleste. Mais — ce que montre bien Louis Dumont[1] — l'individu chrétien n'est pas l'individu engagé dans la cité moderne, même si le parallèle n'est pas sans signification. C'est un individu de la mystique et du retrait, et la question demeure de ce retournement qui fait que le ciel descend sur la terre et qu'au salut de l'âme succède la volonté du bonheur *hic et nunc*.

Il reste que l'Evangile est une rupture avec la tradition hébraïque qui définissait la religion mosaïque comme « religion d'un peuple ». Il est ce message qui s'adresse à chaque homme en particulier et lui annonce qu'il a un rapport personnel et filial à Dieu. En présentant la vie du Christ — faite de chair et de sang, de doutes et de foi — comme paradigme, le christianisme souligne que tout se joue *dans* l'existence individuelle de chacun ; mais en mettant au centre la crucifixion, cette mort du Messie entre deux larrons, une mort humiliante au regard du monde, une mort d'esclave, il souligne le mépris où doit être tenu l'Empire du monde...

Que cet individualisme de l'individu hors du monde, en relation verticale et mystique avec le ciel, soit une des sources de l'individualisme moderne, celui de l'individu *dans* le monde, en relation verticale avec le Politique et l'Etat, on peut le supposer. Encore ceci implique-t-il que l'individualisme théocentrique se réinscrive dans un tout autre ordre culturel.

On pourrait, tout aussi bien (tout aussi mal), chercher ailleurs que dans le Moyen Age l'origine de l'individualisme. Rien n'interdit de remonter plus haut. Par exemple dans ces temps où la République romaine se fait Empire et où l'empereur

1. L. Dumont, *Essais sur l'individualisme ; une perspective sur l'idéologie moderne*, Paris, Le Seuil, 1983.

se fait dieu. Le mouvement qui fait apparaître au-dessus de la société un pouvoir qui parle au nom de l'Un fait, en même temps, surgir une réalité nouvelle : l'individu privé, qui ne tire son être ni de son appartenance à la société ni de sa soumission au pouvoir de l'empereur. La même dynamique dissout la symbiose du citoyen et de sa cité, détruit la liberté politique antique et fait se constituer une sorte de « droit des personnes ». Mais l'individu qui naît alors n'est pas celui de notre modernité. « La volonté de l'Empereur, note Hegel, étant au-dessus de tout, sous lui l'égalité sera absolue... Le droit privé se développe et parachèvera cette égalité. »[2]

Sous l'Unique qu'est l'Empereur il n'y a pas des individus-citoyens, il y a des sujets. Tout se passe comme si l'ancienne division entre maîtres et esclaves s'était effacée non par la disparition des esclaves mais par celle des maîtres. L'individu privé est l'individu-esclave. Il suffirait, pour en saisir l'esprit, de regarder la façon dont cet individualisme trouve sa traduction dans le stoïcisme. Non un individualisme dans le monde mais un individualisme du retrait hautain du monde. On est proche du christianisme, à cette petite différence près, il n'y a ni ciel ni salut.

Ce n'est pas une bonne chasse que celle qui nous fait traquer, loin dans l'histoire, notre gibier. Ce qui importe c'est de saisir la façon dont une logique nouvelle réinscrit un thème qui existait (ou, que le besoin d'une généalogie, fait exister comme thème, après-coup) mais qui ne doit son sens actuel que de la place qu'il a dans le nouvel espace de pensée. Or une logique nouvelle ne prend son sens que dans la façon qu'elle a de s'opposer à la logique qui la précède et qu'elle récuse, en l'occurrence la vision du monde de la société moyenâgeuse.

Les penseurs politiques de l'individualisme, lorsqu'ils jetteront un regard rétrospectif, voudront voir dans le Moyen Age le temps barbare où les grands principes de liberté et de dignité de l'homme étaient nés. Inversement les adversaires de la nouvelle société se complairont à faire de ce même Moyen Age le temps béni d'avant la décadence, alors que l'homme, parce qu'il était partie d'un ensemble qui lui donnait sens, ignorait

2. *Hegels theologische jugendschriften* (éd. Nohl), cité par Jean Hyppolite, *Genèse et structure de la « Phénoménologie de l'Esprit » de Hegel*, Paris, Aubier-Montaigne, 1946.

l'hostilité de l'homme et la guerre de tous contre tous. La société aurait été, alors, une *communauté*.

Paul Claudel, dans *L'Otage*, fait ainsi dire à un de ses personnages qui refuse 1789, le baron de Coufontaines et Dormant :

« Vous avez entendu cette doctrine avec horreur que tout un chacun tient le même droit pareillement de propre nature.

« En sorte que celui des autres est un tort qui lui est fait.

« Ainsi il n'y a plus rien à donner. Voici qu'il n'y a plus rien de gratuit entre les hommes.

« Est-ce que cela est approuvé par Dieu ? »...

Et plus loin,

« Je regarde autour de moi et il n'y a plus de société entre les hommes.

« Mais seulement la *loi* comme ils disent, et le texte imprimé à la machine, la volonté inanimée, idole stupide.

« Où est le *droit* il n'y a plus d'*affection*. »

On pourrait faire un étrange rapprochement avec Marx lorsqu'il oppose, avec ambiguïté, la communauté chaude des sociétés précapitalistes à la société froide du capitalisme. Décrivant l'action de la bourgeoisie (dans *Le Manifeste du Parti communiste*), il écrit :

« Elle a noyé dans les eaux glacées du calcul égoïste les frissons sacrés de la piété exaltée, de l'enthousiasme chevaleresque, de la sentimentalité petite-bourgeoise. Elle a réduit la dignité personnelle à la valeur d'échange et, à la place des innombrables libertés reconnues par écrit et chèrement conquises, elle a mis la liberté *unique* et indifférente du commerce. (...) Elle a dépouillé de leur auréole toutes les activités considérées jusqu'alors avec respect et crainte religieuse. (...) Elle a arraché aux rapports familiaux leur voile d'émotion et de sentimentalité... »

La sociologie donnera ses lettres de « noblesse » à de telles analyses en forgeant les notions de *Gemeinschaft* et de *Gesellschaft*. Mais la sociologie elle-même n'est-elle pas tout entière à penser sous cette catégorie du retour à la société organique contre l'abstraction de l'individualisme ? *Robert Nisbet* n'a pas tort, faisant une généalogie de *la Tradition sociologique*, de montrer que la sociologie, qui semble liée à la modernité, qui se veut instrument de cette modernité en vue d'en rationaliser le devenir, a pour ancêtres ces penseurs conservateurs qui virent dans le triomphe de l'individualisme la source de la dislocation sociale et du malheur des hommes. Au cœur de l'interrogation sociologique dès ses débuts il y a l'angoisse du consensus brisé et de la communauté *authentique* à inventer... ou à retrouver... Evidemment les plaidoyers dans un sens ou dans l'autre, polémiques souvent, unilatéraux toujours, ne sont significatifs que d'une chose : les angoisses et les déchirements de la conscience moderne, prise entre les fascinations opposées de l'Un et du multiple, du corps organique et de sa dispersion.

Quels que soient les faits allégués pour évaluer, positivement ou non, le passé moyenâgeux et le présent individualiste, et pour réels qu'ils soient, nous n'avons jamais affaire qu'à un discours « contemporain », c'est-à-dire inscrit dans l'horizon de l'individualisme, même quand il s'en veut la conscience critique.

Certes la totalité sociale du Moyen Age n'a jamais été aussi harmonieuse qu'ont bien voulu le croire ceux qui, plus tard, s'en réclameront idéologiquement. Elle possédait cependant une certaine consistance qui se maintint sans conteste jusqu'au XIIIe siècle. Mais aux siècles suivants quelque chose se défait sans qu'il soit possible de postuler une unité des différents facteurs de décomposition. Il n'y a pas une « idée » de l'individu en marche à travers l'histoire, dont le surgissement entraînerait la dissolution d'une époque. Les crises qui, du XIVe au XVIe siècle, contribueront à l'installation de l'individualisme ne sont pas les moments gradués et progressifs du devenir d'une conscience collective, pas plus que la manifestation d'une dialectique de la nécessité inscrite dans les choses.

Ce à quoi on assiste — par la conjonction d'évolutions multiples et hétérogènes — c'est à l'effilochement du tissu qui organisait la vie de chacun et de tous. Des phénomènes anciens perdent leur familiarité, acquièrent une présence insolite et deviennent les supports d'interrogations nouvelles ; des mutations apparaissent que la conscience commune n'inscrit plus dans sa grille de croyances. La culture n'est plus en état de satisfaire par les réponses qu'elle offre. L'insatisfaction qui résulte des manques ainsi apparus engendre des discours et des pratiques multiples dont l'individu sera la forme dans laquelle ils se noueront et dont l'individualisme sera la rationalisation théorique. Ce ne sont pas, faut-il le dire, les situations *objectives historiques* qui engendrent l'interrogation. Celle-ci résulte du déplacement des investissements qui rend inopérante la grille existante du symbolisme.

La mise en place de doctrines philosophiques, celle d'un droit nouveau matérialisé dans des Constitutions, l'élaboration de sensibilités, d'intuitions du monde, de formes esthétiques, l'ensemble des mythes et des croyances qui donnent le monde dans lequel nous vivons et où nous apprenons à nous reconnaître avant même que d'apprendre à nous connaître, en un mot, l'individualisme comme milieu de notre existence, accède à sa visibilité dans l'Italie de la Renaissance.

« C'est l'Italie — écrit Jacob Burckhardt[3] — qui, la première, déchire ce voile qui donne le signal de l'étude objective de l'Etat et de toutes les choses de ce monde ; mais à côté de cette manière de considérer les objets, se développe l'esprit subjectif ; l'homme devient individu spirituel et a conscience de ce nouvel état. »

Et il ajoute, et comment ne penserait-on pas à Machiavel ?

« La tyrannie commence par développer au plus haut degré l'individualité du souverain, du condottiere lui-même ; ensuite elle développe celle du talent qu'il protège, du secrétaire, du fonctionnaire, du poète, du familier. L'esprit de ces gens apprend forcément à connaître toutes ses ressources, celles qui sont permanentes comme celles du moment, ils savent spiritualiser et concentrer leur jouissance de la vie pour donner le plus de valeur possible à ce pouvoir et à cette influence qu'ils n'exerceront peut-être pas longtemps. »

Ainsi le pouvoir, avec les séductions qui l'accompagnent et la précarité qui le menace, mais surtout avec son absence de toute référence à une loi supérieure et à des justifications extérieures à lui, le pouvoir comme volonté de puissance nue, pousse-t-il l'individualisme à son maximum.

Deux traits symétriques — toujours selon Burckhardt — font repérer le nouvel individualisme : la gloire et l'esprit.

3. J. Burckhardt, *La civilisation de la Renaissance en Italie*, Paris, Plon, 1958.

La gloire, on la voit dans ce souci des villes d'exalter leurs grands hommes dans de belles biographies, non pour leur vertu, leur accomplissement rigoureux de ces devoirs religieux qui s'imposent à tous, mais pour des actes qui leur sont propres et qui, d'une certaine façon, sont inimitables. Quant à l'esprit, la raillerie qui exigent qu'une cible existe comme telle et donc que l'individu visé ait des traits personnels qui évitent qu'on le confonde avec toute une catégorie de gens semblables, ils sont de véritables accoucheurs de l'individualité. « L'esprit ne pouvait devenir un élément autonome de la vie qu'à la condition d'avoir sa victime désignée, c'est-à-dire l'individu développé ayant des prétentions personnelles. »

En dehors du chapitre qu'il consacre au développement de l'individu, Burckhardt cite de nombreux autres indices de ce développement. Par exemple la diversité des modes, le goût pour la virtuosité où l' « élément individuel » se donne à lui-même la jouissance de sa particularité, enfin les fêtes masquées et tout ce qui est théâtralisation où s'exprime l' « aptitude à inventer un masque complet, à en jouer et en soutenir le rôle ».

Les problèmes que voudra résoudre la philosophie politique d'abord anglaise (XVIIe siècle) viennent de cette révolution des manières de vivre créées par la Renaissance italienne et acceptées, écrit G. Simmel[4], « par tout le monde civilisé, justement parce qu'elles donnaient à l'individualité un champ jusque-là inespéré ».

Ce dont il est question c'est ce grand décentrement qui voit l'individu revendiquer toutes les places, peut-être parce qu'il n'en a plus aucune depuis que Dieu n'est plus la garantie de l'immuabilité du monde et de son ordre pour ne plus être que la caution à la sacralité de l'homme et, au mieux, un fondement pour une morale devenue morale de l'homme privé.

De ce bouleversement de l'univers des signes, nous n'avons pas encore épuisé tous les effets, aujourd'hui. Le Moyen Age n'avait qu'un schème pour encadrer la totalité de ses expériences : le théocentrisme. Dieu y est le principe explicatif et la fin de toutes choses. Tout ce qui est s'inscrit dans l'ordre de sa création et le temps est celui de l'éternité, non celui de l'histoire. Voici que désormais l'homme se détourne de la cité

4. G. Simmel, *Mélanges de philosophie relativiste*, Paris, Alcan, 1912.

céleste et s'interroge sur la cité terrestre. Assoiffé du désir d'inspecter son domaine, il lance ses navigateurs sur les mers et découvre que le monde est bien plus vaste et divers qu'il ne l'imaginait. Dans le même temps ses astronomes lui apprennent que bien petite est la terre, qui n'est qu'une banlieue du soleil, et que l'univers est infini.

Alexandre Koyré titre son très beau livre sur la révolution cosmologique du temps : *Du monde clos à l'univers infini.* L'image est admirable. Elle vaut pour le monde physique. Elle vaut également pour le monde humain. Et ce n'est pas brutalement, d'un coup, qu'on passe d'un monde à l'autre, qu'il s'agisse de la nature, qu'il s'agisse de l'homme. L'expression de Koyré est, là aussi, très parlante : « La bulle du monde a commencé par enfler avant d'éclater. »

Le bouleversement apporté par la révolution cosmologique, on ne peut l'évaluer qu'en le mesurant à son aboutissement : l'instauration de la science moderne et de ses fondements philosophiques par le cartésianisme.

Le bouleversement dans l'univers des hommes c'est la destruction de l'espace social qualitatif, hétérogène, hiérarchisé, de la féodalité au profit d'un nouvel espace — euclidien, dira-t-on — des individus également libres, et de l'Etat.

De tous les faits, le plus significatif est celui qui résulte de la découverte des Amériques et de la rencontre avec cet « autre » qu'est l'Indien, dont on se demandera s'il est un homme d'avant le péché originel ou s'il est un animal sans âme, bien qu'il ait visage humain. Si cet *autre* fait craquer l'espace où logeait l'homme chrétien du monde féodal et s'il l'oblige à s'interroger sur la nature de son être propre c'est parce qu'il est appréhendé par une conscience occidentale en crise. Lorsque Colomb et ses successeurs abordent le Nouveau Monde, ce n'est pas là, certes, un phénomène complètement bouleversant pour l'imaginaire médiéval. Les récits d'îles lointaines, les contes sur les hommes sauvages, autant de modèles tout prêts à intégrer la nouveauté la plus étrange. Au reste, est-il pensable cet univers symbolique qui ne serait pas capable de prendre en charge, dans ses rets, un phénomène nouveau ? Est-il pensable ce langage qui n'aurait pas, dans le magasin de ses signes, de quoi désigner l'innommable, quand ce ne serait qu'en le désignant précisément comme innommable ?

Le Moyen Age n'avait pas été tout à fait dans l'ignorance des différences de civilisations. Les souvenirs de Marco Polo avaient été, c'est vrai, accueillis avec un scepticisme injuste, mais ils avaient été accueillis. Et puis, en juillet 1274, le pape avait reçu les ambassadeurs du Khan mongol Abagha, venus lui proposer une alliance contre l'Islam et les Turcs. Pourquoi les Indiens posèrent-ils des questions radicales, à la conscience que n'avaient pas bousculée ces autres faits ? Pourquoi une interrogation sur la nature de l'homme si cette interrogation n'avait été déjà présente au cœur même d'un monde en crise ? C'est parce que l'incertitude de l'homme sur soi était déjà là que celle-ci, rebondissant sur ce qui faisait événement, revient, comme produit par le dehors, sur le sujet.

Lisons Montaigne évoquant les Indiens que Villegagnon et ses compagnons Jean de Léry et André Thévet rencontrèrent dans leur voyage en *France antarctique* :

« Ils sont sauvages de même que nous appelons sauvages les fruits que nature, de soi et de son propre ordinaire, a produits ; là où, à la vérité, ce sont ceux que nous avons altérés par notre artifice et détournés de l'ordre commun que nous devrions appeler plutôt sauvages. »

Ce retournement qui met du côté de l'Indien l'ordre naturel, et l'artifice du côté des sociétés européennes, est gros d'un rapport nouveau de l'homme occidental à sa société et à soi. Le thème de l'innocence et de la bonté naturelle du sauvage s'introduit dans la culture comme un élément permettant la distance et une évaluation critique du contemporain. Le « bon sauvage », en effet, est défini bien plus par les vices qu'il n'a pas — et qui nous possèdent — que par des caractères positifs.

Toujours Montaigne :

« C'est une nation en laquelle il n'y a aucune espèce de trafic ; nulle connaissance de lettres ; nulle science de nombres ; nul nom de magistrats, ni de supériorité politique ; nul usager de service, de richesse ou de pauvreté ; nuls contrats ; nulles successions ; nuls partages ; nulles occupations qu'oisives ; nul respect de parenté que commun ; nuls vêtements ; nulle agriculture ; nul métal ; nul usage de vin ou de blé. Les paroles mêmes qui signifient le mensonge, la trahison, la dissimulation, l'avarice, l'envie, la détraction, le pardon, inouïes... »

Ce thème du bon sauvage n'est pas, à proprement parler,

une nouveauté. On le trouve dans l'Antiquité. Mais il oscillait entre deux formes : soit il s'agissait de la peinture des mœurs pastorales ou nomades dont parle Homère (et c'est le prétexte à faire l'éloge de la frugalité ancestrale), soit il s'agissait du mythe de l'âge d'Or, description d'un temps hors du temps.

Cette fois-ci il s'agit de tout autre chose. L'Européen découvre dans l'espace, et dans le présent, son propre passé (du moins veut-il le croire). Le voyage dans les Nouveaux Mondes devient un voyage aux origines, à ce moment d'avant la déchirure, alors que l'homme et la nature étaient accordés...

Projection d'une perte qui troue le présent, reçu à partir du manque, le thème du bon sauvage deviendra la source de tout un imaginaire. Il deviendra aussi une norme qui donnera sens à l'histoire quand elle se fera catégorie philosophique. Car ce que l'histoire a fait perdre à l'homme — ce monde ancien de la grande communion — pourquoi ne le redonnerait-elle pas ?

Le domaine où se manifeste la crise des croyances et qui nous intéresse au premier chef est celui du Politique, lequel ne saurait se concevoir alors hors de son rapport au religieux. Lorsque se brise l'unité de l'Eglise du Moyen Age, que se dissolvent d'anciens liens et d'anciennes allégeances, que s'affrontent dans des guerres civiles impitoyables tenants de l'Eglise romaine et tenants de l'Eglise réformée après que se soient affrontés, dans un combat plus obscur, monarques et papes, nous voyons naître un nouveau champ de pensée d'où sortira une figure nouvelle du pouvoir et des liens qui unissent les hommes entre eux dans une société, figure qui inaugure un temps dans lequel peut-être sommes-nous encore.

Congédier un monde politique ancien ne saurait se faire sans l'appui d'une légitimation, quelle que soit la forme que prendra celle-ci. Tuer le Père n'est possible qu'avec un aval des ancêtres dont la résurrection est moins une commémoration des morts qu'une glorification des vivants. Dans les premières pages du *Dix-huit brumaire de Louis Bonaparte*, *Marx* fait référence à ce phénomène de mythologisation du passé en nous rappelant comment les révolutionnaires de 1789 ont eu besoin, pour accomplir leur propre destin, de se draper dans la toge des républicains romains et comment Luther a dû prendre le masque de l'apôtre Paul.

« Même quand ils semblent occupés à se transformer, eux

et les choses, à créer quelque chose de tout à fait nouveau, c'est précisément à ces époques de crise révolutionnaire qu'ils évoquent craintivement les esprits du passé, qu'ils leur empruntent leurs noms, leurs mots d'ordre, leurs costumes, pour apparaître sur la nouvelle scène de l'histoire sous ce déguisement respectable et avec ce langage emprunté. »

Ainsi les hommes, alors qu'ils construisent leur époque, font-ils de leurs actes la répétition d'une geste inaugurale, le retour aux aïeux exemplaires. Comme si vivre ne pouvait se concevoir que sous la forme du re-vivre. Il nous faut non seulement prendre acte de ce paradoxe qui fait apparaître la naissance du nouveau comme re-naissance mais encore comprendre ce que cela signifie quant au statut de la dynamique historique. Les hommes ne peuvent agir sans *imagerie* — héroïque ou sacrée — qui transforme leur adhésion intellectuelle à tel ou tel projet collectif en un *investissement* de tout leur être. Ce n'est pas la seule force du concept qui fait se déplacer les montagnes. On ne va pas à l'assaut du ciel porté par la seule force de la raison abstraite (ou de ce qui en tient lieu). Une autre dynamique agit qui puise dans les arrière-fonds de l'âme et qui exige des icônes.

Dostoïevsky[5] nous rapporte l'histoire de ce nihiliste qui, éclairé un jour par les lumières de la raison, brise les images des saints qui ornaient l'autel de sa petite chapelle, éteint les cierges, puis, sans perdre un instant, remplace les images détruites par les ouvrages de quelques philosophes athées et... rallume pieusement les cierges. Le héros fondateur lui-même n'échappe pas à ce besoin de révérer une image primordiale ; mais c'est sa propre image qu'il révérera, dans un rapport étrange où il sera à la fois l'objet et le sujet de sa foi. On ne peut jamais être le Père absolu. On n'est père que par filiation à un autre père [fût-ce soi-même, érigé narcissiquement en « père de soi-même »].

Le « il était une fois », comme légitimation de ce qui est (ou doit être) aujourd'hui, n'est pas seulement la structure de tout conte, c'est la structure de toute pensée théoricienne lorsqu'elle cherche à subsumer le temps et à rendre intelligible et signifiant l'actuel.

5. Cité par Gustave Le Bon, *La psychologie des foules*, Paris, Ed. Retz, 1975.

Besoin du roman des origines, besoin d'un commencement-recommencement... « Il était une fois... Œdipe ! » On joue une pièce inédite, on veut croire qu'il s'agit de la reprise d'une pièce du répertoire...

Dans ce Panthéon où les morts ressuscités ne servent qu'à magnifier le contemporain, où le passé est une forme de la conscience du présent, l'historiographie scientifique aura peu de place. C'est d'une histoire imaginaire qu'il s'agit. L'acte par lequel les hommes de la Renaissance prennent l'Antiquité comme modèle de ce qu'il y a de plus haut dans le domaine de l'esprit et comme ancêtre, s'il a peu à voir avec l'histoire savante puisqu'il remplit, non un besoin de connaissance, mais un besoin de généalogie, besoin d'autant plus impérieux quand une société est dans l'incertitude de son être, est cependant le signe d'une conscience neuve — à laquelle l'homme du Moyen Age était totalement étranger : la conscience de l'historicité. L'Antiquité est appréhendée comme un temps révolu, dont la nuit du Moyen Age sépare irrémédiablement les hommes du présent. Quant au Moyen Age, la rupture qu'on veut définitive avec lui, le renvoie également au passé. Il y a un passé perdu mais qui brille des feux de l'âge d'Or ; il y a un passé proche et haïssable dont le présent doit se libérer ; il y a un futur que dessinent les projets des hommes d'aujourd'hui, hommes de la « renaissance ». Le modèle ternaire de l'historicité contemporaine et idéologique fait son entrée en scène.

Dans la constellation imaginaire d'où la pensée politique moderne, alors naissante, tire le sentiment qu'elle est fille du temps et non fille du hasard, trois « types idéaux », mélanges d'histoire réelle et d'hagiographie, peuvent être construits, qui dominent : *Athènes*, *Rome*, *Jérusalem*.

Athènes offre le modèle d'une démocratie directe où chacun est en relation de face à face direct avec les autres, dans l'élaboration de la loi commune. Il y a là quelque chose de vrai. Lorsque *Moses I. Finley* résume la carrière du citoyen d'Athènes il souligne qu'à sa naissance celui-ci avait réellement une chance de devenir président de l'Assemblée (laquelle se réunissait en plein air et aux séances de laquelle tous les citoyens pouvaient librement assister), puisque le poste ne pouvait être occupé que pendant une seule journée par chacun de ceux qui étaient tirés au sort pour le pourvoir. Il pouvait être inspecteur des marchés pendant un an, membre du conseil pour une année, juré plusieurs fois de suite, membre votant de l'Assemblée aussi souvent qu'il le voulait. Outre cette expérience directe à laquelle s'ajoute l'administration des quelque cent communes entre lesquelles était divisée Athènes, il y avait surtout, « de manière générale une familiarité avec les affaires publiques que même les citoyens portés à l'apathie ne pouvaient éluder ». Ce modèle grec, abstraction faite de son fondement ontologique et de l'esprit d'inégalité qui est le sien et que manifeste l'existence de l'esclavage et de la sphère de la famille où régnait le pouvoir despotique du patriarche, jouera un rôle majeur dans le rêve d'une démocratie holistique que cimenterait la ferveur d'un citoyen qui s'abandonnerait d'autant plus aisément à la communauté que celle-ci lui apparaîtrait comme le lieu de réalisation de son essence[6].

Lorsque Benjamin Constant reprochera à Rousseau d'avoir commis un anachronisme en identifiant démocratie ancienne et démocratie moderne, nous ne sommes pas devant un débat d'historiens mais devant la confrontation de deux univers politiques ; Benjamin Constant opposant, à ce qui lui paraît un syncrétisme despotique, l'affirmation qu' « il y a une partie de l'existence humaine qui, de nécessité, reste individuelle et indépendante et qui est de droit hors de toute compétence sociale ».

Mais le texte grec n'est qu'un prétexte chez Rousseau et la contestation de Constant n'est pas celle d'un érudit...

Si Athènes est le modèle de la démocratie, Rome est celui de la République (notons que même aux temps noirs de la tyrannie, Rome s'est toujours voulue républicaine et n'a jamais renoncé à ce « semblant » qui devait donc être plus qu'un semblant). Avec Rome la référence devient le Droit et l'Etat.

Ce qui unissait le peuple romain, n'était-ce pas le respect quasi superstitieux qu'il aura toujours porté aux lois, aux règlements et aux magistrats qui les édictaient ? La souveraineté, qui est celle du peuple, on ne la voyait jamais séparée de l'appareil qui l'exprime. On ne parlera pas de la volonté du peuple mais de la volonté SPQR « Senatus Populusque Romanus » Senat et Peuple sont indissolublement liés.

6. I. Moses, Finley, *Démocratie antique et démocratie moderne*, Paris, Payot, 1980.

Et quelle image frappera mieux les esprits fascinés par ce modèle du civisme vertueux que la dévotion dont on se plaisait à imaginer qu'elle accompagnait la magistrature avec toute sa pompe officielle : consuls vêtus de robes blanches bordées de pourpre, licteurs les précédant et portant les verges et la hache symboles de l'autorité, et tous les citoyens pénétrés de la grandeur et de la noblesse de leur titre de *citoyens romains...*

Autre chose vient de Rome. Rome a étendu son *imperium* à l'univers. Pour la première fois, grâce à elle, « l'histoire du monde s'est mise à former comme un tout organique », comme l'écrivit Polybe. Et cet Empire reste comme un foyer brûlant pour tous les universalismes politiques et pas seulement pour l'universalisme théocratique du Saint Empire chrétien... Combien rêveront comme ce poète gallo-romain : *Fecisti patriam diversis gentibus unam Urbem fecisti quod prius orbis erat* (De peuples éparpillés tu as fait une patrie, de ce qui était jadis le monde tu as fait la Ville). Et quand *Saint-Just*, à la Convention, le II germinal an II s'écrie : « Le monde est vide depuis les Romains et leur mémoire le remplit et prophétise encore la liberté », peut-on assurer qu'il ne pense pas qu'à l'universalisme défunt pourrait succéder un nouvel universalisme. Républicain. Et français...

Enfin Rome est la patrie du « Droit romain ».

Les Grecs avaient inventé la démocratie où le citoyen est libre parce qu'il est soumis à des lois à l'élaboration desquelles il participe directement. De même ne connaît-il, dans l'exercice de la justice, que la pratique des tribunaux populaires composés de citoyens tirés au sort sans qu'il y ait un vrai pouvoir magistral. Il en va tout autrement avec les Romains. Chez eux triomphe l'esprit juridique, la croyance que l'exercice de la justice implique un formalisme sourcilleux des règles et des procédures, une compétence particulière des agents du droit et une souplesse jurisprudentielle. Ils inventent, et c'est la même logique, des institutions politiques impliquant tout un corps de fonctionnaires spécialisés. Avec ses règles de droit, sa procédure et ses magistrats, Rome fait exister quelque chose qui ressemble à un droit de l'individu privé.

Doit-on dire Athènes enseigne la démocratie mais aussi le mythe d'un monde politique fusionnel où l'individu-citoyen n'est que l'élément du tout d'où il tire dignité et existence ;

Rome enseigne la république du droit et de l'Etat mais aussi le mythe de la puissance impériale et bureaucratique qui, pour n'avoir sa légitimité que par le peuple, ne s'en pense pas moins comme un organe séparé et dont la majesté exige une révérence « religieuse » ?

En fait il s'agit de modèles qui hantent une société naissant comme société séculière et démocratique et non de modèles historiques réels. Si on y retrouve les problèmes du temps présent c'est d'abord parce qu'on les y met. Comme on les y met dans la troisième capitale imaginaire : Jérusalem.

Le retour aux ancêtres pouvait-il se faire sans un détour par Jérusalem ? Celui-ci est porté par la volonté de retrouver, enfoui sous les exégèses et trahi par les Eglises, le message originel de l'Ancien Testament. C'est surtout l'indignation morale contre une Eglise du luxe et une Eglise du pouvoir qui anime ce retour. Qu'on se souvienne de ce que disait des prélats *Savonarole*, en 1493 :

« Ils parlent contre l'orgueil et l'ambition et ils y sont plongés jusque par-dessus les oreilles, ils prêchent la chasteté et ils entretiennent des maîtresses, ils commandent l'observation du jeûne et ils vivent dans le luxe... Dans les premiers temps de l'Eglise, les calices étaient de bois et les prélats d'or. Aujourd'hui l'Eglise a des calices d'or et des prélats de bois. »

Et *Erasme*, parlant des papes :

« Ils font oublier le Christ par leur silence, l'enchaînent dans leurs trafics, dénaturent son enseignement par des interprétations forcées et l'assassinent par leur conduite honteuse... »

Il y aura d'autre part dans la redécouverte de la tradition mosaïque, une dimension juridico-politique, en faveur d'un état de droit, qui mérite d'être retenue.

L'enseignement mosaïque dit : « La loi est un commandement de Dieu ». La loi, pas les gouvernants, qu'ils soient roi ou assemblée. Lorsque les juifs ont voulu un roi, Yavhé en fut très contrarié. Qu'on relise le livre de Samuel ! Lorsque Samuel fait part à Dieu du vœu des juifs, celui-ci lui dit :

« Satisfais à tout ce que te dit le peuple car ce n'est pas toi qu'ils ont rejeté, c'est moi qu'ils ont rejeté, ne voulant plus que je règne sur eux. »

Mais Yavhé demande à Samuel de dire à son peuple ce que signifie le pouvoir royal.

« Voici le droit du roi qui régnera sur vous. Il prendra vos fils et les affectera à sa charrerie et à ses chevaux et ils courront devant son char... Il leur fera labourer son labour, moissonner sa moisson, fabriquer des armes de guerre et les harnais de ses chars. Il prendra vos filles comme parfumeuses, cuisinières et boulangères. Il prendra vos champs et vos vignes. Les meilleurs de vos serviteurs, de vos servantes, de vos bœufs, de vos ânes, il les prendra, les fera travailler pour lui. Il prélèvera la dîme sur vos troupeaux et vous-mêmes deviendrez des esclaves. »

Ainsi l'Ancien Testament n'est-il pas convoqué à charge de légitimer une théorie du droit divin des gouvernants. Tout au contraire. Ce que l'Ancien Testament enseigne aux nouvelles oreilles c'est qu'aucun homme ne saurait détenir de Dieu le pouvoir. Que la volonté populaire n'est pas toujours bonne et qu'il faut un butoir à la versatilité du demos : la Loi.

Car la Loi n'est à personne ! Ainsi s'ouvre un champ original de réflexion politique : peut-on faire de la volonté populaire un absolu tel que le peuple occupe la place du roi et réduise la loi à n'être que l'expression « de son bon plaisir » ? Ne doit-on pas décréter qu'au-dessus du peuple et des lois qu'il se donne il y a la Loi, l'ordre auquel Dieu lui-même est soumis, car la Loi n'est pas la Loi parce que Dieu l'a voulue, Dieu l'a voulue parce qu'elle est la Loi ?

On ne saurait, non plus, oublier que le retour à l'Ancien Testament est aussi un retour à l'histoire comme lieu où s'inscrit le destin d'un peuple élu. Il s'agit d'une histoire messianique dominée par l'idée de sa fin (à entendre aussi bien comme achèvement que comme but) et par l'affirmation d'un Sujet collectif chargé de mission. Niera-t-on les effets de tout ceci sur la conscience moderne ?

Mais il est temps d'arrêter notre promenade dans les commencements de la modernité et dans son imaginaire d'alors pour nous tourner vers l'élaboration des discours qui cherchent à rendre intelligibles les temps nouveaux et à leur donner ses règles. Ces chemins de la théorisation aménagent l'espace de nos problèmes et des réponses souvent inattendues qu'ils induisent.

Chapitre 4

Le discours de l'individualisme politique

Ce qui s'invente, dans la douleur et dans l'allégresse de la pensée, c'est la conceptualisation d'un nouvel ordre symbolique, organisé autour d'un nouveau centre : l'homme, mais un homme défini comme sujet du droit et qui tient son humanité de l'instauration de cet espace juridico-éthique qui le situe comme fondement ; c'est la théorisation d'un nouveau rapport imaginaire de l'homme à son monde, une théorisation qui prendra la forme d'un « individualisme moral » où l'individu n'est source que de s'abolir comme subjectivité passionnelle et de s'instituer sujet de raison. L'éthique de la liberté n'est pas celle du « laisser-faire », c'est celle du « bien organiser ». Comme l'écrit J.-J. Rousseau *(VIIIe lettre sur la montagne)* : « Quand chacun fait ce qu'il lui plaît, on fait souvent ce qui déplaît à d'autres ; et cela ne s'appelle pas un état libre. »

L'individu ne se réalise comme sujet libre qu'en se faisant sujet universel, sujet-de-la-loi. Ce n'est pas par ce qui le particularise mais par ce qui l'universalise que le sujet se fait citoyen. Et ce qui l'universalise c'est la raison. Qu'elle soit définie comme faculté de calcul ou comme raison morale, la raison est la *condition de possibilité* de l'individualisme démocratique. Et, si les individus ne sont pas raisonnables, du moins peuvent-ils le devenir.

Incontestables sont les différences qui séparent l'antique Athènes du monde moderne. Mais la raison demeure comme valeur, pièce de monnaie qui passe en silence de Platon à Marx et qui identifie l'Occident.

Nous voulons retrouver la logique des discours théoriques qui cherchent à « penser » cet individualisme, devenu l'élément naturel de la conscience, en évaluant les auteurs qui nous paraissent, dans la diversité de leurs problématiques, former une constellation significative d'approches à la fois semblables et opposées : *Hobbes*, *Rousseau*, *Locke*...

La logique des discours est, à sa façon, la logique du réel, non parce que le réel a une logique que les discours explicitent mais parce que les discours sont l'effort d'imposer au réel une logique (parmi d'autres possibles) et que cet effort, sans jamais réussir tout à fait à soumettre ce réel, en induit un sens, qui peut se faire effet pervers, ruse de la raison prenant à revers le discours et obligeant les penseurs à remettre l'ouvrage sur leur métier, mais qui n'en demeure pas moins le sens à partir duquel les écarts eux-mêmes pourront être pensés. Pris dans la multiplicité des exigences de son temps, le penseur ordonne le divers de l'expérience individuelle et collective en vue d'y « lire » des lignes d'intelligibilité qu'il invente, et d'en déduire des maximes d'action qui, à leur tour, sont des éléments de l'univers des croyances et en conditionnent le devenir.

Ce que nous voulons dire, Alexandre Kojève le démontre, avec un sérieux ironique (à moins que ce ne soit avec une ironie sérieuse), quand il écrit *(Marx est Dieu et Ford est son prophète)*[1] :

« Marx s'est trompé dans ses prévisions non pas parce qu'il avait théoriquement tort mais parce qu'il avait raison (...). Les capitalistes ont fait exactement ce qu'ils devaient faire d'après Marx pour rendre la Révolution sociale impossible parce qu'inutile, c'est-à-dire sans objet... Nous pouvons donc dire que Ford fut le seul grand marxiste authentique ou orthodoxe du XXe siècle. »

Et comme un bon texte appelle une bonne chute, Kojève conclut :

« Le capitalisme qui fut décrit et critiqué par Marx, à savoir le capitalisme d'ancien style qui crée les capitaux néces-

1. A. Kojève, Marx est Dieu et Ford est son prophète, revue *Commentaire*, n° 9, printemps 1980.

saires aux investissements qu'exige le progrès technique en maintenant artificiellement le revenu des masses laborieuses au niveau du minimum vital, le fait est que ce capitalisme classique n'existe aujourd'hui dans aucun pays hautement industrialisé sauf dans l'union soviétique où il s'appelle d'ailleurs *Socialisme.* »

Il nous faut donc comprendre l'effort des théoriciens d'alors comme celui d'une modernité qui cherche à rendre intelligible à elle-même sa nouvelle installation dans le monde. En reprenant le fil de leur argumentation nous retrouvons la démarche qui fit naître notre espace intellectuel. Nous retrouvons aussi ce moment où se nouent — et se dissimulent — des antinomies qui engendreront une surproduction folle de théorisations diverses. Comme s'il y avait, dans l'univers nouveau, à payer, par une surabondance de discours, une dette insolvable.

Tout, d'une certaine façon, comme nous l'avons déjà noté, commence avec Machiavel dont Claude Lefort dit qu'il est « l'autre de Marx »[2].

Kant, définissant le bouleversement que sa *Critique* apportait à la théorie de la connaissance, parlera d'une *révolution copernicienne* en philosophie. Deux siècles et demi auparavant, c'est bien, dans le politique, le même type de révolution qu'apporte Machiavel, le même recentrement qui montre à l'homme qu'il est lui-même la source de ce qui lui paraissait être une réalité étrangère. Avec lui nous avons l'acte écrit qui inaugure la laïcisation du politique, une laïcisation qui implique que le pouvoir n'est fondé sur aucun ordre extérieur à l'homme mais qui affirme également — et ce n'est pas le moins important — que le politique est *autonome*, qu'il ne se rapporte qu'à lui-même, que ses pratiques n'ont d'autres critères d'évaluation que le critère politique. « Qu'un Prince, donc, se propose pour son but de vaincre et de maintenir l'Etat ; les moyens seront toujours estimés honorables et loués de chacun » *(Le Prince).*

On a beaucoup glosé sur l'amoralisme de Machiavel. Ce dont il s'agit est tout autre. La ruse, en effet, et ce qu'on appellera le machiavélisme, n'ont de sens qu'au service d'un certain type de Prince, faute de quoi on est dans la tyrannie qui est, en quelque sorte hors politique.

2. C. Lefort, *Le travail de l'œuvre Machiavel*, Paris, Gallimard, 1972.

La logique de l'action politique, qui oblige le Prince à être stratège et psychologue, *lion* et *renard*, est révélatrice de sa vraie nature : une violence mais une violence qui n'est pas vaine, qui n'est pas frénésie et arbitraire ; une violence qui est calculée, mesurée par le dessein, qui est la sienne : instaurer un Etat durable. Cette violence instauratrice est donc sous le jugement de la légalité qu'*elle* instaure mais cette légalité reste marquée par une violence qui, pour avoir réussi, ne s'est pas pour cela libérée de sa contingence première, fondatrice, elle-même sans fondement, de ce qui procédera d'elle.

Parlant de ce qui n'est pas encore institué alors que se défait ce qui l'était encore, Machiavel est voué à être le penseur du commencement. Et que ce commencement trouve chez Freud, quelques siècles plus tard, l'écho de *Totem et tabou* où la loi naît du meurtre originel, mériterait qu'on s'interrogeât sur un parallèle possible.

Ce qui est pensé par Machiavel, plus tard par Bodin, par Hobbes, par les théoriciens du droit naturel, quelles que soient leurs ambiguïtés, c'est le processus qui voit l'Etat, prince moderne, s'ériger en souverain sur des sujets, égaux de leur commun assujettissement à ce *dieu mortel*, et déterritorialiser les rapports féodaux car il ne saurait supporter, ni à côté de lui, ni sous lui, aucune autorité « politique » autre que la sienne, ayant une autonomie et une consistance propres qui contrediraient à sa prétention. Il ne saurait y avoir d'autre face à face que celui du Souverain et des individus ; d'autre complémentarité que celle de l'espace public du politique et l'espace de la vie privée ; d'autre fondement que la liberté de l'individu qui, reconnue comme originelle, organise la division entre le citoyen et l'homme privé.

Le regard de l'incroyant Machiavel nous fait découvrir le politique comme ce lieu où les passions des hommes se nouent pour engendrer les règles impossibles de leur vivre-ensemble. Ainsi donne-t-il un visage emblématique à l'univers alors naissant et qui deviendra le nôtre.

Cette mutation de la pensée politique est inséparable du traumatisme du siècle : guerres civiles, guerres de religions qui virent la cruauté généreusement partagée par les divers camps ; Montluc, le catholique, répondant au protestant, des Adrets. Et réciproquement.

Que la modernité soit fille, ainsi, de conflits idéologiques et civils, voici qui rend son commencement bien actuel.

C'est seulement en gardant en mémoire cette destruction du lien social par l'affrontement des convictions les plus fortes qu'on peut comprendre *Hobbes*, premier des penseurs que nous ayons retenu. Sa question est celle-ci : à quelle condition peut-on fonder la paix civile. Et sa réponse est tout entière dans l'affirmation que seule l'instauration d'un pouvoir souverain absolu, au-dessus des individus, quoique créé par eux, sans aucune référence aux professions de foi religieuses qui opposent les hommes entre eux, peut permettre le vivre-ensemble.

On a voulu voir dans Hobbes le théoricien de la monarchie absolue — ce qu'il était effectivement — et on a souvent réduit sa pensée à cette légitimation circonstancielle. C'était lire un peu vite le *De Cive* et le *Léviathan*.

Hobbes part du constat que lui impose son temps : les hommes se font une guerre sans pitié à partir de leurs passions et, plus particulièrement, de leurs passions idéologiques. Il en tire deux enseignements : en premier lieu la sociabilité n'est pas naturelle ; l'acte politique, seul, institue cette sociabilité et le fait par une violence sur l'homme ; en second lieu, le lien social exige une instance spécifique, l'instance de l'Etat, qui impose sa loi à la société des égoïsmes, de la ruse, de la force, de l'absence de scrupules, en vue d'installer l'ordre et la sécurité.

Acceptons de voir en Hobbes l'origine du discours politique moderne, tout en sachant combien ce choix relève de la contingence. Acceptons qu'avec lui, pour la première fois avec vigueur et dans toutes ses conséquences, est établie la théorie de l'individualisme avec son principe de l'égalité des hommes, mais aussi le lien secret qui unit la détermination de l'individu comme fondement et de l'Etat *laïque* comme réalité. Et voyons en lui l'initiateur de la théorie politique contemporaine parce qu'il a établi qu'il existe un objet — le politique — qui relève de la raison calculatrice et d'aucun autre ordre que le sien propre. Ainsi élabore-t-il, dans l'univers de la démocratie, la légitimation d'un Etat dont l'esprit est celui de la *raison d'Etat*.

Qu'est l'homme quand il obéit à la nature et à sa nature, se demande Hobbes qui sait bien que, partout où nous le rencontrons, nous trouvons l'homme engagé dans quelque forme de société et jamais à l'état d'individu isolé. Mais c'est très consciemment qu'il ne prend pas en compte ce constat empirique. Preuve est ainsi faite qu'il ne s'agit pas de l'origine (au sens historique du terme) mais de l'*originaire*. Ce qu'il faut c'est faire abstraction des liens effectifs (comme par exemple les liens familiaux) et déduire l'être social du principe de l'état de nature.

Cet état de nature sera défini de façon radicale. Le pouvoir de l'homme n'y connaît aucune limite sinon celle qu'implique le fait nu du rapport de forces. Or il se trouve que cette situation, qui devrait promettre les plus grandes jouissances, se transforme en son contraire. Cet état de plénitude est en réalité un état de détresse : celui de la guerre de tous contre tous et de la peur de la mort. « Aussi longtemps que les hommes vivent sans un pouvoir qui les tienne tous en respect, ils sont dans cette condition qui se nomme guerre, et cette guerre est une guerre de chacun contre chacun » (*Lév.* I, 13).

Pour longue qu'elle soit, il faut citer la page célèbre du *Léviathan* à laquelle Freud donnera un écho d'une autre dimension dans *Malaise dans la civilisation* :

« Il peut sembler étrange, à celui qui n'a pas bien pesé ces choses, que la nature puisse ainsi dissocier les hommes et les rendre enclins à s'attaquer et à se détruire les uns les autres : c'est pourquoi peut-être, incrédule à l'égard de cette inférence tirée des passions, cet homme désirera la voir confirmée par l'expérience. Aussi, faisant un retour sur lui-même, alors que partant en voyage, il s'arme et cherche à être bien accompagné, qu'allant se coucher, il verrouille ses portes, que, dans sa maison même, il ferme ses coffres à clef ; et tout cela sachant qu'il existe des lois et des fonctionnaires publics armés, pour venger tous les torts qui peuvent lui être faits : qu'il se demande quelle opinion il a de ses compatriotes, quand il voyage armé ; de ses concitoyens, quand il verrouille ses portes ; de ses enfants et de ses domestiques, quand il ferme ses coffres à clef. N'incrimine-t-il pas l'humanité par ses actes autant que je le fais par mes paroles ? Mais ni lui ni moi n'incriminons la nature humaine en cela. Les désirs et les autres passions de l'homme ne sont pas en eux-mêmes des péchés. Pas davantage ne le sont les actions qui procèdent de ces passions, tant que les hommes ne connaissent pas de loi qui les interdise ; et ils ne peuvent pas connaître de loi tant qu'il n'en a pas été fait ; or aucune loi ne peut être faite tant que les hommes ne se sont pas entendus sur la personne qui doit la faire. »

Comment de la crainte faire naître l'entente ? C'est que la crainte institue l'égalité entre des hommes qui lui sont également soumis, et donc, les conditions de la réciprocité.

« Pour ce qui est de la force corporelle, l'homme le plus faible en a assez pour tuer l'homme le plus fort, soit par une machination secrète, soit en s'alliant à d'autres qui courent le même danger que lui. »

Il ne s'agit pas d'une égalité « réelle » mais d'une égalité devant le risque de perdre la vie, chacun étant mortel et chacun meurtrier possible. Dans le *De Cive*, Hobbes précise mieux encore :

« Ceux-là sont égaux qui peuvent choses égales. Or ceux qui peuvent ce qu'il y a de plus grand et de pire, à savoir ôter la vie, peuvent choses égales. Tous les hommes sont donc naturellement égaux. »

Hobbes tire l'ordre politique de ce qui semble s'y opposer le plus : la violence. Mais Freud ne tire-t-il la sociabilité de l'existence de la pulsion de mort et de la nécessité de la *projeter* pour que naisse et s'organise le sujet-qui-parle ?

Pour faire cesser la guerre naturelle, chacun acceptera de renoncer à sa liberté première et de déléguer le pouvoir qu'il a sur lui-même à un souverain, à charge pour celui-ci d'assurer la paix civile.

L'acte par lequel les individus se dessaisissent de leur volonté propre — contrat de servitude, mais d'une servitude égale pour tous — ne s'accomplit pas à l'intérieur d'une société qui existerait avant que le politique ne vienne en garantir le fonctionnement paisible. Il fait naître la société à partir du chaos.

« C'est comme si chacun disait à chacun j'autorise cet homme ou cette assemblée et je lui abandonne mon droit à me gouverner moi-même, à cette condition que tu lui abandonnes ton droit et que tu autorises toutes ses actions de la même manière. Cela fait, la multitude ainsi unie en une seule personne est appelée une république (en latin *civitas*). Telle est la génération de ce grand Léviathan, ou plutôt, pour en parler avec plus de révérence, de ce dieu mortel auquel nous devons, sous le dieu immortel, notre paix et notre protection » *(Lév.)*.

Ainsi Léviathan devient-il ce grand Tiers, entre chacun et chacun, qui naît de ce que les individus lui donnent ce qu'ils n'ont pas : la force. On ne saurait concevoir une limitation à sa souveraineté. C'est désormais en lui, en l'Etat, que s'insinue la seule illimitation qui soit. D'ailleurs l'argument que Hobbes utilise pour établir l'absolu de la souveraineté s'apparente à l'*argument ontologique* qu'utilisait la *scolastique* pour prouver l'existence de Dieu.

« Le pouvoir souverain, qu'il réside en un seul homme comme dans une monarchie, ou dans une assemblée comme dans les républiques populaires ou aristocratiques, est tel qu'on ne saurait imaginer que les hommes en édifient un plus grand... Quiconque, jugeant trop grand le pouvoir souverain, cherchera à le diminuer, devra s'assujettir à un second pouvoir capable de limiter le premier et donc encore plus grand. »

Or, dans l'argument ontologique ce qui établissait l'existence de Dieu c'était le fait que sa définition, « être parfait » impliquait, sous peine de contradiction, l'existence (car un être parfait qui n'existerait pas ne serait pas parfait puisque lui manquerait la perfection d'exister).

On peut s'interroger sur cette transposition, dans le politique, d'une argumentation théologique, comme on peut s'interroger sur cette étrange sacralité qui baigne Léviathan à peine né. Comme si l'Etat engendrait son propre culte et suscitait le déplacement de la religiosité vers le politique. Est-ce à dire que toute « société » est vouée à se faire « communauté », avec les investissements et le fétichisme que cela implique ?

Comme le note, très judicieusement, Pierre Manent *(Naissance de la politique moderne)*[3], le raisonnement de Hobbes qui montre que l'être le plus faible crée, pour être délivré de ses frayeurs et de son impuissance, un Etre tout-puissant qui vivra désormais de sa vie propre et auquel il s'assujettit, innove un type de dialectique qu'on retrouvera dans la philosophie allemande (Hegel, Feuerbach, Marx) quand elle analysera le processus de l'aliénation religieuse.

3. P. Manent, *Naissance de la politique moderne*, Paris, Payot, 1977.

Il n'est pas dans notre projet de procéder à une étude fine et exhaustive de la pensée de Hobbes mais de retenir, dans l'économie de son œuvre, ce qui institue une nouvelle logique de la légitimation politique. En ce sens on doit noter que nous est donnée une dimension essentielle de la société de l'individualisme : le « un » des individus et l'Un de l'Etat souverain et laïque se répondent.

La sociabilité, au Moyen Age, était telle qu'on n'aurait su y distinguer les liens politiques des autres liens. D'une certaine façon tout y était politique ou, si on préfère, tout était dans un syncrétisme tel que les liens politiques, religieux, naturels, renvoyaient les uns aux autres. Lorsqu'un tel type de sociabilité entre en crise, tous les liens sociaux qui assuraient l'insertion de l'individu et son identité profonde deviennent également contingents et l'incertitude qui les atteint fait apparaître l'individu *vide* comme seul référent indubitable. La reconstruction imaginaire de la sociabilité ne pourra se faire qu'à partir du politique conçu comme association contractuelle et rationnelle dont l'Etat est le résultat et l'incarnation. Comment celui-ci échapperait-il au risque de devenir le foyer de tous les investissements errants d'une communauté défaite et incertaine d'elle-même, les autres formes de sociabilité se voyant privées de toute légitimité, voire de toute réalité hors de leur inscription politique ? C'est là la *duplicité* de l'individualisme démocratique. Ce face à face de l'individu, délivré de tout ce qui limiterait sa définition de sujet originellement libre, et de l'Etat est gros d'une logique perverse qui doterait le politique d'une réalité essentielle telle qu'elle vassaliserait toute autre réalité. Si la coexistence des hommes est tout entière pensée en termes politiques, aucun malheur humain désormais qui n'apparaisse justiciable d'une solution politique. Le politique devient le domaine du vrai et du faux, du bien et du mal, l'espace où s'affrontent les bons, absolument bons, et les méchants, absolument méchants. « *Tout est politique* », dira-t-on, ce qui, au mieux, ne voudra rien dire (puisque si tout est politique rien ne l'est) et au pis voudra dire que l'instance politique est chez elle partout et qu'aucune sphère de l'existence ne saurait lui échapper légitimement. Il n'y a plus de corps social, tout absorbé qu'il est dans le corps politique.

Revenons à Hobbes qui, séparant morale et politique, se

fait le théoricien systématique d'un Etat laïque. C'est que — leçon par lui tirée des guerres de religion — l'Etat ne peut imposer la paix civile qu'en retirant aux convictions intimes des individus tout effet politique, ce qui ne va pas de soi. Une croyance religieuse, qui s'offre tout naturellement comme vérité — et comme vérité absolue —, accepte mal de se voir relativisée, assignée à résidence dans l'espace de la vie privée, condamnée à coexister, dans l'espace public, avec d'autres religions qui ne peuvent être pour elle qu'erreur ou perversion. La séparation du politique et du religieux ne laisse intacts ni l'un ni l'autre. Le politique se fait « amoral » et le religieux rétrécit jusqu'à n'être plus que le supplément d'âme du citoyen.

Retranchant la morale, et donc la religion, de la politique, rejetant la prétention des théologiens à exiger des gouvernants qu'ils traitent les affaires publiques dans le plein respect des principes sacrés, Hobbes désigne le seul lieu légitime et inviolable des convictions : le *for intérieur*. La question n'est pas que le pouvoir soit conforme à la morale ou non, mais que le pouvoir soit, pour que ne soit pas la guerre de tous contre tous.

On ne saurait assimiler cette conception du Léviathan au totalitarisme. Le pouvoir, pour absolu qu'il soit, n'a, en effet, aucune volonté éthique ou messianique. Il ne s'agit pas pour lui de se faire l'ingénieur des âmes, le bâtisseur d'un homme nouveau, le conquérant des espaces intérieurs en vue de faire naître une communion sans faille de chacun dans le Tout. La règle est le devoir d'obéissance, non le devoir de conversion.

« C'est pourquoi des actions peuvent bien être justes dans tels pays et injustes dans tels autres, la justice, c'est-à-dire observer partout les lois, est et sera partout la même » *(De Cive)*.

Sujet de soi dans son for intérieur, chacun est, en tant que citoyen, sujet du Souverain.

La même logique se retrouve dans les rapports entre Etats. Ceux-ci étant souverains, leurs affrontements éventuels sont des affrontements entre égaux à l'état de nature, sans aucune référence à quelque moralité supérieure que ce soit.

Ce réalisme politique sera remis en question par les philosophes des Lumières.

« Il n'y a qu'une seule morale pour tous les hommes ; elle est la même pour les nations et pour les individus, pour les souverains et les sujets, pour le ministre et pour le citoyen obscur » (d'Holbach, *Système social*, 1773). Avec les Lumières nous assistons à un retour de l'exigence morale en politique, avec la volonté que homme et citoyen coïncident. L'Etat absolutiste y perdra ses fondements. Mais la pensée sera confrontée à des devenirs *ambigus*. D'un côté nous verrons les penseurs des « droits de l'homme » souligner l'importance de limiter le souverain, dans un compromis incertain du point de vue de la raison ; de l'autre, des philosophes qui, en toute rigueur morale et démocratique, libéreront un *immaîtrisable* qui n'est rien d'autre que le retour des conditions de la guerre idéologique « pour le salut de l'humanité souffrante ».

A partir de Hobbes, donc, toute une théorie de penseurs suivra, aux conclusions différentes mais qui tous considèrent que pour comprendre la société dans son état actuel et pour l'évaluer il faut en revenir toujours à ce qui est son composant originaire : l'individu. C'est à partir des qualités et des manques de celui-ci qu'on reconstruira la totalité sociale telle qu'elle doit légitimement en dériver et qu'on mesurera ce qui, dans la société présente, est naturel ou antinaturel ; soit ce qui est conforme à la justice et la raison et ce qui ne l'est pas.

On peut réduire la diversité des conceptions à deux courants : d'un côté celui où l'individu est conçu comme *sujet du droit*, de l'autre celui où l'individu est conçu comme *sujet de biens et propriétaire*. Ici l'homme envisagé — une fois sorti de l'état de nature — comme être politique, là l'homme défini comme animal qui travaille, produit, échange, accumule, avant même que d'entrer dans l'alliance civique.

— *Dans le premier cas* le politique a charge de répondre à une interrogation angoissée sur la possibilité de la coexistence des hommes. « L'homme est un loup pour l'homme », dit Hobbes qui inscrit le politique dans l'espace de la guerre civile qu'il conjure et voit dans Léviathan ce dieu mortel déjà évoqué. L'homme est un être solitaire qui, dans l'état de nature, se suffit à lui-même, dit Rousseau, et le politique, en se substituant totalement à cet état de nature, doit être tel que « Je » ne dépende que de lui-même et jamais d'un « autre »...

— *Dans le second cas* le politique a une fonction qu'on

peut qualifier d'administrative. Il garantit, à la fois comme un notaire et comme un policier, l'existence de l'espace individuel privé et celui de l'espace des échanges égoïstes de la société civile. Le rapport de l'homme à l'homme n'est plus sous la dépendance de la crainte originaire d'autrui *(Hobbes)*, ni sous la dépendance de la phobie existentielle d'autrui *(Rousseau)*. Il est le rapport qu'ont entre eux des hommes industrieux, qui se perçoivent à la fois comme des clients, comme des concurrents *(Locke)*.

La chronologie nous imposerait de passer de Hobbes à Locke. La logique des idées nous fait préférer le lien qui unit Hobbes à Rousseau. Certes ces deux auteurs semblent s'opposer radicalement comme peuvent le faire un théoricien de l'absolutisme et un penseur de la démocratie la plus radicale qui soit. Mais les similitudes profondes l'emportent. Ne partagent-ils pas une conception semblable de l'absolu de la souveraineté, incarnée chez l'un dans l'Etat-Léviathan et chez l'autre dans le corps du peuple assemblé, cette conception dans laquelle Benjamin Constant[4] voyait l'erreur source des despotismes modernes. Il écrit :

« L'universalité des citoyens est le souverain, dans ce sens que nul individu, nulle fraction, nulle association partielle ne peut s'arroger la souveraineté si elle ne lui est pas déléguée. Mais il ne s'ensuit pas que l'universalité des citoyens, ou ceux qui par elle sont investis de la souveraineté, puisse disposer souverainement de l'existence des individus. Il y a, au contraire, une partie de l'existence humaine qui, de nécessité, reste individuelle et indépendante et qui est de droit hors de toute compétence sociale. La souveraineté n'existe que d'une manière limitée et relative. »

Ce qui est en question c'est la reconnaissance et le statut de la société civile entre l'individu et l'Etat. Si n'étaient pas reconnues l'existence et l'autonomie de cette société civile, si n'étaient pas proclamées la séparation des activités économiques et leur constitution en domaine autonome, la désintrication du système

4. B. Constant, *De la liberté chez les Modernes*, Paris, Librairie Générale Française, 1980.

des attaches hiérarchiques et l'émancipation des intérêts « égoïstes », y aurait-il possibilité que soit proclamé cet individu foyer de l'imaginaire moderne ?

Lorsque la totalité organique du Moyen Age a éclaté, s'est constitué l'espace politique comme tel. Dans le même mouvement s'est constitué l'espace économique comme tel, ainsi que l'individu, qui s'appréhende comme source extérieure et comme fondement de ces deux espaces, définissant ses rapports aux autres sujets selon l'ordre du droit et de la loi et ses rapports aux choses et aux biens (c'est-à-dire ses rapports aux autres hommes médiés par les rapports du marché) selon l'ordre de l'intérêt égoïste et du calcul. Qu'en serait-il de cet individu, sans la différenciation entre les deux instances, qui lui permet d'exister, puisque aucune ne saurait prétendre le contenir tout entier ?

Cet individu, évidemment, ne saurait être défini en termes positifs ni doté d'une nature. Il est ce à partir de quoi le symbolisme s'organise. Doit-on préciser que ceci n'a rien à voir avec les interrogations légitimes des sciences concernant l'homme empirique. L'individu, cet objet, assignable en aucun lieu, indéfinissable sinon par les limites qu'il met aux prétentions absolutistes ou totalitaires contemporaines, est, dans la société démocratique, la substitution du mystère de, disons, la *liberté*, au mystère du religieux, avec les effets qu'engendrent, dans le discours, les tentatives de clôturer une béance qui interdit à la société de devenir ce corps plein qui suscite et l'attirance mystique de l'engloutissement et la terreur de ce même engloutissement où s'anéantirait l'individuation. Dualité des pôles entre lesquels oscille l'angoisse moderne : le sentiment océanique de l'indivis et la déréliction de la séparation radicale.

Mais revenons à Rousseau, un de ces pères fondateurs que nous avons choisis, dans le discours desquels s'origine l'interrogation qui organise notre modernité.

La démarche de Rousseau s'apparente à celle de Hobbes : partir de l'individu dont on affirme l'antériorité ontologique et la liberté originelle et aboutir au modèle d'une société à la cohésion sans faille. Mais alors que chez Hobbes l'aliénation qui se fait au profit de Léviathan laisse hors de celui-ci l'individu intérieur et ne prend en compte que les actes, chez Rousseau le pouvoir social immense qu'engendre l'abandon par les associés de tous leurs droits à la communauté (c'est-à-dire au peuple en son entier et non à un souverain qui lui serait extérieur) fait que l'on se donne tout entier à la société et que la loi s'identifie à la loi morale.

Cette souveraineté qui ne saurait être ni aliénée ni déléguée, ni représentée, équivaut — et Benjamin Constant aura beau jeu de le souligner — au renoncement de son exercice :

« Aussitôt que le souverain doit faire usage de la force qu'il possède, c'est-à-dire aussitôt qu'il faut procéder à une organisation pratique de l'autorité, comme le souverain ne peut l'exercer par lui-même, il la délègue et tous ses attributs disparaissent. L'action qui se fait au nom de tous étant nécessairement de gré ou de force à la disposition d'un seul ou de quelques-uns, il arrive qu'en se donnant à tous, il n'est pas vrai qu'on ne se donne à personne ; on se donne au contraire à ceux qui agissent au nom de tous. »[5]

Mais doit-on lire Rousseau comme le promoteur d'un système qu'il aurait cru réalisable ? Il faut en douter. La conviction de Rousseau, on le sait, il l'a dite, c'est que l'individu ne peut parvenir à la paix et au bonheur que dans la solitude ou dans un Etat parfait, car dans les deux cas il ne dépend de personne. Mais l'état de nature « n'est plus », n'a jamais été et l'Etat parfait « n'est pas » et rien n'annonce qu'il puisse être.

Le modèle n'est donc pas à fonction prospective mais critique. Il permet de fonder le refus de ce qui est. L'idéal n'est pas déprécié d'être irréalisable ; par contre il valide la condamnation du monde de perdition et de perversion qu'est le monde existant avec sa dépendance à l'égard de l'opinion et du regard d'autrui.

La théorie que Rousseau construit vise à légitimer son désir de vivre seul (ou son incapacité à vivre « avec »). Ainsi va-t-elle de pair avec son sentiment que, seul, il est homme, seul, il est authentique, tous les autres étant esclaves.

Lorsque Rousseau écrit *Le Contrat social*, c'est le théoricien qu'on entend, c'est le fou qui parle dans *Rousseau juge de Jean-Jacques*. D'une certaine façon c'est la même chose qui est

5. *Ibid.*

dite. Dans *Le Contrat social* Rousseau construit une société sans autrui et donc sans méchants. Dans son plaidoyer paranoïaque il nous montre la société se faisant communauté par la conspiration qui l'unit contre l'individu Rousseau. Habité du sentiment de son exclusion absolue par les autres, du fait même de son absolue singularité, comment pourrait-il penser la « bonne » société sinon comme une communauté où le « je » n'a jamais affaire qu'à lui-même ? Et *Le Contrat social* n'est-il pas d'abord une théorisation qui répond à l'angoisse où est Rousseau de coexister et donc de « dépendre » et le besoin où il se met d'inventer tout un jeu qui annule les incertitudes du face à face ?

Le rapprochement entre le texte qui explique comment un ensemble dispersé se fait légitimement Un et le texte qui lui fait découvrir que l'Un ne se fait que « contre » et que le pacte qui unit ses contemporains est d'abord le pacte de haine contre lui ne nous donne-t-il pas la vérité du pacte social rousseauiste : comment éviter le meurtre qui est toujours derrière le face à face des consciences ?

Certes, ce qui compte, ce n'est pas Rousseau saisi dans sa subjectivité, mais ses écrits et la façon dont ils ont fonctionné dans l'histoire des idées. Mais il nous paraît que les motivations psychologiques sous-jacentes ne sauraient être mises complètement entre parenthèses.

Peut-être nous permettent-elles de mieux comprendre ce qui s'y investit de la libido errante de nos sociétés, qui trouve dans le politique un lieu privilégié. Ceux qui ont lu les écrits de Rousseau et y ont puisé la légitimation de leur pratique et de leur rêve, n'étaient-ils pas obsédés eux-mêmes par le désir de s'affranchir de toute obligation concrète et d'être des « Justes » ? Est-on certain que, selon le jugement d'*Eric Weil*, « la fonction folle de la politique de Rousseau n'a pas dépassé en importance son contenu raisonnable » et que « la façon de démontrer l'impossibilité de la réalité présente n'a pas trouvé plus d'adeptes que la découvrete des fondements de la politique moderne »[6] ?

L'homme qui veut agir ne peut rester fidèle à Rousseau et,

6. E. Weil, Rousseau et sa politique, in *Essais et conférences*, Paris, Plon, 1971.

s'il cherche à le rester, n'entre-t-il pas dans cette paranoïa du terrorisme vertueux qui n'a cure des obstacles que le réel met à l'idéal car seul l'idéal est réel pour lui ?

Il reste que Rousseau articule, lui aussi, les notions d'état de nature, d'origine, de contrat, de loi, d'égalité, qui sont autant de notions qui fixent une nouvelle vision du monde. Aussi nous paraît-il utile de faire un rappel rapide de la façon dont il en organise l'économie.

De l'état de nature Rousseau a une conception radicale qu'il oppose à celle d'autres penseurs qui n'ont eu, selon lui, de l'origine qu'une idée fausse parce qu'ils se contentaient d'y mettre ce que leur permettait d'en déduire l'état civil. Ainsi :

« On commence par rechercher les règles dont, pour l'utilité commune, il serait à propos que les hommes convinssent entre eux et puis on donne le nom de loi naturelle à la collection de ces règles. »

Rien, dans l'état de nature, n'annonce, sous quelque forme que ce soit, la sociabilité et ce n'est que par accident que l'homme en sort pour entrer dans l'état de société. Mais, dès lors, l'état de nature est perdu à jamais. La présence de l'origine, en l'homme, est présence d'une perte ; non perte d'un objet, mais perte d'une nature, à quoi ne peut répondre que l'assomption d'une autre nature : la citoyenneté. La loi n'est plus conçue comme un instrument au service de la communauté des hommes mais ce par quoi s'effectue une transmutation métaphysique. La politique n'est plus un domaine spécifique de l'existence mais ce qui doit répondre à ce désir logé au cœur de l'homme moderne : désir d'absolu, soif de combler un vide inassignable et incommensurable. Le politique s'apparente au religieux avec vocation de faire exister un moi universel où le moi particulier se reconnaîtra et se fondra.

« Les bonnes institutions sont celles qui savent le mieux dénaturer l'homme, lui ôter son existence absolue pour lui en donner une relative, et transporter le moi dans l'unité commune, en sorte que chaque particulier ne se croit plus un mais partie de l'unité, et ne soit plus sensible que dans le tout » *(Emile)*.

Mais ceci n'est possible que par un type de contrat qui permette le passage nature-société sans aliénation, c'est-à-dire sans qu'on soit dans ces sociétés de l'inégalité qui ne sont qu'un mixte de nature et de droit où le droit n'est que le déguisement de la force ; contrat de l'inégalité que Rousseau résume ainsi :

« Vous avez besoin de moi car je suis riche et vous êtes pauvre ; faisons donc un accord entre nous : je permettrai que vous ayez l'honneur de me servir, à condition que vous me donnerez le peu qui vous reste, pour la peine que je prendrai de vous commander » *(Encyclopédie)*.

L'indépassable, ce à partir de quoi tout doit être déduit, c'est que « l'homme naît libre ». « Nul ne peut, sous quelque prétexte que ce puisse être, l'assujettir sans son aveu. » Or la liberté c'est le fait de n'être pas soumis à autrui. Et il faut que ce statut, qui dans l'état de nature vient de ce que l'homme y est seul, n'ayant avec ses congénères aucune relation stable et durable, se retrouve en société. La société légitime, celle qui est pleinement société parce que ses membres sont pleinement citoyens, est celle qui est fondée sur un contrat qui, sans perte, fasse la transposition de l'autarcie naturelle en autonomie politique. Il s'agit donc de :

« Trouver une forme d'association qui défende et protège de toute la force commune la personne et les biens de chaque associé, et par laquelle chacun s'unissant à tous n'obéisse pourtant qu'à lui-même et reste aussi libre qu'auparavant. »

Puisque directement législateur, le citoyen ne peut que se soumettre totalement à une loi qui est *Sa* loi, et cette soumission est liberté (« l'obéissance à la loi qu'on s'est prescrite est liberté »). Parce qu'il n'est pas de monarque, pas de souverain particulier qui ne soit conduit à se préférer et à imposer ses intérêts propres, tout en les présentant comme intérêt général, seul le peuple peut être son propre maître et législateur ; mais le peuple considéré comme *Un* et non comme la somme des membres qui le composent. La *volonté générale* ne saurait être identifiée à la « volonté de tous ». Elle est de droit, l'autre n'est que de fait.

« Il y a souvent bien de la différence entre la volonté de tous et la volonté générale : celle-ci ne regarde qu'à l'intérêt commun, l'autre regarde à l'intérêt privé et n'est qu'une somme de volontés particulières. »

Notons-le, ce n'est pas la volonté populaire, telle qu'on la conçoit habituellement, qui est la norme suprême, c'est cette volonté générale référée à un peuple Un et dont il est difficile d'ignorer le caractère métaphysique. Cetres, cette volonté du Peuple-Un, Rousseau ne voit d'autres façons de la faire apparaître que la délibération des citoyens, mais la voie est ouverte qui verra un corps particulier, fort du lien consubstantiel qu'il décrétera avoir avec le peuple, oint du Seigneur en quelque sorte, se présenter comme le porte-parole du grand corps sacré, y compris contre la grande majorité des « particuliers », demeurés prisonniers de leur particularité.

On ne saurait comprendre la conviction de Rousseau si on oublie de prendre en compte l'alternative qui la sous-tend : soit l'homme vit tout entier pour lui-même, soit il vit tout entier pour la cité. Pas de moyen terme. Dans la société juste, on cesse d'exister comme individu, on existe comme partie du Tout qui seul a capacité de dire « Je ».

« Chacun de nous met en commun sa personne et toute sa puissance sous la suprême direction de la volonté générale, et nous recevons en corps chaque membre comme partie indivisible du tout. A l'instant, au lieu de la personne particulière de chaque contractant, cet acte d'association produit un corps moral et collectif composé d'autant de membres que l'assemblée a de voix, lequel reçoit de ce même acte son unité, son moi commun, sa vie et sa volonté. »

A partir du principe de l'individualisme porté à l'absolu, Rousseau est amené à définir un pouvoir souverain qui ne connaît rien qui lui soit extérieur, de sorte que, en toute légitimité, il peut intervenir dans toutes les sphères de l'existence. Il est l'incarnation de la Raison et de la Vertu.

Parce qu'il fait de vertu et de citoyenneté une seule et même chose, Rousseau est le premier de cette longue suite d'attitudes militantes où l'adversaire n'est pas uniquement celui qui est dans l'erreur mais celui qui est dépravé, immoral ou traître, style de pensée indissociable du fantasme de l'*ultra-politisme*.

Les hommes de la Révolution française se sont pris pour ces citoyens vertueux auxquels s'adressait le discours de Rousseau. Ont-ils eu raison ? Que n'ont-ils entendu ce que disait *Tom Paine* en 1790 :

« On trouve dans les écrits de Rousseau et de l'abbé Raynal un vif sentiment pour la liberté qui a droit à notre respect et rehausse les facultés de l'homme ; mais une fois qu'ils ont créé cette animation, ils n'en dirigent pas les actes et laissent l'esprit amoureux sans lui indiquer les moyens de posséder l'objet de cet amour. »

Et *Eric Weil*, qui rapporte cette citation, ajoute :

« La remarque du professionnel est juste. Ce n'est pas à ses contemporains mais à une génération appartenant à un passé idéalisé que Rousseau prescrit des règles. Pourtant il a agi sur son temps et sur le nôtre. »[7]

Certes la liste serait longue qui permettrait de soutenir combien la Révolution française contredit Rousseau et ce, au moment où elle l'invoque le plus ; ce Rousseau qui, face à la politique réelle, ne dissimulait pas sa peur de la populace et sa crainte du vote populaire. Robespierre, Saint-Just, Marat, d'autres qui occupent le panthéon révolutionnaire, lui auraient vraisemblablement fait horreur. Ils n'en sont pas moins ses héritiers. Marx aurait peu apprécié Lénine et aurait détesté Staline.

Ce qui naît avec Rousseau c'est la conception de la politique comme métaphysique. Quand un discours philosophique est entendu comme programme à réaliser *hic et nunc* qu'en résulte-t-il ? L'idéologisation de la Révolution française, sa transformation en quasi-religion et la terreur qui l'accompagne, doit-on dire « c'est la faute à Rousseau » ? Ce serait beaucoup attribuer à l'écriture. Ou lui attribuer bien peu, puisque ce serait par les contresens qu'elle suscite qu'elle agit dans l'histoire. Rousseau n'est pas « cause ». Mais la façon dont s'engendre chez lui une problématique de l'absolu en politique, et la façon dont cette problématique est reprise dans l'imaginaire révolutionnaire, nous éclairent quant au fonctionnement des structures cachées de la psychologie collective. Et quant au lien entre la pulsion révolutionnaire et le texte-prétexte où elle se symbolise.

Comme nous l'avons déjà noté, la problématique des penseurs du droit naturel est une interrogation sur les rapports entre la société civile et l'Etat, à partir du principe de l'indivi-

7. Cité par Eric Weil (voir ci-dessus).

dualisme démocratique. L'homme n'y est pas défini comme un Robinson satisfait de sa solitude originelle, ce qui rendrait incompréhensible toute déduction de la sociabilité, mais comme un être en communication naturelle avec ses semblables, la question étant de savoir comment faire pour que celle-ci ne chute pas dans la violence. Les hommes ont-ils la capacité d'instituer entre eux une relation durable de dialogue et d'échanges bienveillants sans qu'un souverain issu de leur commune volonté ait à leur imposer un code du vivre ensemble ? La réponse est non. Mais la sociabilité ne se réduit pas à celle instaurée par le pacte politique. Il y a en particulier cet espace de relations non médiatisées par un Grand Autre : *l'espace des échanges économiques et du marché.*

C'est *Locke* dont l'œuvre incarne mieux qu'aucune autre ce moment où l'individu, explicitement, définit les deux espaces autonomes où s'investissent sa puissance et sa liberté : l'économique et le politique. Mais il ne se contente pas de les définir, il les hiérarchise, l'économique ayant une primauté chronologique et axiologique. Peut-être sans en voir toutes les implications, Locke, en effet, en affirmant que la propriété [dans le sens qu'il donne à ce terme pour lui faire désigner l'ensemble de « vie, liberté et biens »] précède la société issue du contrat et peut lui survivre si le contrat est rompu, en finit avec la définition de l'homme animal politique pour y voir *d'abord* un animal qui travaille et lutte avec la nature pour la transformer.

L'analyse est fort nuancée dans son développement. Interfèrent constamment, avec la démonstration d'ensemble, des considérations liées aux polémiques de l'époque. On peut la résumer, cependant, en quelques principes fort simples. En tant que *nature,* l'homme cherche la survie. Pour ce faire il occupera un territoire qu'il travaillera afin d'en tirer les biens indispensables à son existence. En tant que nature aussi, il délibère sur ce qui est le mieux pour lui. Doué de la capacité d'abstraction il en use pour bien déterminer ce qui lui est le plus favorable ; et s'il se trouve en contact avec d'autres hommes, il s'efforce naturellement de faire prévaloir son point de vue, en exprimant son opinion qu'il a jugé correcte. Ainsi, *la propriété* et *la liberté d'expression* sont-elles les deux droits imprescriptibles constitutifs de l'humanité. Mais comment conférer une pérennité à ces droits ? Il est de fait qu'il y a des voleurs qui pillent la propriété, des fanatiques qui interdisent aux autres de parler ; il est de fait aussi que ces brigands et ces exaltés sont, le plus souvent, plus forts, plus habiles que ceux à qui ils s'attaquent...

La nature prescrit donc que soient défendus ces droits. Elle impose qu'un pacte soit institué dans ce but. Les propriétaires passent donc un contrat : ils remettent leur souveraineté entre les mains d'un tiers. Ce dernier a pour fonction de punir qui doit l'être et de s'occuper des intérêts communs. Ainsi l'Etat n'est-il que ce tribunal et cette police qui garantissent l'ordre de la propriété et la parole des sociétaires.

L'Etat, selon l'auteur des *Essais sur le gouvernement civil*, ne vaut que s'il respecte ces principes. Alors que, dans la perspective définie par Hobbes, les citoyens remettent intégralement et définitivement leur pouvoir naturel à l'autorité civile, avec Locke le pacte est bilatéral : il engage le citoyen et le souverain ; celui-là n'est tenu d'obéir à celui-ci qu'autant que les droits naturels et leurs applications effectives seront respectés.

Dans le *Traité du gouvernement civil*, Locke dit, paradoxalement, d'une part que la société peut exister sans gouvernement et d'autre part qu'elle ne peut exister sans gouvernement. C'est que, lors de révolutions, la société agit sans gouvernement, faisant la preuve que société et pouvoir politique ne se confondent pas. Mais la société appelle l'instauration d'un gouvernement sans lequel la précarité la menace. La conséquence est de taille. Comment en effet pourrait-on concevoir la possibilité d'une action du peuple contre un pouvoir qui contredirait un pacte si, sans gouvernement pas de peuple mais seulement la multitude éparpillée des individus ?

Ainsi, contre Hobbes, Locke enseigne-t-il que le peuple conserve toujours le droit de résistance. Chez Hobbes l'individu dont la vie est menacée par le souverain a certes le droit de refuser, c'est-à-dire de retourner à l'état de nature. Il a, dès lors, avec le pouvoir établi, un rapport de fait et non plus de droit, qui a peu de chance de tourner à son avantage vu la disproportion des forces. Avec Locke c'est le peuple qui peut reprendre sa mise et enlever au souverain toute légitimité. Et les institutions découlent de ce principe. Puisque les hommes abandonnent tout leur pouvoir naturel à la société dans laquelle ils entrent, il faut que celle-ci soit édifiée de telle sorte qu'elle ne puisse opprimer ses membres. Ainsi distinguera-t-on le pouvoir *constituant* du peuple qui crée l'Etat politique mais s'en différencie toujours ; le pouvoir *législatif* qui incarne, à partir de la loi fondamentale, le pouvoir des décisions générales visant le bien public ; enfin le pouvoir *exécutif* qui applique les lois.

Mais l'originalité de Locke n'est pas réduite à cette conception de l'organisation et de la limitation de la souveraineté qui en fait l'un des principaux inspirateurs de la Déclaration des droits de l'homme américaine, elle est dans la façon dont il pense la dualité Etat-Société à partir du statut accordé à la propriété, de sorte que la distinction du « public » et du « privé » tend à se confondre avec la distinction du politique et de l'économique. C'est que la doctrine de la propriété est au centre de l'anthropologie politique de Locke. La propriété fait partie de l'état de nature. Les hommes possèdent des biens *avant* le contrat civique. Ce droit naturel de propriété qui ne dérive d'aucun contrat est un corollaire du droit fondamental qu'a chacun de se conserver lui-même et donc de prendre ce qui est nécessaire à cette conservation. La propriété cesse d'être vue comme une répartition sociale des biens ; elle est un des droits de l'individu qui se déduit de ce qui lui appartient le plus évidemment : son corps propre. C'est par la médiation du travail que cette déduction sera possible.

« Bien que la terre et toutes les créatures inférieures appartiennent en commun à tous les hommes, chacun garde la propriété de sa propre personne. Sur celle-ci nul n'a de droit que lui-même » *(Second traité...)*.

C'est cette propriété première, indissociable du sujet, qui va produire le processus économique et juridique : ce que je transforme à l'aide de cette propriété première devient mien à mon tour :

« Toutes les fois qu'il fait sortir un objet de l'état où la nature l'a mis et laissé, il (l'homme) y mêle son travail, il y joint quelque chose qui lui appartient et, de ce fait, il se l'approprie. Cet objet, soustrait par lui à l'état commun dans lequel la nature l'avait placé, se voit adjoindre par ce travail quelque chose qui exclut le droit commun des autres hommes. »

Il y a donc dans l'homme une sorte de propriété *a priori* qui rend compréhensibles les phénomènes d'appropriation empirique.

La propriété naturelle change de statut lorsqu'elle devient propriété sociale, fondée sur la loi. Le droit naturel de propriété avait pour corollaire, puisqu'il était une des formes de la conservation de soi, d'être limité aux objets nécessaires à la survie. Il a sa légitimité dans l'utilité. Il en va autrement en société. Le droit d'appropriation est libéré car l'invention de la monnaie a introduit « la possibilité de plus grandes possessions et le droit d'y prétendre ». Chacun, désormais, peut « à juste titre et sans injustice, posséder davantage que ce qu'il peut utiliser lui-même » *(ibid.)*.

Qu'est-ce qui légitime le passage à l'illimité ? C'est que cette illimitation est la condition du bonheur public et de la prospérité sociale. L'état de société est un état d'abondance potentielle qu'il faut réaliser. On entend comme un chant lyrique à cette nouvelle société qui « déchaîne les forces productives ».

Mais les pauvres ? Loin d'être gênés par la libération du désir d'acquérir, ils s'enrichissent aussi, dit Locke, puisque cette libération est la cause de l'abondance. Il vaut mieux être pauvre dans une société qui s'enrichit (et donc où les riches deviennent plus riches et les pauvres moins pauvres) que dans une société qui s'appauvrit (et où les pauvres deviennent plus pauvres si les riches deviennent moins riches...).

Ce que Locke induit, quant à ce qui intéresse la suite de notre recherche, c'est cet avènement de l'économique comme catégorie sociale ayant son autonomie et dans laquelle le principe de l'individualisme — parfois identifié au seul fait de l'égoïsme — organise une lutte, qui sera réelle, et une « lutte des classes », qui en sera la rationalisation idéologique.

Lorsque le politique a affaire à des sujets collectifs partiels, et donc particuliers, mais qui revendiquent l'universalité de leur particularité [corporations, classes, etc.] et non plus à des individus-citoyens qu'il pouvait imaginer dotés de leur seule raison et de la considération vertueuse du bien commun, assumant leur acte d'ériger le souverain et celui de s'y assujettir politiquement, il devient l'objet d'une interrogation nouvelle où l'individualisme démocratique — c'est-à-dire l'autonomie du politique — se voit miné par l'incertitude dans laquelle bascule l'idée d'individu devant ces objets syncrétiques neufs : la société, l'histoire, la classe, le peuple, la nation... Nouveaux dieux, nouvelles religions ?...

Chapitre 5

La société civile et la politisation de la misère

Donc, il nous faut comprendre pourquoi, dans la société nouvelle, le conflit économique se voit privilégié d'une façon qui semble irrésistible, comme si nous nous trouvions confrontés à une conviction de la conscience commune dont les penseurs que nous qualifierons de « sociaux », sans que cela désignât uniquement les penseurs « marxistes » ou socialistes, se font l'écho naïf sans jamais s'interroger sur le sens d'une telle croyance et sans, de ce fait, tenter de faire une généalogie de cette forme de « conscience-de-soi » du monde moderne ; ce qui exige — et nous avons essayé de le faire — qu'on remonte à ce moment où s'est instituée cette configuration nouvelle de valeurs devenues aujourd'hui des évidences morales, dont l'axe est l'affirmation de l'égalité des hommes.

Ce modèle égalitaire repose sur une sociabilité différente de celle des sociétés hiérarchiques[1] traditionnelles. Dans celles-ci l'inégalité sociale est appréhendée comme la forme de la justice. Aussi n'est-elle aucunement vécue comme une inégalité de pouvoir ou une inégalité d'avoir et ne renvoie-t-elle ni à des catégories « politiques » ni à des catégories « économiques ». Seules entrent en jeu des catégories de « prestige » et d' « honneur » résultant du système des relations d'ordre.

L'élément dit « supérieur » n'est pas supérieur par rapport

1. L. Dumont, *Homo hierarchicus, essai sur le système des castes*, Paris, Gallimard, 1967.

à des éléments inférieurs à lui (et donc, d'une certaine façon, semblables à lui) mais par rapport à des éléments différents de lui. La prééminence d'une partie sur une autre n'est que l'effet de la cohérence interne du Tout. La hiérarchie ne saurait être pensée en dehors d'une idéologie holiste (pour reprendre le terme qu'utilise Louis Dumont), qui subordonne l'individu à la société.

Evidemment, nous sommes à l'opposé de nos sociétés. Celles-ci connaissent, certes, en leur sein, des inégalités, et des inégalités qui peuvent être plus fortes que dans certaines sociétés hiérarchiques, mais il s'agit d'inégalités sans légitimité préalable, relevant de l'ordre du fait et marquée par la contingence. Reçues comme une déchirure du corps social, elles seront vécues comme la preuve d'une injustice des hommes et d'un vice de la machine sociale ; toutes choses qu'on doit pouvoir corriger. Politiquement. Ainsi la société égalitaire sera-t-elle travaillée par le sentiment d'une contradiction entre sa réalité effective et le principe qui la fonde comme société. Comment dès lors ne verrait-elle pas dans l'histoire le lieu où cette contradiction aura à se résoudre, que ce soit par un effet du progrès ou par celui d'un bouleversement révolutionnaire, et où adviendra le temps de l'Universel ?

Les sociétés hiérarchiques, pour qui l'inégalité est l'effet d'un ordre du monde dont la source et le sens transcendent la volonté des hommes, vivent dans l'immuabilité des choses. La société égalitaire rend impossible toute référence à une assignation définitive des statuts. Comme le commente Marcel Gauchet, dans son *Introduction à Benjamin Constant*[2] :

« Les césures définitives qui déterminaient les individus à se concevoir en extériorité les uns par rapport aux autres s'effacent au profit d'une communauté d'appartenance indifférenciée, à l'intérieur de laquelle les écarts effectifs de situation vont de pair avec une continuité générale des rôles, une réversibilité potentielle des positions et une identité intrinsèque des personnes. »

A l'espace social hétérogène des sociétés hiérarchiques se substitue un espace social homogène. Dans une société veuve

2. M. Gauchet, préface à Benjamin Constant : *De la liberté chez les modernes*, Paris, Librairie générale française, 1980.

de toute transcendance, le nouveau foyer de sacralité est l'homme, sujet libre, avec pour destin l'histoire qu'il fait et qui le fait.

A l'espace politique défini *autrement* correspond ainsi un espace économique promu pour la première fois comme espace contractuel autonome. Ce que nous trouvons chez *Adam Smith*, qui, dans sa *Richesse des nations* (1776), écrit, en écho à la fable de *Mandeville* (cette *Fable des abeilles*, écrite en 1705 et dont le sous-titre, parlant, est *Vices privés, bénéfices publics*) :

« Nous ne comptons pas sur la bienveillance du boucher, du brasseur ou du boulanger pour nous procurer notre dîner, mais sur l'attention qu'ils prêtent à leur propre intérêt. Nous faisons appel non pas à leur sentiment d'humanité mais à leur amour d'eux-mêmes et ne leur parlons pas de nos besoins mais de leurs intérêts. Il n'y a qu'un mendiant pour choisir de se reposer, pour l'essentiel, sur la bienveillance de ses concitoyens. »

L'individu s'appréhendera désormais dans ce double investissement dont la finalité est le bonheur *hic et nunc*. Les biens d'ici-bas, l'organisation de leur protection sont désormais des buts reconnus d'existence.

Hier la différence entre nantis et miséreux était seconde et secondaire. Elle devient première dans un monde où les hommes vivront, dans l'envie et le ressentiment, ce qui élève l'un et abaisse l'autre, alors que chacun est dit semblable. Quand les rangs se confondent *l'envie* d'acquérir le bien-être se présente à l'esprit du pauvre et *la crainte* de la perdre à celui du riche, comme l'écrit *Tocqueville*. « Je n'ai jamais rencontré en Amérique de si pauvre citoyen qui ne jetât un regard d'espérance et d'envie sur les jouissances des riches et dont l'imagination ne se saisit à l'avance des biens que le sort s'obstinait à lui refuser. D'un autre côté je n'ai jamais aperçu chez les riches des Etats-Unis ce superbe dédain matériel qui se montre quelquefois jusque dans le sein des aristocraties les plus opulentes et les plus dissolues. » C'est que, dans les sociétés aristocratiques, les riches, l'ayant toujours été, ajoute-t-il, ne redoutent pas de ne plus l'être et ne sauraient donc voir dans le bien-être matériel le but de la vie ; seulement une manière de vivre.

Cette péréquation nouvelle de l'espace symbolique fait

donc du *politique* le garant de droits naturels qui, sans lui, seraient menacés de précarité et de la *société* le lieu où s'organisent la réciprocité des actes du marché et les solidarités d'intérêts particuliers.

Cette dualité du politique et de la société ne saurait être tout à fait confondue avec la dualité du *public* et du *privé*. Le social n'est pas une sphère privée s'il n'est pas, non plus, une sphère politique. Il est, sur un mode différent du politique, une sphère de l'existence collective : la sphère où les individus agissent en considération de leur égoïsme, alors que le politique, lieu de l'universel, les fait agir en auteurs de la loi et en considération de l'intérêt général. L'avènement de la société civile c'est le passage du monde domestique au grand jour du domaine public. Désormais le *privé* c'est uniquement ce *domaine intérieur* où la subjectivité est reine, qu'on ne trouve nulle part dans l'Antiquité et partout dans la modernité.

Cette société — au sens économique où nous l'entendons (et qui est la scène où s'originera la *lutte des classes*) — n'existe pas dans les sociétés anciennes. L'économie y est une discipline absente du système du savoir. On ne la trouve qu'en l'y reconstruisant par un regard rétrospectif.

C'est ainsi que dans la Grèce antique l'espace était structuré en *espace de la famille (oïkos)* et *espace de la Cité (polis)*. La famille était le lieu privé où l'homme qui y était cantonné était tout entier soumis à l'ordre de la nécessité naturelle, à la loi du sang et à cette hiérarchie qui faisait du père le despote régnant sur les femmes, les enfants, les esclaves, le bétail. Le lieu privé était le lieu de la privation. La Cité, au contraire, créait l'espace des égaux où l'homme, accédant à la citoyenneté, accédait à la liberté.

Mais que ce soit l'ordre de la famille ou celui de la Cité, on n'y trouvera jamais l'homme comme individu au sens où notre temps l'entend, c'est-à-dire comme liberté originelle *et* fondement des formes de sa socialisation.

D'une façon générale, comme le résume *Karl Polanyi*[3] :

« On peut affirmer que tous les systèmes qui nous sont connus jusqu'à la fin de la féodalité en Europe occidentale étaient

3. K. Polanyi, *La grande transformation ; aux origines économiques et politiques de notre temps*, Paris, Gallimard, 1983.

organisés selon les principes soit de la réciprocité ou de la redistribution, soit de l'administration domestique, soit d'une combinaison des trois. Ces principes furent institutionnalisés à l'aide d'une organisation sociale qui utilisait entre autres les modèles de la symétrie, de la centralité et de l'autarcie. Dans ce cadre, la production et la distribution ordonnée des biens étaient assurées grâce à toutes sortes de mobiles individuels disciplinés par des principes généraux de comportement. Parmi ces mobiles le gain n'occupait pas la première place. La coutume et le droit, la magie et la religion induisaient de concert l'individu à se conformer à des règles de comportement qui lui permettaient, en définitive, de fonctionner dans le système économique. »

Avec la société moderne l'économie — donc le travail — est séparé des autres activités de la vie et les formes organiques de l'existence se voient remplacées par un type d'organisation différent, atomisé puisque centré sur l'individu. Et le même homme qui était supposé animé par la volonté civique en politique est présumé rechercher, dans son activité de travail, le profit. L'activité économique est décrite comme calcul auquel chacun s'astreint tout naturellement en fonction de l'idée qu'il se fait de son intérêt.

Cette séparation institutionnelle du politique et de l'économique fait reposer les deux instances sur le principe « un individu vaut un individu ». Evidemment cette égalité est comprise comme égalité symbolique et non comme égalité réelle. Tous sont égaux parce que tous également libres et non parce que tous semblables.

Ce principe d'égalité trouve un sens tout différent selon qu'il est posé comme principe du politique, où les sujets agissent en citoyens en vue d'instituer la loi commune, ou qu'il est posé comme principe de la société civile où les sujets n'agissent que selon leur égoïsme et ne peuvent que s'opposer les uns aux autres (d'où cette impossibilité, que souligne *Hegel*, pour la société civile[4], de fonder à son seul niveau une *Société* qui soit *Une* société).

Mais comment, dans une société qui se fonde sur la récusation des principes aristocratiques inégalitaires, penser les diffé-

4. Le terme « société civile » désignait, aux XVIIe et XVIIIe siècles, la société politique organisée. A partir de Hegel, il prend le sens opposé de société économique privée, par opposition à la sphère de l'Etat.

renciations sociales internes qui ne peuvent manquer de naître ? La société civile n'est pas devenue, réellement et dans son vécu, cet espace homogène où chaque individu développe, libre et solitaire, la dynamique de ses intérêts particuliers. De nouveaux sujets collectifs se constituent, fruits de solidarités et de ressentiments partagés. Ces groupes, ces classes, ne sauraient être assimilées aux castes d'Ancien Régime, immuables (ou se pensant telle) dans le flux des générations et reposant sur l'intangibilité de l'ordre du monde. Ce sont des réalités qui se savent « sociales », coalitions d'intérêts momentanément communs, de revendications unifiées et d'opposition à un même « ennemi ».

Ces classes, quand on accepte les ressources de l'analyse sociologique et qu'on les préfère à celles des philosophies de l'histoire, se révèlent être des réalités *de fait* que ne légitime aucun principe hors celui de la conjonction plus ou moins durable d'intérêts. On ne saurait y voir des entités qui seraient comme des microsociétés dans la société globale, définies à la fois économiquement, culturellement, politiquement, socialement... L'enchevêtrement des différenciations dans la société moderne, leur instabilité, interdit qu'on y découvre l'équivalent des « états » ou des « ordres » de l'ancienne société. Pourtant c'est bien à quoi semblent s'apparenter les classes sociales dans le discours marxiste. Celui-ci, assimilant la division en classes des sociétés industrielles à celle des sociétés hiérarchiques anciennes, pourra, en retour, voir dans les différenciations internes que celles-ci connaissent une division de classes, justifiant ainsi son aphorisme simplificateur : « L'histoire de toutes sociétés jusqu'à nos jours est l'histoire de la lutte des classes. »

Ainsi *Raymond Aron*[5] pourra-t-il écrire : « Le marxisme est une interprétation de la société d'Ancien Régime à la lumière de la société moderne et de la société moderne à la lumière de la société d'Ancien Régime. »

Quant à la « conscience de classe », on doit la comprendre comme cette conscience qu'engendre le principe de l'individualisme démocratique lorsqu'il se déporte vers la société civile et non comme la conscience-de-soi de ces nouveaux sujets historiques que seraient les classes. Sans trop forcer les choses on pourrait dire que c'est la conscience conjoncturelle d'intérêts

5. R. Aron, *La lutte des classes*, Paris, Gallimard, 1964.

communs à un groupe qui engendre le sentiment de la réalité d'une classe et non l'existence objective des classes qui expliquerait le moment de leur « conscience ».

La mythologie de la « lutte des classes » résulte d'une lecture politique de l'économique et de cette confusion entretenue entre les problèmes propres à la société civile et la question du pouvoir.

Les concepts de classe sociale et de lutte des classes sont les éléments d'un projet politique et non des instruments neutres d'analyse sociologique. Est-ce à dire que les classes sociales n'existent pas ? Certes non. Mais il n'y a de classes sociales que dans la mesure où, pour reprendre la distinction hégélienne, la société moderne sépare la puissance sociale de l'autorité politique.

Enoncer que le conflit est un élément constitutif de toute société n'est pas faire preuve d'une audace intellectuelle excessive. Comment, après tout, la machine sociale fonctionnerait-elle sans une différence de potentiel, sans un déséquilibre interne, producteur du mouvement et de l'ordre ? Et comment l'existence individuelle et collective des hommes serait-elle pensable sans la catégorie de la guerre ?

Mais, que ce conflit soit tout entier défini comme « lutte des classes » et que cette affirmation [dépassant largement la constatation empirique que, dans les sociétés industrielles, existent des entités socio-économiques (les classes) que la conscience de leurs intérêts particuliers fait s'opposer] devienne principe à partir duquel la totalité du champ social est intelligible, voilà qui nous situe dans un tout autre registre. La croyance que la lutte des classes est le foyer où s'engendrent les caractéristiques d'une société, les lois de son devenir et les systèmes symboliques qui organisent la pratique des agents sociaux, appelle comme interrogation non pas le degré de pertinence scientifique (nous sommes en effet là au-delà de toute vérification possible), mais le type de projet politique qui s'y légitime.

L'histoire se voit transformée en un théâtre d'ombres où se joue toujours la même pièce : d'un côté le Prolétariat, de l'autre la Bourgeoisie ; avant eux et dans des rôles analogues, l'Esclave et son Maître, puis le Serf et son Seigneur. Les costumes changent, l'affrontement demeure, toujours recommencé et toujours identique et duel. Jusqu'à ce moment de l'acte final qui verra le triomphe de la classe porteuse du Bien ; la réconciliation, avec elle-même, de l'Humanité, déchirée jusqu'alors ; l'avènement du règne de la liberté où les hommes accèdent à la maîtrise de leur histoire.

Certes, chez Marx, les choses ne sont pas si simples, si elles le sont chez les marxistes qu'enivre l'illusion de leur mission historique et de son inéluctable résultat. Mais, indéniablement, la conception marxiste de la lutte des classes est tout entière sous la dépendance d'un projet politique qu'une philosophie de l'histoire voudra légitimer. L'essentiel, dans la « lutte des classes », chez Marx, ce n'est ni la lutte ni les classes, mais l'existence, dans ce jeu conflictuel, d'un sujet historique qui voit, mystiquement, coïncider dans son être, son intérêt particulier de classe et l'universel, de sorte que son histoire devient celle de l'avènement des Temps radieux.

Or, ce que nous montre l'observation des sociétés connues c'est que, jamais et nulle part, nous ne rencontrons un espace social qu'on puisse ainsi réduire à l'antagonisme de deux classes. A cela s'ajoute la difficulté qu'impliquerait la confusion, dans une même catégorie, celle de « classe sociale », des réalités aussi différentes que celles qu'on décélera dans les sociétés antiques, les sociétés féodales ou les sociétés industrielles démocratiques (les seules, peut-être, où le critère économique et social a une validité certaine, pour des raisons que nous exposons). Confrontés à tout ce qui, dans la réalité contemporaine, contredit leur simplification des choses, les marxistes n'ont cessé d'objecter qu'il s'agit, dans leur analyse, de mettre en évidence une tendance asymptotique de la société capitaliste, dans laquelle les classes autres que la bourgeoisie et le prolétariat sont historiquement condamnées à s'éteindre par un processus de prolétarisation de leurs membres. Mais l'histoire oppose cruellement son démenti à une telle prospective. Loin qu'il y ait un processus d'homogénéisation et de réduction à deux des classes sociales, on assiste à une multiplication et à une complexification des catégories sociales. Et parler du prolétariat comme d'une classe qui ne cesse de s'étendre, de s'unifier et de développer sa conscience de classe ne peut relever que de l'illusion.

Qu'on nous permette, ici, une parenthèse.

Lorsque Marx explique l'histoire par l'existence et l'affrontement radical des classes sociales, il s'appuie sur une anthropologie philosophique qui fait du *travail* l'origine de ce qu'il y a d'humain dans l'homme. Le travail, négation par l'homme de la nature et de sa nature, est ainsi posé comme l'acte-avènement de l'Humanité. Or cette thèse a sa source dans Hegel. Mais chez Hegel cet acte du travail n'est pas originaire. Il en présuppose un autre : celui de la *lutte de prestige* qui oppose les hommes entre eux à l'ombre de cette mort, risquée jusqu'au bout par les uns, redoutée par les autres qui y cèdent, et d'où surgissent les figures de *la Maîtrise* et de *la Servitude.*

Par la transformation qu'il fait subir à la dialectique hégélienne en l'anthropologisant, Marx fait de l'économique (c'est-à-dire du travail et de l'échange) l'essence de l'humain et du social. Mais, comme le dit *Alexandre Kojève*[6], l'homme économique est toujours doublé d'un homme vaniteux dont les intérêts ne sont pas obligatoirement compatibles avec ses intérêts économiques.

Si la lutte est bien première, elle ne saurait être définie comme lutte économique. L'économique n'existe que pris dans cette lutte qui oppose l'homme à son « autre » en vue d'y faire reconnaître l'humanité de son être (et quelle autre confirmation de l'existence de celle-ci que celle rendue par le regard d'autrui ?). Mais rien n'assure que cette reconnaissance réciproque soit de l'ordre du possible. C'est là la « vanité » de l'Histoire.

Soulignons un paradoxe : la politisation de la société civile s'accommode d'un discours qui s'offre à légitimer la disparition du politique et de l'Etat au profit d'une société créditée de la capacité d'autorégulation, dans la convivialité de ses sujets, dès lors que les conditions sociales de la division en classes (c'est-à-dire les inégalités économiques) disparaissent. Mais cette utopie du dépérissement de l'Etat dans une société réconciliée avec elle-même, s'étonnera-t-on de la voir se transformer, dans la réalité, en triomphe d'un Etat de type nouveau, à vocation totalitaire ; la dénégation du politique engendrant son explosion sans contrôle ?

Il faut en prendre acte, la dissociation du pouvoir et de la société, l'autonomie respective du politique et de l'économique (ce qui n'interdit pas, tout au contraire, d'avoir à s'interroger sur leurs relations, voire leur interdépendance) sont la condition *sine qua non* pour que la topologie du symbolique fasse une place à l'individu privé, source et fin de la modernité. Mais une telle dissociation est toujours menacée, la tendance naturelle de

6. A. Kojève, *Introduction à la Lecture de Hegel*, Paris, Gallimard, 1947.

la société démocratique étant de politiser toutes les activités sociales. Preuve en est la façon dont s'est transformé le regard sur la misère et sur les pauvres.

Certes, ce n'est pas d'aujourd'hui que les hommes ont découverts qu'il y avait des riches et des pauvres. Ni que cette différence n'était pas sans effet sur la loi qui ordonne la communauté des hommes. Après tout, Aristote, déjà, avait souligné le rôle des riches dans l'établissement des pouvoirs oligarchiques et le rôle des pauvres dans celui des gouvernements démocratiques. De même, toute la philosophie antique peut être entendue comme une réflexion sur la façon dont le tyran maintient son pouvoir par la flatterie du peuple et le dévergondage de la parole. Mais la misère, dans ces sociétés passées, n'est pas considérée comme l'effet d'une mauvaise organisation de la collectivité et comme une injustice sociale. Elle ne pose d'autre problème que moral. Du côté du miséreux elle n'est que le signe de son malheur ou celui de ses vices ; du côté du nanti elle appelle une réponse du cœur et un acte de charité. La différence économique est vue comme un élément de la nécessité et la présence, dans le corps social, de la pauvreté paraît inéluctable puisque inséparable de la condition humaine.

Et voici que désormais le paupérisme se fait question sociale et politique. Il est perçu comme la conséquence de la nature d'une société, comme une tare d'un système politique et social et appelle un autre type d'organisation des hommes pour que soient corrigés les dysfonctionnements immoraux. Selon le mot de Hannah Arendt[7], lorsque cessant de croire en la liberté, la révolution se donna pour fin le bonheur du peuple, les droits de l'homme se transformèrent en droits des sans-culottes et la misère devint une conséquence de la violence des hommes sur les hommes. La notion de peuple se trouve elle-même modifiée par cette dérive. Alors qu'elle désignait l'ensemble des citoyens qui veulent que s'instaure un contrat de liberté, il devient le terme générique des pauvres et se voit investi, ainsi réduit à sa seule dimension économique, d'une tache rédemptrice.

Le chemin qui mène de la revendication démocratique individualiste à la revendication sociale et du rêve de la révolution libérale à celui de la révolution sociale prolétarienne, on le voit

7. H. Arendt, *Essai sur la Révolution*, Paris, Gallimard, 1967.

se dessiner dans les discours qui scandent un XIXe siècle européen naissant et où se mêlent les échos de la révolution passée à ceux du christianisme et à l'annonce des orages libérateurs futurs.

Ainsi en 1834 l'Allemand *Th. Schuster* (auteur des *Pensées d'un républicain*)[8] écrit-il : « Si l'on veut que la lumière se fasse pour le peuple, il faut que, dans la révolution prochaine, on ne renverse pas seulement le trône mais la monarchie. Or la monarchie ce ne sont ni des écussons blasonnés ni des couronnes royales, la monarchie, c'est le privilège. Et le privilège de tous les privilèges, c'est la richesse. »

Et *Pierre Leroux*[9], qui voyait étrangement dans le Christ « le plus grand économiste », affirmera :

« Ou le christianisme est une chimère ou il est le gage que l'égalité qu'il porte dans ses flancs sous le nom de fraternité s'établira sur la terre et par conséquent qu'il n'y aura pas toujours des pauvres. »

Rappelant la phrase de *saint Matthieu* : « Heureux les humbles car ils hériteront de la terre », il la commentera ainsi : « Si vous croyez aux livres sacrés, ce passage seul doit vous éclairer ; l'Evangile ne dirait pas que les humbles auront la terre s'il devait toujours y avoir des pauvres et des riches sur la terre. »

La société individualiste démocratique se donne un modèle ni réalisé ni réalisable, qui fonctionne, au mieux, comme une « idée régulatrice » (au sens que donne Kant à cette notion) : l'individu est toujours à la fois citoyen *et* propriétaire (et tous sont propriétaires puisqu'ils sont, au minimum, propriétaires de leur force de travail et peuvent la vendre).

Un tel modèle implique que l'individu doit ne dépendre que de lui. Dans la société civile toute coalition, toute association d'intérêts contredit à la spontanéité et à la liberté du marché. Si seul l'individu est juge de ce qui est bon pour lui, seul l'individu employé et l'individu employeur savent ce qui est bon pour eux et le contrat qu'ils passent ensemble n'a besoin d'aucun tiers. De l'individualisme est déduit le libéralisme économique.

Mais la réalité empirique des sociétés démocratiques et industrielles sera tout autre. Il y a des « classes », il y a des conflits

8. Cités dans E. Dolléans, *Histoire du mouvement ouvrier*, Paris, A. Colin, 1946.
9. *Ibid.*

entre les classes. Et, tout libéral que veuille être un Etat, il ne pourra éviter de prendre en compte ce fait que lui impose la société civile réelle. A ne trop voir que le caractère idéologique de la notion marxiste de « lutte des classes », on risquerait, jetant le bébé avec l'eau du bain (comme on dit), de ne pas voir que nous n'avons jamais affaire à une société où les individus, solitaires et maîtres d'eux-mêmes, investissent leur vertu civique et leurs intérêts égoïstes dans deux espaces bien nettement balisés.

La société de l'individualisme déchaîne les désirs, ouvre une dynamique de l'insatiable. Et, dans cette course où chacun se lance pour « avoir plus », des groupes se constituent, dont certains sont directement liés aux formes les plus nouvelles de la technique. Ainsi en est-il, évidemment, des « bourgeois » entrepreneurs. Ainsi en est-il des ouvriers d'industrie.

Quelle qu'ait été la situation réelle du prolétariat comparée à celle des générations précédentes, il est tout à fait certain qu'y dominait l'idée que le riche ne se faisait de plus en plus riche qu'en faisant le pauvre de plus en plus pauvre. La première grande grève — celle des canuts de Lyon en novembre 1831 — inscrit le nouvel espace de conscience dans un chant[10] dont les paroles disent mieux qu'aucun discours ce passage de la « misère » dans le champ du politique, avec, en écho, l'intervention de *Saint-Marc Girardin* dans le *Journal des Débats* :

« Chaque fabricant vit dans sa fabrique comme les planteurs des colonies au milieu de leurs esclaves, un contre cent ; et la sédition de Lyon est une espèce d'insurrection de Saint-Dominique...

« Les Barbares qui menacent la société ne sont point au Caucase ni dans les steppes de la Tartarie ; ils sont dans les faubourgs de nos villes manufacturières [...] Il faut que la classe moyenne sache bien quel est l'état des choses... »

Anticipons sur notre développement : la guerre des classes, qui semblait avoir l'évidence du fait, au XIXe siècle, et qui faisait de l'économie l'enjeu essentiel du politique, ne pouvait que susciter des mythes radicaux. Mais ces radicalismes s'émousseront au fil du temps, sous l'effet de la réalisation politique de la démocratie et de l'intégration des classes parias.

10. On peut rappeler les paroles du chant des canuts lyonnais : « Pour gouverner, il faut avoir / Manteaux ou rubans en sautoir / Nous en tissons pour vous, grands de la terre / Et nous, pauvres canuts, sans drap on nous enterre. »

L'utopie libérale consista longtemps à ne pas vouloir voir que des sujets collectifs naissaient dans la société civile et qu'ils étaient amenés, de par la volonté de faire reconnaître leur demande [et donc de se faire reconnaître], à rechercher une inscription de leur action dans l'espace politique.

L'utopie socialiste des classes sociales [et, surtout, de la définition qui en faisait des « sujets de l'histoire »] consiste à assimiler totalement la revendication de la société civile et celle de la société politique, soumettant les effets de la rivalité économique aux exigences de la loi commune, dans la définition méta-politique que lui donne l'imaginaire social.

Dans l'utopie libérale ce qui fait mystère c'est cette harmonie naturelle qui existerait entre les égoïsmes et l'intérêt public. Dans l'utopie socialiste, la société des producteurs, une fois débarrassée des tares de l'exploitation de l'homme par l'homme, est dite naturellement solidaire et engendrant une sociabilité paisible. Reste à savoir pourquoi les producteurs demeurent si complaisamment des producteurs, en attendant que cesse la malédiction du travail et que vienne le temps béni où, comme aurait dit Aristote, « les navettes marcheront toutes seules ». Quant à l'Etat, on le voue à l'évanouissement.

Dans les deux utopies le politique est réduit à l'inconsistance ou presque. Et les deux chantent le même Alleluia : la production illimitée des biens permet la solution des problèmes humains !

Mais voilà que le libéralisme entend la voix de la société réelle et se fait « libéral et social » ; voilà que le socialisme entend la voix de l'exigence individualiste et démocratique et se fait « social et démocrate ». La « lutte des classes » n'est plus entendue que comme ces conflits d'intérêts qui dynamisent la société civile et que l'Etat est amené à gérer en « juge-arbitre ».

Est-ce à dire que l'idéologie de la lutte des classes s'éteint ? Evidemment non. Mais on peut désormais l'entendre pour ce qu'elle est : une idéologie qui, dans le champ politique, ouvre sur l'illimité du ressentiment et l'illimité du fantasme destructeur de la fusion.

L'entendre aussi à partir de ce qui, dans la révolution démocratique, est l'acte qui dit au politique qu'il n'est que le politique et qui rappelle que la souveraineté populaire ne saurait faire disparaître le droit de l'individu, droit naturel de l'homme en tant qu'homme : la *Déclaration des droits de l'homme*.

Chapitre 6

Les droits de l'homme

La *Déclaration des droits de l'homme* est ce complément d'âme qu'appelle le nouvel ordre politique. Elle n'est pas que cela. On ne saurait en faire, comme l'affirme Marx, la simple légitimation idéologique d'une nouvelle société, en l'occurrence le capitalisme libéral. Elle est quelque chose de plus.

Avec la Déclaration est proclamé lyriquement le droit de l'individu démocratique. Or, de cet individu, la Déclaration sous-entend une définition ambiguë. En effet, ce qui est énoncé c'est la certitude d'une nature humaine bonne et donc naturellement apte à une sociabilité « juste », postulat moral de la démocratie.

Pourtant, si les hommes étaient naturellement vertueux et naturellement amoureux du droit, la société s'organiserait spontanément dans une réciprocité immédiate et le pouvoir n'aurait aucune raison d'être ce qu'il est : un pouvoir séparé. S'il l'est, c'est qu'on ne saurait échapper à la nécessité d'un Grand Tiers entre les hommes qui les empêchât d'agir selon une hostilité aussi naturelle qu'est naturelle la bienveillance (ou, disons encore, d'un égoïsme aussi naturel que l'est l'altruisme). Faire triompher la loi d'alliance ne va pas de soi ; parce qu'il y a à unir des individus que tout appelle à s'unir et que tout appelle à ne pas s'unir. Comme si, avec la « découverte » de l'individu comme norme, se mettait à jouer un principe double : d'association et de dissociation. Il en résulte un brouillage dans la fonction de l'instance politique. Si l'homme n'est pas déterminé naturellement par le Bien commun, il faudra concevoir soit que s'organise le partage entre ce qui ne relève que de chacun et ce qui relève de tous, l'ordre politique ayant charge d'administrer ce lieu commun ; soit que puisse être abolie la nature égoïste de l'homme et que lui soit substituée une nature civile conformément à ce que disait *J.-J. Rousseau* : « Ce qui fait la misère humaine est la contradiction qui se trouve... entre la nature et les institutions sociales, entre l'homme et le citoyen. Rendez l'homme *un* et vous le rendrez aussi heureux qu'il peut l'être. Donnez-le tout entier à l'Etat ou laissez-le entier tout à lui-même. »

Le débat s'éclaire d'être rapporté aux deux sens du mot *liberté*.

Dans un premier sens, est libre tout ce qui n'est pas obligatoire. Dans un second sens, est libre tout ce qui est soumis à une législation pourvu qu'elle soit celle du sujet autonome. Dans un cas l'individu est conçu divisé entre homme privé et citoyen, dans l'autre cas l'individu est « un » et ne peut arguer de la légitimité d'une sphère privée qui ne serait que celle de l'hétéronomie de la passion.

La tradition institutionnelle issue des principes de la Déclaration sera celle d'une limitation des pouvoirs d'un Etat défini comme instrument dont la finalité est d'assurer la sécurité des individus, l'arbitrage de leurs conflits et la défense de leurs droits imprescriptibles. La tradition qui se fondera sur la dénonciation, comme illusoire, des « droits de l'homme » sera amenée à voir dans le pouvoir souverain du peuple l'instrument métaphysique d'une réforme de la nature même de l'homme pour que naisse l'homme nouveau, l'homme total, totalement socialisé.

Les principes de la *Déclaration des droits de l'homme* imposent l'axiome selon lequel Etat et individu ne sauraient jamais se confondre par le fait d'une dissolution de l'Etat dans une utopique communauté conviviale transparente.

Peut-être ne faut-il pas attribuer une importance plus grande à l'idée d'une nature humaine qui sous-tend la Déclaration qu'à celle d'état de nature dans la recherche d'une hypothétique origine de la société. Dans les deux cas les notions n'ont de sens que par ce qu'elles fondent et non comme réalités positives. L'état de nature permet de faire apparaître la « nature » du politique qui est le contrat (tout se passe *comme si* la société se constituait par un pacte qui arrache les hommes à leur état de nature). La nature humaine est une notion de même sorte qui permet de révéler l'illégitimité des pouvoirs anciens dont le fondement ne procédait pas des hommes mais de Dieu ou de toute extériorité. Ce qu'énonce l'idée de nature humaine c'est que le pouvoir n'est pas consubstantiellement le droit ; qu'il ne tire sa légitimité que du consentement du nouveau sujet du droit, l'individu.

Ce qui est affirmé avec la notion de nature humaine c'est bien la notion de liberté, une liberté qui déborde toutes les institutions, puisque celles-ci viennent d'elle, et qui limite leurs domaines par la seule affirmation de son existence.

Les choses, évidemment, n'ont jamais une simplicité biblique. De la liberté et de ses ambiguïtés naissent et l'utopie d'une société transparente et unie, et le mythe d'une société libérale avec son « moins d'Etat possible », avec ses sujets heureux de vaquer à leurs affaires privées.

La réalité démocratique se constituera dans le travail contradictoire de ces deux imaginaires, chacun se renforçant des tentations de réaliser l'autre exclusivement. Et c'est cette dialectique qui structure l'odyssée des idéologies de la société démocratique moderne.

Oscillant entre le vertige de la fusion et son horreur, la démocratie s'inscrira dans des discours qui, du libéralisme social au socialisme démocratique [chacun revendiquant des principes opposés], se traduiront par un jeu de différences tout entier réduit à l'évaluation de ce qui est à charge de l'Etat et de ce qui doit lui échapper dans l'organisation d'une sociabilité, et libre, et égalitaire. De l'Etat-providence des uns, à la société libérale à vocation sociale des autres, s'étend le diapré des enjeux politiques.

Hors cela, il ne peut y avoir que rupture de la dynamique conflictuelle essentielle à l'être même de la démocratie : Société du compromis qui se dissimule dans la rhétorique de l'affrontement, société des radicalismes que soumet le principe de réalité, telle est l'incertaine, la fragile, la prosaïque, parce que désertée par les anciens dieux, démocratie.

Ainsi donc la *Déclaration* institue-t-elle la soumission de l'ordre politique à l'ordre de la « morale universelle ». Tout pouvoir établi doit être sans cesse rappelé à sa condition originaire qui est de n'avoir aucune transcendance, aucune épaisseur ontologique ; de n'être jamais corporéisé.

Comme l'écrit Claude Lefort, dans *L'invention démocratique* :

« La démocratie allie ces deux principes apparemment contradictoires : l'un, que le pouvoir émane du peuple ; l'autre, qu'il n'est le pouvoir de personne. Or elle vit de cette contradiction. »

Et il en conclut :

« Le lieu du pouvoir se trouve tacitement reconnu comme un lieu vide, par définition inoccupable... »[1]

Certes ! ce n'est pas à dire qu'il n'est pas de gouvernants réels. Mais ceux-ci ne le sont que par des prodécures électorales et restent de simples particuliers investis d'une dignité qui les dépasse et qu'ils ne sauraient s'approprier. Ils font, au sens propre, office de *lieutenants*.

Cette désincorpéisation du pouvoir renvoie à l'individu sans que celui-ci y trouve une positivité. Dans l'espace symbolique qui le constitue l'individu perd également sa propre certitude de soi. Reconnu comme le maître de son destin, il est, dans le même mouvement, dépossédé de toute certitude quant à son identité, puisque aucun lieu n'est désormais *naturellement* le sien.

Il reste que l'espace démocratique sera sans cesse hanté par le désir que le symbolique se fasse chair, que le pouvoir soit *réellement* le Peuple, que l'individu ait une identité civique déterminée et que l'indétermination constitutive du nouvel ordre s'abolisse dans la gloire d'un monde clos enfin retrouvé.

La *Déclaration* est précisément l'affirmation que la seule réalité de l'homme est la liberté, c'est-à-dire sa désinscription du corps politique et l'impossibilité de lui assigner territoire.

Il reste à évaluer le sens que Marx donne, dans *La question juive*, aux droits de l'homme :

« Les droits de l'homme, droits du membre de la société bourgeoise, ne sont rien d'autre que ceux de l'homme égoïste, de l'homme séparé de l'homme et de la collectivité. »

La *Déclaration* serait ce voile qui dissimule les rapports sociaux réels de domination, sous la dénomination d'homme rien d'autre n'étant signifié que le *propriétaire*.

On peut trouver une apparente justification historique à ce jugement dans le fait indéniable que les droits de l'homme n'ont

1. C. Lefort, *L'invention démocratique*, Paris, Fayard, 1981.

pas engendré par le seul effet de leur énonciation ni de la solennité de leur reconnaissance « officielle », leur réalisation dans la société. C'est sous l'exigence et la contrainte de ceux qui se considéraient illégitimement exclus de leur jouissance que s'est produite leur effectivité. L'Etat libéral n'a pas spontanément et de lui-même manifesté sa foi religieuse en ces droits de l'homme, dès lors que l'homme en question était ce pauvre dont la revendication compromettait une stabilité politique favorable aux puissants du moment.

Mais l'existence d'une force revendicatrice qui puise sa légitimité dans la *Déclaration* et fait reconnaître cette légitimité, n'est-elle pas la preuve, au contraire, qu'on ne peut réduire à l'effet d'une structure économique et au « telos » d'une classe, les « droits de l'homme ? » que l'immaîtrisable qu'ils libèrent est le butoir à un autre immaîtrisable : celui de l'illusion politique ?

Revenons à l'analyse que fait Marx de la Déclaration des droits de l'homme inscrite au préambule de la *Constitution de 1793*. Celle-ci déclare :

Art. 2 : « Ces droits [il s'agit des droits naturels imprescriptibles] sont *l'égalité, la liberté, la sûreté, la propriété.* »

Art. 8 : « *La sûreté* consiste dans la protection accordée par la société, à chacun de ses membres pour la conservation de sa personne, de ses droits et de ses propriétés. »

Art. 16 : « *Le droit de propriété* est celui qui appartient à tout citoyen de jouir et de disposer à son gré de ses biens, de ses revenus, du fruit de son travail et de son industrie. »

Quant à *l'égalité*, on peut considérer que sa définition, non énoncée dans ce préambule, est celle que nous trouvons définie dans la *Constitution de 1795, art. 5 :*

« L'égalité consiste en ce que la loi est la même pour tous, soit qu'elle protège, soit qu'elle punisse. » Et Marx, qui veut voir là une configuration idéologique caractéristique de la bourgeoisie, commente ainsi :

« La liberté est donc le droit de faire tout ce qui ne nuit à personne. Les limites dans lesquelles chacun peut se mouvoir sans nuire à autrui sont définies par la loi, comme la limite entre deux champs est définie par un palis. Il s'agit de la liberté de l'homme considéré comme une monade isolée et repliée sur elle-même..., le droit de l'homme ne base point la liberté sur l'union de l'homme d'avec l'homme mais plutôt sur la séparation de l'homme d'avec l'homme. C'est le droit de cette séparation, le droit de l'individu limité à lui-même. »

L'application pratique du principe de liberté est le droit du propriétaire privé...

« De disposer de ses biens à son gré, sans tenir compte d'autrui [...] ; le droit de l'égoïsme. »

« L'égalité n'est pas prise ici dans sa signification politique, elle n'est que l'égalité de la liberté décrite plus haut, c'est-à-dire que tout homme est également considéré comme une monade repliée sur elle-même. » Quant à la sûreté, « c'est l'idée que la société tout entière n'existe que pour garantir à chacun de ses membres la conservation de sa personne, de ses droits et de sa propriété... Par le concept de sûreté la société bourgeoise ne s'élève pas au-dessus de son égoïsme. La sûreté est plutôt l'assurance de son égoïsme. »

La « raison » de tout ceci, Marx la voit dans la séparation de la société et de l'ordre politique. Cette séparation qui vise à délimiter une sphère politique comme sphère illusoire de l'universel, maintient la réalité de la société de classe, une société particulière.

Quel que soit l'écho que peut rencontrer l'analyse de Marx en nous [et comment ne pas avoir le sentiment qu'il touche juste quand il met l'accent sur la séparation de l'homme d'avec l'homme et donc de l'homme d'avec lui-même], on ne peut pas ne pas être frappé par ce fait : les systèmes qui prétendent « dépasser » les droits de l'homme, pour qu'arrive le temps de l'*homme concret*, de l'*homme total*, de l'*homme ami de l'homme*, et réconcilié avec lui-même, ces systèmes qui affirment abolir l'illusion politique en abolissant la séparation de l'universel abstrait [l'Etat] et de la particularité autonome [l'ordre civil des individus], aboutissent, non à la désaliénation espérée mais, tout au contraire, à l'exacerbation de l'aliénation.

L'institution d'un espace où est annulée la division de la société civile et de l'Etat, de l'homme privé et du citoyen, aboutit à reconstituer un corps sociopolitique d'une plénitude artificielle, fabriquée, bureaucratique, où l'individu ne jouit pas de la « reconnaissance réciproque » visée, après la suture de sa déchirure, mais, tout au contraire, voit cette déchirure s'exacerber d'être désormais occultée, puisque le principe de la subjectivité est nié et qu'est dissoute la différence de chacun avec lui-même, avec autrui, avec la communauté.

Voilà qui nous oblige à interroger autrement que ne le faisait Marx, la Déclaration des droits de l'homme.

Contrairement à sa lecture il ne nous paraît qu'on puisse voir, dans une déclaration qui s'énonce : *de l'homme et du citoyen*, une philosophie de l'isolement de l'individu, mais au contraire une philosophie de l'organisation de la coexistence des sujets dans la reconnaissance de leur nature de sujets libres.

Fondatrice d'un système de relations entre les hommes, la Déclaration trouve sa vérité profonde dans les articles 10 et 11.

Art. 10 : « Nul ne peut être inquiété pour ses opinions même religieuses, pourvu que leur manifestation ne trouble pas l'ordre public établi par la loi. »

Art. 11 : « La libre communication des pensées et des opinions est un des droits les plus précieux de l'homme, tout citoyen peut donc parler, écrire, imprimer librement, sauf à répondre de l'abus de cette liberté dans les cas déterminés par la loi. »

Cette séparation du pouvoir et des opinions résulte de la sacralisation du principe de la subjectivité et de son droit inaliénable à l'expression de ses jugements ; la « déthéologisation » du politique engendrant le reflux du religieux sur le seul sujet moral.

Les sociétés prédémocratiques contrôlaient les opinions parce qu'elles considéraient qu'en dépendaient les actions des hommes. C'était la conséquence de ce que le pouvoir confondait, dans sa propre légitimité, croyance et pouvoir. Est-ce à dire que ce qui est instauré avec la société démocratique, c'est un pouvoir sans opinion parce que les opinions y sont sans pouvoir ? Un Etat qui ne se soucie que peu de ce qui est le for intérieur de ses sujets parce que ce for intérieur est considéré, par lui, comme à effet nul ?

La liberté des opinions, dans la diversité de leurs expressions, n'aboutirait-elle, face à Léviathan, qu'à un espace, bavard mais aseptisé, de croyances déclarées toutes de valeur égale et donc sans valeur ?

En fait la dialectique des opinions qui constituent l'instance de l'opinion publique, qu'on ne saurait concevoir hors de l'affirmation des droits de l'homme, révèle une autre dynamique qui trouble la différenciation nette et franche entre la sphère de l'individu et celle du politique. La notion d'opinion *publique* implique bien qu'à côté de la sphère publique de l'Etat, s'affirme l'existence d'une sphère publique *privée*, celle de l'opinion publique. Celle-ci, parce qu'elle est l'expression publique de l'homme privé, devient l'intermédiaire, apparemment entre l'individu et l'Etat, en réalité entre la société et l'Etat, signifiant à ce dernier qu'il demeure sous la dépendance de son juge ultime. L'opinion publique réitère, dans le présent, l'acte originaire d'où la société politique tire son être et sa légitimité. Au sens propre, il n'y a d'opinion publique que dans ce hiatus incomblable entre l'individu, l'homme, valeur suprême, et le citoyen.

L'opinion publique, si elle est *publique*, est également *opinion*. Elle ne se présente pas comme une instance de vérité ou de savoir, mais comme une instance d'évaluation et de choix ; un juge de la conformité ou de la non-conformité des actes des divers pouvoirs avec le système éthique qui fonde la communauté des *individus*, tant il est vrai que le principe du monde moderne exige que chacun n'accepte que ce qui doit lui apparaître comme quelque chose de légitime.

L'opinion publique est comme le tribunal de la *Raison pratique*. Elle soumet le politique à l'impératif de la liberté et institue le lieu où se mesure l'écart entre les nécessités du vivre-ensemble et la valeur de chacun... Telle est la topographie et telle la dynamique de l'espace démocratique moderne : différence du privé et du public, de l'homme et du citoyen ; différence de la société civile et de l'Etat ; l'opinion publique étant le lieu où ces déterminations organisent l'évaluation de leurs rapports.

Nous avons exposé, là, un ensemble principiel et un modèle. On y rencontre : un Etat qui est l'expression de la volonté politique des individus qui ont, par ailleurs la gestion « égoïste » de leur vie privée et de leur vie civile ; en face de lui, l'opinion publique, dont la voix rappelle que la source du pouvoir est dans l'homme, que l'homme a des droits imprescriptibles que l'exercice de la souveraineté ne saurait transgresser parce qu'ils traduisent la transcendance de la morale universelle [celle de la liberté] sur le politique.

Mais, de l'idée à la réalité, il y a autre chose que l'écart qui va du projet à l'acte.

L'opinion publique, instance extérieure au pouvoir, ne peut

exister sans s'incarner dans des organes qui l' « expriment » — sociétés de pensée dont parle Augustin Cochin à propos de la Révolution française, associations que Tocqueville décrit dans sa *Démocratie en Amérique*, clubs, partis, etc. — et dans des organes de presse, instruments par lesquels l'opinion *s'informe* et par lesquels elle peut intervenir *en connaissance de cause*.

C'est que l'opinion n'est, à bien y voir, localisable, naturellement, dans aucun corps. Elle est « latente » et ne peut devenir « quelque chose » qu'au moment où, dans le jeu de leur expression des groupes organisent une unanimité autour de motions dont personne n'est, à proprement parler, l'auteur puisque ceux qui les rédigent ne se conçoivent que comme des interprètes d'une volonté collective. L'opinion publique, quoi qu'il apparaisse, n'est pas — ainsi exprimée — la somme ou la résultante des opinions des gens rassemblés. C'est un consensus fabriqué à partir d'idées déclarées communes et auxquelles chacun est invité à opiner.

Dès lors l'opinion n'est plus, si elle le fût jamais, ce qu'elle prétend être. Elle est fille d'un pouvoir qui refuse de s'apparaître : le pouvoir de *qui sait parler*, de qui sait persuader, de qui sait offrir les signifiants grâce auxquels une identité (individuelle, collective) apparaît : pouvoir du sophiste, du démagogue que la philosophie a rencontré dès ses origines, dans cette Grèce où précisément, la démocratie athénienne avait inventé l'espace libre de la parole et du dialogue ; pouvoir des idéologies et de leurs appareils aujourd'hui.

Ce qui devait être le tribunal *critique* d'hommes de bon sens et de culture sachant soumettre l'autorité politique à l'impératif moral, voilà que cela devient la sphère bruissante des opinions démagogiques soumises aux intérêts de groupes particuliers.

L'opinion publique devait être la voix de l'individu et de l'homme face à l'Etat. Elle devient la voix des corps qui prétendent l'incarner et ne font que la fabriquer, instrument dans la conquête du pouvoir.

Dès lors existe la menace qu'un corps s'arroge le privilège d'être, à lui seul, l'opinion publique, la voix du Peuple-un. La société devient un lieu d'unanimité sans qu'aucune fracture ne sépare le citoyen de son Etat. L'opinion publique laisse place à la voix exclusive du Parti-Etat-Peuple. Les organes autorisés à l'exprimer remplissent la fonction sociale précise d'éduquer le citoyen et de dissoudre l'homme privé en subsumant la diversité du vécu de chacun sous la vérité commune de l'idéologie.

Il n'est plus de droits de l'homme puisque l'homme *est* le citoyen et il n'est plus d'opinion publique puisque celle-ci est l'opinion du pouvoir, dans son monologue. Cette dérive où l'opinion publique disparaît de n'être que la parole des appareils par quoi l'Un s'affirme et qui voit l'individu n'exister que dans le mouvement de son anéantissement, est la tragédie d'une société qui se rêvait transparente et dont le rêve enfanta des monstres qui surprirent les rêveurs.

Mais cette dérive nous situe hors de l'univers démocratique. Ce n'est pas encore notre propos.

Ce qui nous intéresse c'est la façon dont, dans ce lieu de l'opinion publique qu'est la démocratie, nous voyons naître et se développer des sujets collectifs partiels, à l'intérieur d'un modèle de société qui semblait les récuser. Il y a comme une coagulation de l'espace politique en groupes d'opinions ; une coagulation que connaît, de son côté, la société civile qui voit naître et s'affirmer les classes sociales.

La tentation est grande, mais elle nous paraît plus séduisante que pertinente, de penser que ces coagulations se répondent les unes, les autres et que les groupes d'opinion doivent être entendus comme l'écho des groupes de la société civile.

Ce serait réduire la société à la seule dimension de ses conflits d'intérêts matériels et ne faire tourner que la clé des « classes » dans la serrure des affrontements idéologiques. Comme si les luttes de prestige et de pouvoir, les affrontements « symboliques » n'étaient qu'un irréel.

L'opinion publique, donc, qui devait mettre le holà ! aux excès du pouvoir politique au nom de l'individu et donc de la société, se révèle n'être qu'un ensemble d'émetteurs et de supports, partiels et partiaux, renvoyant à des groupes de convictions. L'illusion s'effiloche qui faisait croire que l'ordre civil et l'ordre civique, que l'individu privé, l'agent économique et le citoyen sont des réalités séparées radicalement.

Mais pouvait-on croire vraiment à une division franche et nette entre une partie, que gouvernerait l'intérêt général et qu'incarnerait l'Etat, et une partie soumise aux fins personnelles de chacun ainsi qu'au mouvement irrépressible de tous vers les jouissances privées ? Il y aurait là une substantification abusive de réalités qui n'existent que différentiellement. Il y aurait surtout l'oubli que l'individu privé n'existe pas sinon sous la forme d'un individu privé de lui-même. Le retrait de chacun sur soi n'est pas un retrait sur une essence mais sur un vide qui ne peut que chercher à se combler par l'investissement du social et du politique.

A l'aube de la modernité, alors que le monde nouveau qui naissait en se distinguant de l'ancien, laissait voir ses caractéristiques, les penseurs contemporains de cette naissance, s'interrogèrent sur la façon d'instituer un pouvoir qui, issu de la société, ne l'absorbât point. Le principe, [dont nous avons dit qu'il nous paraît constitutif de la démocratie individualiste] de la séparation des lieux civil et civique triompha en des termes qu'il serait peu pertinent de maintenir tels quels, aujourd'hui que le devenir de la société de l'individualisme nous montre l'interpénétration de la société et de l'Etat sans qu'y soit annulé le principe de leur différenciation.

L'Etat n'est pas allé en se rétrécissant mais en augmentant, et ce, dans toutes les sociétés libérales. Mais on ne saurait voir dans cet accroissement de son rôle et de sa place un processus qui s'apparenterait à un processus totalitaire. Le totalitarisme est une *négation* de la nature de l'Etat moderne au profit d'un pouvoir qu'on peut qualifier de « religieux » : le pouvoir du parti unique qui, incarnation d'une idéologie exclusive qui se présente comme vérité absolue et valeur suprême, fait de l'Etat un instrument tout entier à lui soumis. Dans l'univers totalitaire le lieu unique du pouvoir est le Parti-Etat. Le parti réduit l'Etat à une fonction technique : celle d'être son bras administratif.

[Par opposition, on pourrait dire que dans les social-démocraties les plus étatiques, on aurait, au mieux (au pire), un Etat-Parti, où l'Etat, dévorant le parti, s'en approprierait les forces, le transformant en réservoir d'hommes et en relais du pouvoir dans la société.]

Ainsi ne saurait-on confondre les problèmes qu'engendre l'évaluation des domaines et des formes d'intervention de l'Etat démocratique et la mesure de leur pertinence avec cet autre débat, fondamental, lui, qui se dissimule dans la volonté de faire naître une société dont la perfection démocratique serait telle qu'elle pourrait « s'autogérer » sans la médiation du politique et sans l'aliénation par la propriété privée.

La démocratie ne se définit ni par la séparation du civil et du civique à la façon de deux champs (comme le reproche Marx) ni par l'absorption des deux dans l'un (comme le souhaitait et le prévoyait Marx), c'est leur *séparation de principe*, en même temps que leur interpénétration dans un processus qu'on peut qualifier de démocratique *et* social.

L'erreur des libéraux, comme le montre M. Gauchet déjà cité, est d'avoir conçu comme séparables et opposés des processus qui sont corrélatifs et se conditionnent réciproquement. Un certain type d'expansion de l'Etat (mais un certain type d'Etat, l'Etat de droit) n'est pas contraire à l'émancipation de la société civile mais va de pair avec elle.

Il faut en prendre acte : le mouvement de constitution d'une sphère privée n'est pas un mouvement de restriction des prérogatives du pouvoir, c'est un mouvement de transformation de la nature du pouvoir et de la définition de ses domaines. L'émancipation de l'individu n'est pas contraire à l'avènement de Léviathan, lequel puise son être dans cette économie du symbolisme propre à la révolution démocratique : la libération du principe de la subjectivité. Ce qui a alors surgi c'est un illimité : l'individu libre, sans identité assignable. Comment éviterait-il de s'investir dans l'espace politique pour y construire son identité ?

Benjamin Constant et Karl Marx ont en commun de concevoir la société civile comme une réalité ayant sa suffisance, de sorte que l'Etat, qui chez l'un est une instance d'illusion dont l'existence traduit l'incomplétude d'une société divisée, est chez l'autre une institution qui réalise ses fins par une assignation étroite de son espace face à une société civile qui organise les éléments de sa propre harmonisation (celle du marché).

Ne peut-on s'interroger également sur cette croyance en la possibilité d'un bonheur paisible des agents sociaux : bonheur défini par Benjamin Constant comme jouissance de soi, [« les hommes n'ont besoin, pour être heureux, que d'être laissés dans une indépendance parfaite sur tout ce qui a rapport à leurs entreprises, à leur sphère d'activité, à leur fantaisie »] et par Marx comme le jeu réalisé d'une réciprocité sociale intégrale et sans médiation ?

Or nous savons bien, aujourd'hui, que Freud nous a marqués de sa découverte, que la *division originaire du sujet* et la *division originaire de la société* n'inscrivent ce bonheur que comme une illusion (mais une illusion qui ne se dissipe pas de se savoir telle).

La problématique qui est nôtre est celle-ci : l'individualisme n'existe que pris dans la fascination de son propre anéantissement *et* dans l'organisation d'une résistance à cette fascination.

Et l'Etat, l'Etat démocratique, est celui *par lequel* et *contre lequel* peut fonctionner cette dynamique de la subjectivité libre.

Faire ainsi de l'Etat ce qui — contre l'utopie libérale anti-étatique et contre l'utopie marxiste de la société transparente — organise la division sociale, de telle sorte que l'individu puisse accéder à lui-même comme tel, peut laisser sceptique qui voudrait confondre Léviathan et le Moloch totalitaire.

Du côté du libéralisme se forge le mythe de l'individu maître de soi absolument, qui voit dans l'agencement du politique et de l'économique de simples aménagements adaptés à sa souveraineté et qui, d'une part, investira sa volonté de puissance, de façon privilégiée dans la sphère privée du « travail » et des biens, d'autre part renforcera la famille comme lieu de la jouissance affective.

C'est ce que notait Tocqueville, dans sa *Démocratie en Amérique* :

« L'individualisme est un sentiment réfléchi et paisible qui dispose chaque citoyen à s'isoler de ses semblables et de se retirer à l'écart avec sa famille et ses amis. » [L'effet paradoxal de cette dépolitisation de l'individu est l'abandon des charges politiques aux seules mains de ceux que la réussite économique n'intéresse pas ou n'atteint pas.]

Du côté de l'imaginaire communautaire, c'est la société qui est pensée comme une famille qui fait pièce à l'horreur du corps morcelé et dispersé et qui réincorpore les citoyens dans le chaud giron maternel d'une société homogène. Alors que Léviathan implique que soit affirmée la place du Père, sinon incarnée sa figure, Moloch totalitaire est gouverné par l'illusion de la fusion maternelle.

L'objection qui vient à l'esprit c'est que le totalitarisme implique le *Chef* comme figure centrale (d'où le « culte de la personnalité » comme on dira). N'est-ce pas là à voir la résurgence du Père cruel de la horde primitive ? Mais le « Grand Timonier » (comme on a dit aussi) n'est pas une figure paternelle et œdipienne. Ce que la « multitude dispersée » lui demande, ce n'est pas sa maîtrise, c'est qu'il soit le promoteur d'une illusion : celle que la Jérusalem céleste offre, ici-bas, aux cœurs extatiques. C'est parce qu'il participe de la mère archaïque toute-puissante et non du père, que le Maître est entendu. Dans les messes totalitaires où le chef officie, c'est à la déesse-mère qu'est rendu un culte ; une mère nature, une nature mère, qui appelle le retour de tout en son sein. Didier Anzieu, dans son Etude psychanalytique des groupes réels (*Les Temps modernes*, juillet 1966), décrit la façon dont la foule actualise cette mère dévoreuse :

« La labilité émotionnelle, l'impulsivité motrice, la perméabilité à l'angoisse, le caractère concret, intuitif, syncrétique des idées, la pensée par couples de contraires, tout ce qu'a décrit Le Bon ne prend son sens que par la présence de cette imago (maternelle). »

Puis, analysant la riposte à cette réalité fusionnelle, il écrit :

« En même temps, la solution bien connue aux dangers émanant d'une foule spontanée prend son plein sens : encadrer une foule, la noyauter, l'organiser, c'est assurer sur l'imago paternelle. »

Si l'Etat moderne est le grand médiateur, le Tiers par lequel l'individu peut exister comme individu séparé, délié de toute insertion primordiale dans le corps social, il en va bien de lui comme du Père, incarnation de la Loi, dans l'espace universel œdipien.

Le Père est celui par qui le sujet advient à lui-même, se libérant du « corps obscur » de la mère. Il est ce porteur ambivalent de la Loi qui, à la fois, sépare et fait promesse. Mais aucun père n'est pleinement le Père. Tout père est père humilié, père en défaut. Et c'est dans cet écart, qui met à distance le symbolique du réel, que se joue la possibilité, pour un sujet, d'avoir une *histoire*.

Le père qui se prendrait pour le Père réactualiserait le despote de la horde primitive, annulerait la paternité comme Loi et la ferait choir dans un « état de nature » meurtrier.

Inversement, l'absence de père renvoie à la toute-puissance engloutissante de la mère, à l'impossibilité d'aucun sujet qui puisse dire « Je », dans la séparation. L'individu n'accède à la possibilité d'un destin individuel que par sa rupture avec l'univers de la mère et par son assujettissement au Père, à la Loi dont le père n'est, dès lors, plus que le représentant, et non l'incarnation.

De même, toute société organise-t-elle son espace par la soumission des investissements des êtres et des groupes, à l'empire d'un Souverain qui figure le Père.

Mais que s'ensuit-il quand, de Souverain, il n'en est plus de figurable, que la Loi n'est plus déplacée du père au Père, parce qu'il n'est plus de père, mais du père à Soi où la Loi doit trouver son inscription et sa sacralité ?

Dira-t-on de la loi qu'elle est celle du Peuple ? Où est le Peuple ? De l'individu ? Quel individu ? celui des désirs sans lois qu'exprime l'univers du marquis de Sade qui est, à sa façon, un théoricien peu politique ? l'individu de la morale, de l'Impératif catégorique et du respect qui est le sentiment que celui-ci suscite ?

On voit bien que la question — sur laquelle nous reviendrons — ne relève pas d'une réponse *a priori*. Ce n'est ni la Raison, qui dit, ni le Cœur, qui veut, c'est le Temps qui répondra ; le temps, c'est-à-dire la capacité pour l'individualisme de devenir l'élément *naturel* des hommes et, pour la société démocratique, de *faire* « l'homme démocratique ».

Le totalitarisme séduit parce qu'il sait être aux couleurs de l'amabilité. Ses prêcheurs sont souvent angéliques et Milan Kundera a raison d'évoquer la « poésie du totalitarisme ». Cet amour de l'humanité qui autorise et légitime la pratique muette de la haine des hommes, c'est dans Freud qu'il faut en chercher les clés.

Entre l'individu solitaire et l'individu effacé, le renvoi inachevé de l'un à l'autre caractérise l'oscillation perpétuelle, la démarche boiteuse — comme l'était celle d'Œdipe — de la démocratie. Et parce que décevante, désenchantée, la démocratie est toujours menacée de la dérive pathologique dans l'ivresse et la terreur de l'illimité. Une dérive qui, lors de la fracture ouverte par la Révolution française, s'est manifestée sous la forme de l'*illusion politique*[2], que le XIXe siècle, confronté à la misère et à la mutation du regard sur la misère, déplacera en illusion sociale-révolutionnaire.

2. Voir Karl Marx, *La Sainte Famille*, *in* éd. La Pléiade, Paris, Gallimard, 1982.

Chapitre 7

L'illusion politique

La révolution est un thème inhérent à la modernité et qui serait impossible sans cette mutation dans la conception de l'homme, du monde, de l'histoire, que nous avons analysé. L'Antiquité, avec Platon, avait théorisé le passage d'une forme de gouvernement à une autre. Mais elle y voyait le retour cyclique et déterminé de formes définitives, retour semblable à celui des saisons. La révolution, elle, présuppose que les hommes s'appréhendent comme agents historiques créateurs de leur propre destin.

Ne nous attardons pas sur le fait que le terme de « révolution », qui vient du glossaire astronomique, renvoie, de façon subreptice, à l'idée de restauration, de recommencement plutôt qu'à celle de commencement...

La révolution, dans l'univers du mythe politique, c'est d'abord la *Grande Révolution*, celle de 1789. Or celle-ci s'est faite comme en s'inventant elle-même, sans qu'aucun agent historique particulier, ou organisation partisane en revendiquât *préalablement* la tâche historique. Avant que d'être pris dans ce qui devait se terminer en ce qui allait être une « révolution », aucun des acteurs ne possédait le texte ni l'intrigue du drame. La réalité de la révolution, avant sa « théorisation » — ou sa mythification —, ce fut ce sentiment, manifeste pour tous, qu'ils participaient, s'ils étaient acteurs, qu'ils assistaient, s'ils étaient spectateurs, à un événement et un avènement historiques.

[Avec le *Manifeste communiste* (mais pas uniquement avec lui, naturellement), la révolution devient un objectif *revendiqué* et le thème de réflexions *tactiques* et *stratégiques*. La révolution est « ce qu'il y a à faire » et dont on SAIT qu'on a à le faire.]

Cette promotion de la révolution dans l'imaginaire collectif, on ne peut la comprendre sans analyser les effets de la Révolution française et du vertige qui s'y est engendré. Notons auparavant — mais ce n'est pas étranger à notre propos — le paradoxe qui veut que le mythe révolutionnaire ne puise pas dans la révolution qui a réussi, qui s'est donné les institutions qui répondaient à ses valeurs et qui ne s'est, depuis sa fondation, plus jamais trouvée en situation d'être effacée ou contestée en profondeur : la révolution américaine. Alors que la révolution française, foyer de tant d'investissements, s'achève après la Terreur, par le césarisme napoléonien, le retour des rois, une nouvelle révolution en 1830, en 1848, en 1870, pour, enfin, s'inscrire dans une République qui connaîtra en son sein la persistance d'une demande d'achèvement de la révolution passée par une révolution nouvelle, sociale celle-là. Mais le fait est là : la révolution américaine est restée prisonnière de sa particularité « provinciale » ; une histoire dans la famille anglo-saxonne. C'est que la révolution américaine n'a pas eu la dimension tragique nécessaire à l'érection d'un mythe. Elle n'est pas cette coupure dans la chair du peuple ni la mise en scène de la mort du roi. La révolution américaine n'est pas une « révolution », c'est une *instauration*, une *installation*. La « vraie » révolution est celle où « l'an I » est précédé de l'acte, sacrilège, de l'effacement du texte ancien pour que la page soit blanche à nouveau, où pourra s'écrire l'histoire nouvelle : celle de la liberté.

Car la révolution est d'abord liée à cet archétype de la liberté absolue : les liens tombent, le sujet s'affirme maître de son sort. A la nuit de l'esclavage, du despotisme, de l'aliénation, succède la lumière de la Raison, de l'autonomie, de l'histoire domestiquée. Mais, en même temps que de cette ivresse, la révolution s'accompagne d'une autre ivresse : celle qui naît du sentiment du destin et de sa force.

C'est le mystère des mythes que d'unir ainsi les contraires : la puissance et la nécessité, la volonté et le fatum, la révolte des fils et la dette à payer, le triomphe et la mort. Ainsi, à la révolution comme intrusion de la liberté dans le monde s'unit — bien que la chose semble contraire — la révolution comme mouvement irrésistible, phénomène inscrit dans l'ordre naturel [ce qui, peut-être, fait comprendre le lien entre la révolution dans le monde des astres et la révolution dans le monde des désastres humains]. Cette irrésistibilité, rien ne l'exprime mieux que l'évocation imaginaire de la foule parisienne rassemblée, prenant la Bastille, un certain Quatorze Juillet. C'est la puissance du nombre et de la masse ; c'est le Peuple se faisant UN dans la fusion, avant que de retomber dans la sérialité ; c'est le torrent qui emporte, le tourbillon qui aspire les individus, qu'ils soient les bâtisseurs du monde nouveau, qu'ils soient des « agents de la contre-révolution », ou qu'ils soient l'un avant d'être l'autre [« Saturne dévorant ses enfants » disait le Girondin Vergniaud].

Ainsi la révolution est-elle à la fois la rupture où s'affirme la liberté des hommes et le maelstrom où l'inéluctabilité du mouvement montre l'inconsistance et la petitesse des individus.

C'est dans cet alliage de l'individu affirmé et de son effacement dans le « Peuple », c'est dans ce mixte de Eros et de Thanatos, de fusion du *soi* et du *On* que s'alimente l'imaginaire révolutionnaire.

Le temps de l'*illusion politique* a trouvé, avec la Révolution française, dans l'espace qu'ouvrait l'absence d'un pouvoir qui n'existait plus avant même que d'être aboli, les conditions de son libre développement. Cette « illusion politique », dont on peut dater le moment de son apogée [le temps de la Terreur, alors que l'idéologie est à la barre], mérite qu'on s'y attarde parce que nous y trouvons le foyer imaginaire où s'alimenteront tous les rêveurs de brasiers sociaux rédempteurs.

Accordons-nous le plaisir pervers — mais non gratuit — de commencer avec l'analyse, que nous offre Marx du phénomène, dans *La question juive*, qui est, décidément, un grand texte politique :

« Dans ses moments d'exaltation, la vie politique cherche à étouffer le principe dont elle procède, la société civile et ses éléments, afin de s'imposer comme la vie réelle et harmonieuse de l'homme, sa vie générique. Mais pour y parvenir, il lui faut se dresser *violemment* contre ses propres conditions d'existence, proclamer que la révolution est *permanente*, c'est pourquoi le drame politique s'achève par le rétablissement de la religion, de la propriété privée et de tous les éléments de la société civile, tout aussi nécessairement que la guerre s'achève par la paix. »

Ce que Marx étudie, mais en demeurant à l'intérieur de sa propre problématique et dans le cadre de sa théorie de l'histoire, c'est cette dialectique folle qui porte la Révolution à vouloir que s'incarne dans le réel son mythe politique : faire de la société une *société de la volonté générale* et forcer, donc, l'individu à être intégralement et uniquement *citoyen*.

La double conséquence en est : l'impossibilité, du côté de l'Etat, qu'il y ait un Etat, et du côté de l'individu, qu'il y ait un sujet civique qui échappât au statut de suspect potentiel et soit la transparence même.

Mais, nous dit Marx, le réel (c'est-à-dire la société civile, la sphère des « intérêts ») reprend vite ses droits et engendre une société politique accordée aux fins de la classe dominante ainsi que les systèmes de représentations qui la légitiment. Marx s'intéresse peu à ce glissement qui, même à l'intérieur de sa théorie où il veut que s'impose une causalité économique, montre l'autonomie et la logique du politique[1]. On peut même inférer, à coup sûr, que, pour lui, ce glissement « fou » de la bourgeoisie, qui lui a fait croire à son universalisme et à l'illusion d'une société totalement politique, Marx le trouve fou d'abord parce que la bourgeoisie n'a, dans son être de classe, rien qui lui permette d'incarner l'universalité.

Qu'advienne une classe qui verrait, dans son être, l'union de sa « particularité » et de l'universalité, une classe dont la fin égoïste serait, indissolublement, une fin universelle, et la « folie » serait raison. A l'illusion politique se substituera la *vérité* de la révolution prolétarienne et à l'impossible d'une

1. Marx fait un parallèle intéressant entre la Terreur et le césarisme napoléonien. Tous deux expriment cette autonomie du politique par rapport à la société civile. Mais, si la Terreur « ignore » la société civile comme telle, l'Empire, lui, la reconnaît, se contentant de lui imposer la tâche d'intendance : « Assurément, Napoléon saisissait déjà parfaitement la nature de l'Etat moderne, et savait qu'il était fondé sur le développement sans frein de la société bourgeoise, sur le libre jeu des intérêts particuliers, etc. Il se résolut à reconnaître ce fondement et à le protéger. Il n'avait rien d'un terroriste exalté. Dans le même temps, Napoléon considérait encore l'Etat comme une fin en soi, et la vie civile uniquement comme son trésorier et comme son subalterne, qui devait renoncer à toute volonté propre. Il accomplit le *terrorisme* en remplaçant la *révolution permanente* par la *guerre permanente* » [*La Sainte Famille*].

C'est là une analyse à laquelle, bien des années plus tard, fera écho l'analyse du Second Empire par Marx.

société des citoyens [idéal des jacobins] succède la nécessaire société des producteurs libérés des entraves de la propriété privée...

Mais la révolution prolétarienne ne sera pas ce que le penseur en imaginait. Ce qui s'engendre ce n'est pas une société civile où se dissoudrait l'Etat, mais un Etat qui dissout la société civile, l'absorbe en lui, en même temps qu'il se « théologise » ; bref, le retour de l'illusion politique dans l'illusion sociale. Mais ce « retour » n'est pas à entendre comme le retour du même sous un nouvel habit. Il s'agit d'une *autre* illusion qui, déportant la première d'un espace où l'individu restait le référent, fait passer du despotisme politique au totalitarisme.

L'analyse de Marx n'est que l'écho, transposé dans un champ « théorique » où domine une logique socio-économique, de l'analyse que fit Hegel ; analyse qui nous paraît décisive, avec cette réserve [qui n'est pas que de forme puisqu'elle revient à mettre l'hégélianisme *comme système* en question], que la Terreur est présentée par lui comme une *figure de l'Esprit*, inscrite dans une logique de l'histoire, et qu'il fait de cette logique la « cause » productrice du phénomène.

Hegel, évoquant la Révolution française, parle d'une « expérience métaphysique », ce qui a l'avantage de nous situer loin d'analyses étroites où il n'est question que de « politique », alors que, partant « à l'assaut du ciel », les révolutionnaires de l'an II voulaient « *changer la vie* ». Que ceci ne soit pas perçu comme une récusation par Hegel de l'événement révolutionnaire, à la façon dont on la trouve chez Burke, par exemple. Hegel rappelle, et nous rappelle, que :

« Une émotion sublime a régné en ce temps-là, l'enthousiasme de l'esprit a fait frissonner le monde, comme si, à ce moment-là seulement, on en était arrivé à la véritable réconciliation du divin avec le monde. »

[Cette « réconciliation », d'autres croiront la trouver avec la révolution bolchevique de 1917. Remarquons, cependant, que 1917 n'a engendré aucun Hegel (ni aucun Kant auparavant) qui le pensât. Mais y avait-il quelque chose à penser qui ne l'avait déjà été, tant il nous paraît vrai que la grande césure est celle où s'originent l'individualisme et ses opacités ?]

L'illusion politique, donc, est cette liberté abstraite et absolue qui, n'acceptant aucune limite, ne peut que se faire

« furie de la destruction ». C'est le temps paroxystique où le Peuple devient cette volonté une et indivisible dans laquelle chacun n'a, comme volonté propre, que la Volonté générale.

Ce que la révolution doit donc faire, c'est abattre tout le vieil ordre aristocratique et que désormais il n'y ait que la multitude des citoyens, semblablement libres, qui se reconnaîtront dans l'unité du Peuple que leur volonté fait advenir. Ce qui, dans l'exposé abstrait de *La phénoménologie de l'esprit*, s'énonce ainsi :

« Chaque conscience de soi singulière sort de la sphère qui lui était assignée, ne trouve plus dans cette masse particulière son essence et son œuvre... elle ne peut maintenant s'actualiser que dans une œuvre qui soit l'œuvre totale. »

Et cette unité du Peuple, la Convention et le Comité de salut public, durant la Terreur, prétendent l'incarner. Nous voici introduit dans une étrange alchimie dont se serait mal accommodé le théoricien de la démocratie directe qu'était J.-J. Rousseau.

Ce qui s'invente alors, et que nous donnent les discours politiques de Saint-Just, c'est une dialectique idéologique que nous retrouvons chaque fois qu'un pouvoir partisan despotique cherchera à se donner une légitimation « démocratique ».

Au centre des discours de Saint-Just, une « évidence » : entre l'instance *représentative* et *ce qu'elle représente* (le peuple souverain), il y a adéquation totale. Plus que cela, à vrai dire, puisque la Convention dit « *Moi, le Peuple* », ce qui a pour effet de ne plus voir, dans qui contesterait cette équation : *Peuple = Convention*, qu'un ennemi des deux qui n'en font qu'un.

Ce dont il s'agit c'est d'occulter tout ce qui rappellerait à la Représentation politique qu'elle n'est qu'une représentation, afin que soit maintenue la fiction d'un Peuple totalement incarné dans son Etat.

Le refus de tout ce qui compromettrait l'illusion de cette transparence affirmée métaphysiquement du peuple et de « son » pouvoir s'exprime dans la perpétuelle méfiance affichée à l'égard des « bureaucrates » dont on dénonce sans cesse la tendance à sortir de leur fonction d'instrument et d'obscurcir la relation Peuple-gouvernement.

[Cette critique contre la malfaisance supposée des « bureaucrates », bien que nous sachions combien est pernicieux le charme des analogies, nous ne pouvons nous empêcher de la rapprocher des sempiternelles philippiques contre la « bêtise » des agents d'exécution, dans les pays totalitaires où les hiérarques du Parti ne sauraient admettre qu'ils soient en écart avec le Peuple et où il faut bien, cependant, que les vices et les manques aient une cause (une cause inessentielle puisque rien, dans le système, ne saurait les fonder).]

Il va de soi que la logique de l'incarnation entraîne la condamnation des partis, lesquels ne sont jamais que des corps particuliers. Le gouvernement révolutionnaire populaire ne saurait se concevoir comme le résultat incertain d'un choix électif dans un espace dominé par la possibilité de l'alternance. Dans cette identité charnelle imaginaire du Peuple et du Pouvoir, que serait, en effet, une alternance sinon l'alternative folle offerte au Peuple d'*être* ou de *n'être pas* ?

La démocratie jacobine est une *démocratie démonstrative*. Les hommes du pouvoir ne viennent pas devant l'Assemblée pour délibérer mais pour expliquer des décisions prises. C'est Michelet qui, dans son *Histoire de la Révolution française*, écrit, parlant des Jacobins :

« Tout ce que leurs hommes votaient dans les clubs de 93, par tous les départements se votait sur un mot d'ordre envoyé du Saint des Saints de la rue Saint-Honoré. Ils tranchèrent hardiment, par des minorités imperceptibles, les questions nationales, montrèrent pour la majorité le dédain le plus atroce et crurent d'une *foi* si farouche à leur infaillibilité qu'ils lui immolèrent sans remords un monde d'hommes vivants. »

Une remarque : Saint-Just parle moins du Peuple que des « ennemis du Peuple », comme si ce qui constituait le peuple comme peuple était, avant tout, cette hostilité contre tout ce qui le menace de dissolution, forces extérieures ou forces intérieures à son *corps*. Dans cet univers, l'individu est confondu totalement avec le citoyen. Le principe de l'Etat ne peut être que celui de la *police*. La réalité de l'illusion politique c'est cet espace des citoyens soumis à la législation de la pulsion de mort que rien n'arrête.

La paranoïa politique est un possible suicidaire de la démocratie, mais ce n'est qu'un *possible*, celui qui voit l'Etat induit à occuper une place qui fut celle du monarque et devenir, comme l'autre qui était vicaire temporel de Dieu, le vicaire du Peuple avec la religiosité impliquée dans ce glissement.

[On trouve dans l'*Histoire de la Révolution française* de Michelet ce type d'explication pour rendre compte des aspects troublants de la dialectique révolutionnaire chez les Jacobins.]

Que l'Etat se fasse corps-du-peuple, qu'il s'affirme Etat-Peuple, Etat-Nation ou ce qu'on voudra qui l'annule comme lieu d'une délégation pour en faire un lieu d'incarnation et le voici, dans un espace que de toute façon l'authenticité religieuse a déserté, transformé en épiphanie mortifère et bureaucratique d'une communauté absente. La logique absolutiste de l'Etat, quand rien ne lui est opposé qui vienne de la société, est celle d'une négation de toutes les formes de sociabilité autres que les siennes ; une logique qui veut que toutes les affaires soient publiques, qui ne seraient pas purement individuelles.

C'est à cette dissolution des sociabilités « autres » que pense *Royer-Collard* lorsqu'il fait un parallèle nostalgique avec la société d'Ancien Régime[2] :

« Nous avons vu la vieille société périr et avec elle cette foule d'institutions domestiques et de magistratures indépendantes qu'elle portait dans son sein, faisceaux puissants de droits privés, vraies républiques dans la monarchie. Ces institutions, ces magistratures ne partageaient pas, il est vrai, la souveraineté, mais elles lui opposaient partout des limites que l'honneur défendait avec opiniâtreté. Pas une n'a survécu et nulle autre ne s'est élevée à leur place. La révolution n'a laissé debout que les individus » (cité par J.-J. Chevallier, *Histoire de la pensée politique*).

La démocratie politique est-elle condamnée à détruire les corps intermédiaires, à briser la longue chaîne d'obéissance et de devoirs qui rattache les vivants aux morts par la tradition et qui faisait, selon la belle image de Tocqueville, « qu'on agis-

2. On trouve, dans *Réflexion sur la Révolution française*, de Burke — un texte qui a la caractéristique intéressante d'avoir été écrit en 1790 — la même critique contre une société transformée en « masse » : « On a détruit tous les obstacles indirects qui servaient à mitiger le despotisme, de sorte que, si la monarchie pouvait reprendre quelque ascendant, elle exercerait probablement le pouvoir le plus complètement arbitraire dont il y ait jamais eu exemple sur la terre. »

sait sous l'exemple de l'ancêtre et pour être l'exemplaire ancêtre de ses arrière-petits-fils » ?

Ce serait « oublier » que l'Etat moderne est né de la révolte contre la coalescence du pouvoir et de la société dans l'absolutisme de droit divin et que le *citoyen*, qui résulte d'une dissociation *fictive* de la société en vue d'instituer un espace politique *séparé* et *défini*, ne saurait être identifié à l'individu dans la diversité de ses déterminations et l'opacité de son existence.

La démocratie n'est pas exclusive de la permanence des groupes « naturels », même si elle en change la fonction et le vécu, puisque l'économie du symbolisme où ils s'inscrivent désormais repose tout entière sur l'individu supposé libre originellement[3].

Tant que l'Etat reste assigné à une fonction politique qui fait échapper à sa toute-puissance les associations d'intérêts particuliers et les fidélités qu'engendrent les groupes qui puisent leur être dans la tradition et dans la communauté du nom, tant que son droit de regard se limite au regard du Droit et à la vérification que la règle commune s'y impose, nous restons dans l'espace démocratique, même si on ne saurait définir d'une façon intangible et anhistorique cet espace où le regard du Droit s'imposera légitimement. [C'est ainsi que le développement d'une législation sociale, caractère propre à la démocratie moderne, ne contredit pas au principe selon lequel Etat et société ne se confondent pas.]

Que la logique de l'illusion politique soit une logique à vocation totalitaire, en ce que s'y manifeste l'imaginaire d'un pouvoir qui croit à la toute-puissance de son *regard* et de sa *volonté*, ceci nous semble incontestable. Mais ce serait une assimilation bien hâtive que celle qui ferait confondre l'épisode de la Terreur dans la Révolution française et les formes de totalitarisme que notre XXe siècle a inventé. Certes, dans la

3. C'est ainsi que Tocqueville souligne les transformations du vécu familial dans la société démocratique. Alors que, dans la famille aristocratique, le père exerce un pouvoir qu'on peut qualifier de politique [« le père n'y a pas seulement un droit naturel. On lui donne un droit politique à commander. Il est l'auteur et le soutien de la famille ; il en est aussi le magistrat »], dans la famille démocratique « les rapports du père et du fils deviennent plus doux ; la règle et l'autorité s'y rencontrent moins ; la confiance et l'affection y sont souvent plus grandes, et il semble que le lien naturel se resserre tandis que le lien social se détend ».

généalogie idéologique du totalitarisme, il faut inscrire ce moment exacerbé où s'est exprimé le volontarisme politique. Mais il faut le faire en soulignant cette différence : il s'agissait d'un volontarisme *politique*, qui, de ce fait, laissait hors de sa fureur la réalité de la société civile, qu'il n'appréhendait que comme totalité des citoyens, maintenant l'individu comme point de référence.

Ainsi s'explique que le langage du pouvoir soit celui de la morale et que la fin idéale qui est offerte soit le règne de la *vertu*, non la recomposition de la société civile.

Avec la Révolution française, durant cette période où la démocratie est à la recherche de ses institutions et où l'illusion politique exerce sa fureur, apparaît la difficulté consubstantielle à la nature de la démocratie : Comment faire que le peuple soit souverain et faire, en même temps, que les droits de l'homme échappent au pouvoir du souverain ? comment penser une transcendance morale de la loi et comment l'inscrire dans un espace d'où toute sacralité et toute transcendance ont été évacuées ?

A comparer les philosophies politiques respectives des révolutions américaine et française, toutes deux démocratiques, toutes deux fondées sur le principe de l'individualisme, on mesurerait mieux la nature des enjeux. Contentons-nous de renvoyer au très beau travail d'Hannah Arendt : *Essai sur la révolution*, et plus particulièrement au chapitre IV intitulé : « Première fondation ; "Constitutio libertatis" ».

Retenons simplement ceci : la révolution américaine fonde un pacte qui s'ordonne selon une division. La *source* de la loi et l'*origine* de la loi ne se confondent pas. C'est l'acte originel, inscrit dans les « Tables » de la Constitution, qui assigne et limite l'espace où la volonté populaire s'exprime et légifère. Place ainsi n'est pas faite à une souveraineté qui, de s'affirmer souveraineté du peuple, occuperait la place vide du monarque de droit divin et proclamerait, comme le Dieu d'Isaïe :

« Je suis le premier et le dernier... »

Comment, cependant, entendre cette transcendance d'une loi qui, pour se dire Loi fondamentale, n'en est pas moins loi faite par des hommes qui se définissent comme les délégués du Peuple. Le pacte du *Mayflower* dit :

« Solennellement et mutuellement, en la présence de Dieu

et les uns des autres, nous nous allions et nous associons pour former un corps politique civil. »

Ce recours à Dieu inspirateur ne saurait être compris comme un retour du politique vers le religieux, mais comme l'affirmation de principe d'une *division* dans l'homme. Il y a Dieu et il y a les hommes ; et Dieu et les hommes sont l'homme.

Le sol originaire échappe aux hommes, bien que les hommes soient l'origine. Faute de quoi c'est l'*ubris*.

L'ubris c'est cet orgueil de l'homme, cette démesure qui lui fait croire à la toute-puissance de sa volonté et dont les Grecs disaient qu'elle détruisait la belle ordonnance du monde.

L'ubris c'est, dans l'espace de l'individualisme, cette conception de l'absolu de la Volonté générale incarné dans l'Etat de la Terreur.

Mais l'ubris c'est aussi, lorsque le principe de l'individualisme fait place à l'historicisme et que les classes prennent la place des citoyens, la possibilité d'un autre déchaînement : le déchaînement totalitaire de la volonté de dé-composition de la société pour sa re-composition selon *le plan*.

Donc, dans les sociétés anciennes, la loi tirait sa force d'être la parole d'un en dehors. Elle doit désormais trouver sa sacralité en elle-même puisqu'elle n'a d'autre justification que d'être la loi. Au pouvoir comme lieu vide, répond la loi comme pure forme. Ainsi est-elle semblable à l'impératif catégorique kantien, impératif qui ne saurait tirer sa justification d'aucune raison extérieure et qui se résume à la formule : « tu dois parce que tu dois » ; un impératif que n'accompagne plus, comme dans le rapport au religieux, un sentiment mystique, mais le pur *respect*[4].

Ce que nous voulons dire c'est que la loi démocratique ne saurait se résumer à l'oscillation entre une obligation résultant de la sanction encourue et une approbation résultant de la fusion imaginaire. Elle implique un rapport de soi à soi, dans l'individualisme, qui fait d'elle, quand elle répond au sentiment de sa légitimité, *aussi* une loi morale.

4. Cette transcendance de la pure forme engendre, d'un côté, l'homme de la rigueur civique et morale, de l'autre, l'homme kafkaïen pour qui la loi, infigurable, se donne comme un univers de règles détenues par on ne sait Qui [cf. *Le Procès*]. Et le héros de Kafka passera sa vie à rechercher cette loi pour entrevoir son visage et savoir — enfin ! — ce qu'elle veut, ce qu'il faut faire ou ne pas faire pour y satisfaire, c'est-à-dire pour ne plus se sentir coupable et en défaut quoi qu'on fasse.

Par là on comprend que la démocratie exige l'engendrement d'un *homme démocratique* qui aura pu se dissocier de ces puissances de l'imaginaire qui appellent que le pouvoir ait figure et qui organisent ces investissements que Kant définissait comme la pathologie du désir. Cet homme démocratique est le corrélat désenchanté de ce désenchantement du monde où Max Weber voyait l'âme de la modernité. Ceci implique qu'on ait à s'interroger sur la nouvelle péréquation des objets où s'investirait la libido. Ce qui est en question c'est ce processus d'intériorisation qui fait de l'individu nouveau un individu marqué par la loi sans qu'au-dehors ait besoin de s'incarner le Père cruel.

Mais échappera-t-on à la question de Freud qui, soulignant que le pouvoir fonctionne comme si le moi humain avait une autorité absolue sur lui-même, se demande jusqu'où pourra s'accroître le sentiment de culpabilité produit par le processus d'intériorisation-individualisation ? Dans ce processus, il suffira que les circonstances annulent les objets et les lieux où chacun trouve à étayer son moi, assurer ses identités et organiser le guidage de ses sublimations, ou qu'elles en empêchent une maturation historique [car le temps fait quelque chose à l'affaire], pour que soient possibles toutes les explosions qui font triompher la *foule* et l'extase océanique.

L'individualisme démocratique n'est pas réductible à une forme politique et à une forme de société, il est *aussi* une forme de l'existence et du rapport de soi à soi qu'elle implique.

Mais est-il vraiment vain l'espoir d'une société qui saurait se passer d'une instance de pouvoir médiatrice entre elle et elle ? A ne pas y renoncer, nous voyons naître le temps des idéologies, celui qui nous fait passer du politique comme imaginaire, au social comme imaginaire. Au principe de l'individu autonome se substitue le principe de la société comme « histoire ».

Notons ce paradoxe qui veut que Marx ne construit son utopie de la société libérée de l'Etat et maîtresse d'elle-même qu'après avoir montré la dialectique de l'illusion politique et pour y riposter. Mais il le fait, non à partir du principe de la subjectivité libre, mais à partir de l'affirmation du malheur de cette subjectivité à être séparée d'elle-même, écho du malheur de la société à être également séparée d'elle-même, manifestations historiques de l'aliénation.

A l'illusion politique succède l'illusion sociale. Reprenons l'argumentation de *La question juive* qui est exemplaire du chemin intellectuel suivi pour passer d'une illusion à l'autre : est dénoncée la division bourgeoise de l'homme qui fait croire que, d'un côté les individus libres et égaux s'affrontent à belles dents dans la société civile et que, de l'autre, les vertueux citoyens se rassemblent dans le respect de la loi qu'ils instituent ; de sorte que l'homme réel est déchiré...

« Entre une existence céleste et une existence terrestre ; la vie au sein de la communauté politique, où il se considère comme être communautaire, et la vie dans la société civile où il exerce son activité comme homme privé. »

Voici le mal désigné : Tout le malheur de l'homme vient de ce que la propriété privée le prive de son être.

Le malheur n'a d'autre source qu'externe et historique, et ce que l'histoire a fait, que l'histoire le défasse.

L'homme doit être heureux et c'est en étant heureux qu'il sera enfin homme.

Mais à ainsi nommer le mal, à le cerner comme ce qui, du dehors, détruit la belle unité, peut-on ne pas voir qu'on est dans une logique de *l'illusion religieuse* et que c'est cette logique qui fait qu'on annonce le temps de la délivrance (la révolution) et celui de la jouissance (le communisme) :

« C'est seulement une fois que l'homme réel et individuel a ramené dans son être le citoyen abstrait et que, comme homme individuel, dans sa situation individuelle, il est devenu un être générique ; c'est seulement quand l'homme a reconnu et organisé ses forces propres comme forces sociales, et que par suite il ne sépare plus de soi la force sociale sous la forme politique, c'est alors seulement que l'émancipation humaine est consommée. »

Ce qui se passe c'est la théorisation subtile d'une réaction holistique à l'individualisme et dont nous aurons à voir quel environnement social lui donnent les éléments de sa justification [mais on sait bien que le réel n'est jamais signifiant par lui-même, ou plutôt, que le réel n'est réel que par le système qui le rend signifiant].

Devenu l'élément de la pensée, l'individualisme engendre, dans son triomphe, son contraire. Cependant on ne saurait parler d'un retour de l'ancien monde.

Si, apparemment, contre un imaginaire qui fait voir dans la société politique l'œuvre de l'association raisonnée d'individus libres et indépendants de toute tradition, de tout préjugé, de toute attache familiale, s'effectue ce qui semble être un attachement renouvelé à des ensembles molaires et à une société, conçue comme ayant sa propre épaisseur, ses lois qui engendrent ses équilibres et ses déséquilibres, et ce, sans que la volonté des hommes y soit la « cause », on ne saurait cependant voir là une renaissance à l'envers, où le temps passé s'énoncerait en langage du présent.

Certes la nostalgie conservatrice existe, mais le vrai débat est ailleurs. Il est dans ce qui oppose des « modernes » à d'autres qui se veulent « plus modernes », installés « plus avant » dans l'histoire. Et c'est ce mouvement de réaction « en avant » qui, entre autres, fait naître la pensée sociologique, laquelle unit la ratification de l'individualisme démocratique et sa récusation. Ratification puisque la pensée sociologique est fille de la déthéologisation du social et du politique. Récusation puisqu'elle veut tirer sa légitimité scientifique du principe de l'antériorité du social et de sa primauté sur l'individuel.

Qu'il ne s'agisse pas là de positions axiologiquement neutres mais bien de choix éthiques et politiques, preuve nous en est donnée par le fait que le thème de la *communauté* opposée aux liens distendus de la *société* est au cœur de l'interrogation sociologique dès ses débuts [c'est ce que nous montre, comme nous l'avons déjà souligné, Robert Nisbet].

Mais laissons là un procès partiel, et donc partial, d'une sociologie qui, pour naître dans un contexte qui la marquera [il suffit de noter, avec Raymond Aron, combien les sociologues se sont peu intéressés aux institutions représentatives de la société où ils ne voyaient que des phénomènes politiques secondaires (superstructurels ?)] n'en aura pas moins une histoire autre que celle d'une idéologie et se constituera en discipline de pensée spécifique... Revenons à notre propos.

L'ambiguïté de cet imaginaire social qui se donne comme la réaction à l'abstraction de l'individualisme vient de ce qu'il en demeure l'héritier, mais un héritier pervers, qui *déplace* l'individualisme politique vers de nouveaux sujets, des sujets collectifs. A la notion de contrat entre hommes succède la notion de relations entre groupes déterminés socialement et acteurs de l'histoire où ils affirment leur volonté de puissance et leur prétention à faire reconnaître comme universelle leur particularité de classe. A la rationalité politique succède la philosophie de l'histoire.

On pourrait croire qu'avec cette promotion du social dans le discours, avec cette croyance que ce sont les lois objectives qui expliquent le devenir, c'en est fini du politique, ou, du moins, de l'exhortation lyrique à l'engagement politique. Or il est évident que non. Tout au contraire, nous entrons dans l'ère des idéologies militantes. Peut-on en être surpris ? L'imaginaire social, qui se pose contre l'imaginaire politique de l'individualisme, est, lui-même, un imaginaire *politique*. Le recours à l'idée de nécessité dans les choses permet d'intégrer l'individu dans le fatum d'une histoire collective dont l'avenir radieux est déjà inscrit dans l'ordre du monde.

Le regard « réaliste », « sociologique », qui prétend mettre au jour des lois scientifiques de l'histoire n'est que la caution du projet politique. Comment, pris au pied de la lettre, concilier l'inéluctabilité de la révolution et l'appel à agir — et à mourir au besoin — pour qu'advienne ce qu'on affirme devoir advenir nécessairement ? C'est qu'on définit le désirable comme nécessaire et qu'on exprime sous la forme de la loi impersonnelle de l'histoire le choix d'une subjectivité qui s'en dissimule la contingence angoissante.

La réinvention [inauthentique puisque travaillée par les effets de l'individualisme] des ensembles organiques, ce passage du politique comme imaginaire au social comme imaginaire, s'exprime dans un registre d'écriture nouveau : celui des idéologies, entendues comme discours validant une pratique politique en l'inscrivant dans une conception générale du monde qui s'affirme *vraie*.

Par quelles secrètes raisons la société nouvelle se prête-t-elle à cet engendrement ? D'où vient, dans une société où la religion reflue vers le domaine des convictions privées, cette « religion politique » qui s'avance masquée et avec des effets si semblables à l'ancienne qu'on ne peut que reprendre à son compte le jugement de Gustave Le Bon : « L'intolérance et le fanatisme constituent l'accompagnement ordinaire d'un sentiment religieux. Ils sont inévitables chez ceux qui croient posséder le secret du bonheur terrestre » [*La psychologie des foules*][5].

5. Gustave Le Bon, *La psychologie des foules*, Paris, Ed. Retz, 1975, avec une préface de A. Akoun.

DEUXIÈME PARTIE

Chapitre 8

Penser la société industrielle

Nous l'avons vu, l'univers de l'individualisme démocratique fait de l'espace économique le lieu privilégié de la distribution des statuts individuels et de la différenciation sociale. Désormais ce ne sont plus, comme dans la société aristocratique, l'honneur et le rang, mais la richesse, la réussite économique qui seront les signes privilégiés de la valeur, dans la croyance d'une mobilité libre des statuts individuels. Mais aucune société ne saurait échapper au besoin de signifier en son sein un jeu de différences. Dans un espace où chacun égale chacun et rien de plus, l'économique devient le producteur d'identités et de hiérarchies. L'espace de la société nouvelle — société du déchaînement de la production marchande, mais aussi de la compétition dans la course à l'enrichissement — se structure en espace du conflit. A l'universalité du politique répond l'érection des classes comme sujets particuliers de la société civile.

Voici venu *le temps des penseurs sociaux*, penseurs politiques d'un genre nouveau...

On peut comprendre cette relation privilégiée qu'entretient la société individualiste démocratique, soumise aux effets de l'industrialisation, avec le « besoin » d'idéologie. Société qui se voit vouée aux bouleversements constants, société de la massification qui substitue aux différences qualitatives et aux hiérarchies qui caractérisaient les anciens statuts sociaux, des différences quantitatives se ramenant aux différences de salaires, revenus, richesse, la société nouvelle vit dans le sentiment de la dissolution des liens qui rattachent les hommes entre eux et les rattachent à une communauté.

La société aristocratique s'ordonnait suivant de multiples réseaux de dépendances personnelles. Chacun apercevait *quelqu'un* au-dessus et au-dessous de lui. Or cette proximité s'efface au profit d'un nouvel espace social où l'individu se définit par ses relations avec ses *semblables* et découvre, dans le même mouvement, son anonymat et l'incertitude de son identité.

L'ébranlement de toutes les institutions, le sentiment vif de leur instabilité qui mine toute croyance en une pérennité du paysage social, l'esprit de froid calcul qui transforme la Cité en champ clos des intérêts privés, telles sont les caractéristiques que retient Marx et qui expliquent son jugement :

« Tout ce qui était solide, bien établi, se volatilise, tout ce qui était sacré se trouve profané et, à la fin, les hommes ont considéré d'un œil détrompé la place qu'ils tiennent dans la vie et leurs rapports mutuels. »

Ce statut nouveau de l'homme, qui induira à penser son destin dans la seule dimension de l'économique, explique le développement des discours idéologiques. Ceux-ci aideront à transformer les masses en unités spirituelles et à donner aux « classes » une « conscience de classe ». Ils permettront aux individus de donner sens — et sens politique — à leur vie dans la société civile. Ils se feront, on peut le supposer, substituts d'une religion absente dans un monde définitivement profane.

Mais il nous faut comprendre pourquoi c'est le marxisme et ses multiples vulgates qui a réussi à s'imposer, dans un univers de doctrines diverses.

Evidemment, le fait d'avoir fait porter l'accent principal de ses analyses [mais il ne fut pas, loin de là, le seul dans ce cas] sur la revendication économique dans une société qui mettait au premier plan de ses objectifs le profit, dont la loi semblait être : « accumulez, accumulez, accumulez » et qui définissait la valeur à l'aune de la richesse, organisait la frustration autour de la répartition inégale des biens et des efforts, ne pouvait que donner au marxisme un sort particulier. Ainsi pouvait-il prétendre devenir cette idéologie dans laquelle pourraient se reconnaître ceux qui avaient le sentiment de leur exclusion et ne pouvaient concevoir leur avenir en dehors de l'industrialisation et de son progrès : les ouvriers.

D'autres raisons sont à prendre en compte. D'abord le fait que le marxisme se présente comme un discours « scientifique » dans un temps où la science est investie de tous les pouvoirs et de tous les espoirs ; d'où cette façon d'asseoir un messianisme sur l'illusion de l'objectivité nue, et de se faire, selon une expression de Maxime Rodinson : « une théorisation de l'optimisme actif dégagée de toute référence au surnaturel ». A cela s'ajoute que, unifiant les mécontentements sociaux et les ressentiments, il sait « diaboliser » l'ennemi capitaliste (plus tard impérialiste).

Mais l'essentiel est ailleurs, dans la réussite organisationnelle et politique de la *social-démocratie allemande* qui sut constituer un parti qui répondait à la fois aux demandes psychologiques de groupes en quête d'identité et aux exigences de la participation au pouvoir sans renoncer à entretenir l'espérance eschatologique. C'est elle qui a permis la diffusion de la doctrine marxiste, en même temps qu'elle l'a liée au modèle organisationnel qu'elle s'était donné, modèle repris, puis théorisé par Lénine, et qui fut bien ce qui, « de Marx », a le mieux été entendu, et parfois par bien inattendues oreilles. Celles d'un Hitler, par exemple, qui écrit dans *Mein Kampf* :

« Ce qui assura à l'idéologie internationaliste [s.e. le bolchevisme] fut le fait qu'elle était représentée par un parti organisé comme les sections d'assaut. Ce n'est pas par une liberté infinie laissée à l'exégèse d'une vision générale des choses mais par la forme limitée mais synthétique d'une organisation politique qu'une idéologie pourra lutter et vaincre. »

Etudier la façon dont s'énonce un imaginaire politique, original parce qu'il se donne comme imaginaire social, exige donc qu'on accorde un privilège particulier au discours marxiste et aux avatars des mouvements qui l'érigent en ancêtre fondateur.

Les analyses sont aujourd'hui nombreuses de cette révolution industrielle qui, partant d'Angleterre, s'étendit progressivement à l'Europe occidentale et bouleversa radicalement les techniques de production, le circuit économique et les structures sociales. Parmi ces analyses, une des plus significatives de la façon dont fut *alors* comprise cette mutation du paysage est sans doute celle que Marx et Engels développent au début du *Manifeste communiste* : l'industrialisation a donné à l'humanité des moyens tels que celle-ci est désormais capable de dominer pratiquement la nature, de la domestiquer à son profit et d'accroître indéfiniment ses richesses. De par sa nature même, tout en accroissant la division du travail, elle l'a socialisé. De la sorte elle a diminué, à la fois pratiquement et théoriquement, la distance séparant les individus ou les groupes les uns des autres. Elle est en train de constituer un marché mondial, de faire disparaître les particularismes et, pour parler un langage plus moderne, de forger la véritable « société universelle », fondée sur les faits de la production et de l'échange.

Or une telle société se caractérise par son caractère profondément historique : elle ne peut survivre qu'en bouleversant constamment ses modes de production et, soumise au froid principe de la concurrence, elle se trouve en perpétuel état de mutation et de crise et contrainte à l'invention.

La nécessité où elle est de révolutionner sans arrêt ses forces productives entraîne des modifications continuelles dans l'espace social du fait de la considérable mobilité qui en résulte. Le processus d'industrialisation est lié à l'accession au pouvoir économique et politique d'une classe qui prend conscience de son originalité et de son dynamisme : la bourgeoisie. Celle-ci, n'hésitant point à « donner leurs chances » à des hommes nouveaux, s'appuyant sur une organisation bancaire riche et puissante, jouant du goût effréné pour la spéculation, qui dévore les couches nouvelles, se lance dans une audacieuse politique d'investissement, finance la construction de manufactures de plus en plus importantes, accorde une place toujours accrue aux « mécaniques », développe les moyens de communication, bref amorce sur une large échelle ce mouvement qui fera naître le monde technique aujourd'hui le nôtre.

Le credo politique de cette classe nouvelle est le libéralisme qui, doctrine de la liberté dans tous les domaines, permettra l'achèvement du démantèlement des derniers bastions féodaux conservés par les monarchies absolues, l'appel aux droits individuels contre les coutumes familiales afin de favoriser une circulation des biens favorable à son enrichissement, l'abolition des lois contre l'usure qui gênent le développement du crédit, enfin la destruction des corporations et, par voie de conséquence, l'interdiction des « coalitions » ouvrières. En fait la bourgeoisie est persuadée — c'est sa bonne conscience —

que la liberté économique est le gage du progrès, que l'initiative individuelle combinée avec les principes du libre-profit et de la libre-concurrence doivent amener une amélioration constante des moyens de production et un accroissement continu, tant en quantité qu'en qualité, des richesses, donc une élévation du niveau de vie de l'humanité. Affirmant ne voir dans l'Etat qu'un arbitre destiné à seulement garantir l'application des contrats entre volontés individuelles libres et comme un gestionnaire des affaires communes, elle se donne au niveau de la société les moyens d'imposer son pouvoir réel...

Si nous nous sommes attardé sur cette approche de la nouvelle société par Marx, c'est qu'il nous a semblé qu'elle illustrait clairement la façon dont — *à la différence des penseurs du contrat* — on envisage désormais l'interrogation sur la société des hommes, une interrogation qui ne se veut pas « politique » (même si, comme nous le verrons, elle le demeure d'une façon cachée à elle-même), mais « sociale ». Ce qui est premier c'est la description de la *machine* économique et sociale, de cet organisme qui engendre les demandes, les projets et les illusions qui sont le quotidien des hommes.

Mais comment ne pas objecter à une telle conception que le monde des machines, dans sa facticité, ne saurait « produire » un univers de significations. Ce n'est pas le mode de production capitaliste qui « explique » le monde bourgeois, c'est la nouvelle péréquation du symbolisme, telle qu'elle se donne dans l'individualisme démocratique qui « expliquerait » plutôt le capitalisme, avec ses déchaînements des passions et des volontés et la formation des solidarités d'intérêts que sont les classes. Le monde « objectif », le monde des choses, n'agit que par les significations qui l'ordonnent et en font un monde « humain ». Quant à la source de ces significations, de leur permanence ou de leurs ruptures !...

Mais revenons à notre description du monde industriel en acceptant de le simplifier et de n'envisager que les deux groupes sociaux dont le développement est directement lié à l'enrichissement de la société : *la bourgeoisie* et *le prolétariat.*

La bourgeoisie comme classe est un ensemble à la fois ouvert (on y entre et on en sort en fonction des aléas de l'économie) et diversifié. On y trouve le petit commerçant qui « fait le détail », le gros commerçant qui ne connaît d'autre univers que ce monde des affaires où personne ne réussirait à le gruger, des banquiers à l'image du baron de Nucingen, ce personnage de la *Comédie humaine* qui s'occupait également des fournitures gouvernementales, des vins, des laines, des indigos (rien de ce qui peut procurer un gain quelconque ne laisse indifférent cet « éléphant de la finance »), ou, à l'image de Frédéric du Tillet qui débute comme commis chez le parfumeur Birotteau et finit dans la peau d'un des plus riches banquiers parisiens et député à la Chambre, de grands patrons d'industrie, sourds à toute revendication, qui refusent toute légalisation des secours sociaux et trouvent dans la charité (une affaire qui doit rester privée) le sentiment de leur haute moralité.

Ajoutons à cette énumération le rentier qui n'a d'autre activité que de percevoir, une fois l'an, le règlement de ses fermages ou, une fois par trimestre, les coupons à échéance des titres déposés à la banque. Ajoutons encore tout un personnel d'Etat : hauts fonctionnaires, magistrats, officiers supérieurs, etc.

Cette classe pyramidale, qui va du boutiquier à l'aristocratie financière, a en commun d'adhérer aux valeurs nouvelles : individualisme, travail, économie. Rang à tenir, également, comme en écho nostalgique à ces aristocrates dont les pères de ces citoyens-bourgeois furent les « justes » fossoyeurs. Corollaires des bourgeois, les prolétaires, ceux qui, pour survivre, ont comme seule ressource de vendre leur force de travail, au sein desquels se forme une couche particulière, celle des ouvriers employés dans les manufactures, dans les usines et, plus généralement, dans toutes les industries où s'accroît la mécanisation et où la masse salariale devient de plus en plus importante. Or ses conditions d'existence et les caractères propres à la société industrielle confèrent à cette formation originale des traits spécifiques qui vont bientôt l'amener à jouer un rôle déterminant dans l'évolution de la société. Travailleurs arrachés récemment à la terre et au terroir, ils sont les juifs errants de ce monde nouveau des fabriques.

De leur état il faudrait faire la peinture pour comprendre comment la misère extrême où ils étaient ne pouvait que susciter la peur extrême de ceux qui se sentaient menacés par ces *classes laborieuses*, *classes dangereuses*, campant au pied des murs d'une cité qui semblait les exclure. Quant à ceux qui croyaient que de la négation absolue sortirait l'absolu de la gloire par la venue des Temps nouveaux, ils se prosternèrent devant ce nouveau Messie.

En Grande-Bretagne et en France, durant la première moitié du XIXe siècle, la masse ouvrière s'accroît à un rythme accéléré, et il semble bien que cet accroissement quantitatif s'accompagne d'un phénomène de paupérisation absolue : le développement de l'industrie condamne un nombre toujours plus élevé d'individus au travail forcé, à la maladie, à la misère, à l'incertitude.

En 1841, l'ouvrier typographe Royer — cité par *E. Dolléans*[1] — écrit :

« Maintenant, avec la division du travail, les procédés nouveaux et les machines, la plupart des Etats tendent à devenir purement mécaniques et les ouvriers de toutes les professions seront bientôt rejetés dans la classe des hommes propres à tout faire... Par la simplification dans les moyens de la fabrication, l'homme n'a plus besoin ni de sa force physique ni de son aptitude et n'est plus, nécessairement, qu'un enfant. »

Et en 1861, *A. Cochin* écrira, dans le même esprit[2] :

« L'ouvrier parisien n'est en relation ni avec le patron, ni avec les écoles, ni avec les églises, ni avec les autorités... La "société anonyme" et la charité légale tuent le patronat bienveillant et affectueux du maître. »

Cette déréliction, cette dépersonnalisation, que les psychosociologues du travail étudieront abondamment, restent accessoires, l'essentiel demeurant la misère nue de la vie quotidienne.

Les rapports du Sadler's Committee sur le travail des enfants et de la *Poor Land Commission*, qui datent respectivement de 1831 et de 1834, le texte du Dr A. Guépin sur *Nantes au XIXe siècle*, publié en 1835 et surtout le célèbre *Tableau de l'état physique et moral des ouvriers employés dans les manufactures de soie, coton et laine*, que Villermé édite en 1840, ainsi que de multiples enquêtes, tant d'inspiration privée que publique, peu suspectes, pour la plupart, de choix partisan, donnent de cette condition ouvrière une image atroce.

1. E. Dolléans, *Histoire du mouvement ouvrier*, Paris, A. Colin, 1944.
2. *Ibid.*

« Il faut admettre — *écrit Villermé* — que la famille dont le travail est si peu rétribué, ne subsiste, avec ses gains seuls, qu'autant que le mari et la femme se portent bien, sont employés pendant toute l'année, n'ont aucun vice et ne supportent d'autre charge que celle de leurs deux enfants en bas âge. »

Ainsi donc faut-il que l'homme, la femme et les enfants dès qu'ils ont atteint six ou huit ans, travaillent, sinon c'est la misère et la charité publique. Précisons que la journée de travail en France, est, pour ces entreprises de textile, de quinze heures, dont deux de pause.

Les conditions de logement sont déplorables. Les manufacturiers logent dans d'infâmes taudis. Citons, à titre d'exemple, ce témoignage sur le département du Nord où 396 000 personnes vivent du travail des manufactures :

« Sans instruction, sans prévoyance, abrutis par la débauche, énervés par les travaux des manufactures, entassés dans des caves obscures ou dans des greniers où ils sont exposés à toutes les rigueurs des saisons, les ouvriers parviennent à l'âge mûr sans avoir fait aucune épargne et hors d'état de suffire complètement à l'existence de leur famille, qui est presque toujours nombreuse... Beaucoup sont en proie à des infirmités héréditaires. »

Dans son *Discours sur quelques recherches de statistique comparée faite à Mulhouse* (septembre 1828), A. Penot calcule qu'à Mulhouse, en 1827, les « chances de vie » pour les enfants des classes aisées sont de vingt-neuf ans alors qu'elles sont réduites à deux ans pour les enfants des ouvriers du textile.

Misérablement payés, soumis à une tâche impersonnelle pendant les trois quarts de leur journée, logés dans des taudis menacés par la maladie (épidémies de choléra, de typhus, à partir de 1832, dans toute l'Europe), ouvriers et ouvrières ne sont même pas sûrs de leur emploi. En effet, si l'on examine la situation économique dans les deux grands pays d'Europe occidentale, l'expansion accélérée de l'industrialisation, bien qu'elle se solde par un bilan technologiquement positif, se découpe sur un fond de crise dont les principales victimes sont les salariés. De 1825 à 1848, huit années d'essor, quinze années de crise. Des entreprises s'effondrent, ferment leurs portes ; les capitaux circulent, les « coups de bourse » se succèdent, des fortunes disparaissent. Mais au sein de ce mouvement, ceux qui paient le plus et qui sont les plus nombreux à payer, ce sont les travailleurs qui doivent veiller à assurer *quotidiennement* leur subsistance, n'ont aucune « aisance », savent qu'ils peuvent, d'un jour à l'autre, sans garantie ni recours, être réduits au chômage, équivalent de la misère, cette fois totale.

Cette situation est d'autant plus fortement ressentie qu'elle se dessine dans un univers où les solidarités anciennes se sont défaites souvent et où l'individualisme semble se réduire, sinon dans l'espace politique, du moins dans la société civile, à la devise égoïste : « Chacun pour soi et le diable emportera le dernier » (pour reprendre la formule anglaise qui nous semble plus parlante).

L'écho de ce sentiment que le monde nouveau est invivable et diabolique, on le trouve dans ce que disait un tisseur de lin sur métier à main, un de ceux qui, en 1844, se révoltèrent en Silésie[3] :

« A notre époque, les hommes ont inventé d'excellents procédés pour réduire et supprimer le gagne-pain les uns des autres. Mais hélas, personne ne pense plus au septième commandement, qui comporte un ordre et une interdiction : Tu ne voleras point. Ils ne gardent pas davantage en mémoire les commentaires de Luther sur ce commandement dans lequel il précise :

« Nous aimerons et craindrons le Seigneur, de telle sorte que nous ne soyons pas tentés de mettre la main sur l'argent et sur la propriété de notre voisin ni de nous l'attribuer par des transactions ou des marchandises de mauvais aloi, mais qu'au contraire nous l'aidions à conserver et à augmenter ses moyens de vivre et ses biens. »

Le texte parle parce qu'il nous montre comment la situation vécue est d'abord référée à une norme religieuse (qui est une norme communautaire ancienne) avant d'être référée à une solidarité de classe.

De cet univers noir il fallait prendre la mesure pour entendre de quoi parlent les discours sociaux qui s'énonceront. Pour mesurer, accessoirement, combien ce monde ouvrier a peu de

3. Il s'agit du tisserand Hauffe, né en 1807, cité par Hobsbawn, *L'ère des révolutions*, Paris, Fayard, 1969.

ressemblance avec celui d'aujourd'hui, même si certains préfèrent croire que le monde de Balzac, Sue, puis Zola, est encore notre monde. Mieux que dans les travaux des historiens ou des sociologues, c'est dans l'œuvre des écrivains du siècle que nous trouvons, vivant, cet univers si proche et si lointain. Nul mieux qu'eux n'a su peindre la fresque triste du prolétariat, avec ses saints, ses justes, ses illuminés, mais aussi avec ses ivrognes, ses infirmes, ses déclassés, ses voleurs et ses assassins. Ne nous étendons pas plus longtemps sur ce qui a fait l'objet de tant d'ouvrages savants et ne retenons, pour ce qui est de notre propos, que les réactions, tant théoriques que pratiques, qu'une semblable situation ne peut manquer d'engendrer dans le nouvel univers de croyances.

Si les bourgeois sont, tout naturellement, des citoyens qui voient dans le jeu normal de la démocratie libérale l'incarnation du Juste et du Bien, les ouvriers, pris dans la compétition sauvage d'une société civile qui leur assigne le rôle de la victime, ont vite le sentiment de l'injustice et vont inventer les instruments de leur défense et de la riposte.

Professionnelle ou économique au début, leur contestation deviendra politique pour des raisons qu'on a évoqué et qu'on devra retrouver.

Ce qui se constitue progressivement, et d'une façon fort disparate, c'est un mouvement ouvrier, en Grande-Bretagne et en France, principalement. Le développement en est chaotique, souvent déterminé par les circonstances et englué en elles. Aucune « conscience de classe » permanente et générale ne vient transcender les aléas du quotidien ni éclairer une stratégie.

Les penseurs sociaux affirment qu'à l'unité évidente de la classe bourgeoise *doit* correspondre une unité de la masse des exploités, laquelle doit se donner une unité idéologique et politique ; les syndicalistes sentent qu'un intérêt commun unit tous ceux qui pâtissent du nouvel état économique mais ils ne parviennent pas à définir ce terme ni à l'imposer comme mot d'ordre. C'est que cette revendication d'unité se heurte à des obstacles multiples, d'autant plus dirimants qu'ils se situent à des niveaux différents, le plus apparent étant la répression qu'exercent les pouvoirs qui voient dans les classes laborieuses des classes « dangereuses ». Mais il y a aussi les contradictions internes qui oblitèrent la réalisation d'une conscience ouvrière commune. Certes, les grandes déclarations lyriques ne manquent pas. Après avoir été témoin des événements de juillet 1830, *Frances Wright* s'écrie :

« Ce qui distingue la lutte actuelle de toute autre dans laquelle la race humaine a été engagée jusqu'ici, c'est qu'elle est manifestement et reconnaît ouvertement être une guerre de classes et que cette guerre est universelle... C'est dans le monde entier maintenant que des millions d'opprimés font cause commune contre l'oppression. »[4] En 1831, l'*Union nationale des classes ouvrières d'Angleterre* affirmera, confiante, que :

« Le jour n'est pas éloigné où les pauvres, opprimés dans chaque pays, s'uniront en sentiment et en action pour le bien de toute la race humaine. »

On pourrait multiplier ce genre d'appels qui trahissent le sentiment qu'on avait d'être en période prérévolutionnaire. Vains espoirs, vœux pieux...

L'hétérogénéité du monde ouvrier reste trop grande. C'est lentement que se constituera une optique ouvrière, ce qui, dans la terminologie marxiste, serait une idéologie. Et quand elle prend consistance et s'inscrit dans des théories socialistes, la voilà traversée par une grande alternative : La classe ouvrière doit-elle assumer sa particularité, reconnaître qu'elle est un élément de la société et que, dès lors, elle a à faire reconnaître ses droits économiques et sociaux, ou bien doit-elle se vouloir porteuse d'un projet de société et revendiquer, dans un combat radical et tragique, le pouvoir au titre de sujet rédempteur ? Et, dans ce cas, qui fait partie de cette « classe » ? Ceux qui travaillent directement sur la matière, les « manouvriers », les salariés des manufactures ? Et que faire des paysans pauvres, eux aussi en douloureux contact avec la réalité naturelle ? Et le petit peuple des villes qui ne subsiste que par des travaux dérisoires souvent improductifs ?

Convient-il, comme l'indique *Saint-Simon*, d'étendre la qualité de « producteurs » à tous ceux qui participent aux dynamismes de la société nouvelle, au risque de prendre pour

4. John R. Commons et d'autres, A documentary history of American industrial society, cité par Lewis L. Lorwin, *L'internationalisme et la classe ouvrière*, Paris, 1933.

révolutionnaires des hommes qui utilisent leurs savoirs et leurs techniques pour s'intégrer à une « bourgeoisie » dont ils partagent le style de vie et les finalités ?

A ces débats, qui engendrent un foisonnement d'espoirs et de projets où la sensibilité religieuse n'est pas absente, parfois clairement revendiquée (Heureux les pauvres !...), parfois subreptice, s'ajoute un autre type de déchirement, plus riche d'implications : faut-il choisir l'action politique ou l'action syndicale ? La question est la suivante : le prolétariat est, bien souvent, dans une situation plus misérable et plus douloureuse que le fut celle des serfs. Comment peut-il améliorer sa situation ?

Dans la première éventualité, la classe ouvrière s'efforce d'entrer dans le jeu politique afin de contribuer à instaurer une démocratie plus large et plus réelle. C'est le grand modèle de la Révolution française qui domine alors les esprits : que le peuple puisse s'exprimer librement, qu'il ait la possibilité d'élire ses députés, de participer au pouvoir d'Etat, et il pourra faire obstacle aux oligarchies économiques et faire triompher une société de justice et d'égalité : la société socialiste. Telles furent les perspectives du mouvement chartiste en Angleterre et des Républicains en France, durant la monarchie de Juillet.

Dans la seconde éventualité, la classe ouvrière tenterait de s'organiser elle-même sur ses bases économiques : créer une confédération des Métiers groupant tous les travailleurs et qui aurait une force considérable avec son arme mythique que serait la grève générale ; constituer des sociétés d'entraide, des coopératives qui prouveraient qu'une entreprise pouvait fonctionner en mieux rémunérant ses salariés et, entrant en rivalité économique avec les « bagnes » bourgeois, triompher d'eux.

Coopératives de production ici, parti révolutionnaire là, sociétés de résistance ailleurs, *Owen*, *Fourier*, *Saint-Simon*, *Leroux*, *Buchez*, *Thomas Hodgskin*, *William Thompson*, *John Gray*, les rêveries et les théories ne manquent pas et c'est un extraordinaire éventail d'idées qui se déploie. Mais c'est le marxisme qui s'imposera dans l'histoire politique — celle des idées et celle des événements. C'est donc à Marx que nous nous intéresserons, voulant y voir le lieu où tout s'organise et d'où tout sort.

Mais Marx ne peut se comprendre sans que soit analysé ce qu'on a appelé le « *retard* » *allemand.*

Car la situation allemande est très différente de celle de ses deux voisines de l'Ouest. En particulier, le développement industriel y est beaucoup moins intense et la révolution politique démocratique n'y a pas eu lieu.

Certes, des hommes d'affaires et des banquiers audacieux tentent d'introduire l'ordre économique nouveau à l'intérieur du Saint-Empire ; leur action, combinée avec celle des commerçants, conduit à la constitution d'une union douanière et à une unification monétaire favorisant les échanges. Certains secteurs industriels prennent de l'extension, mais il n'y a rien qui équivaille à la croissance de la France, encore moins à celle de la Grande-Bretagne.

Surtout, en Allemagne, le problème central demeure celui de la nature de l'Etat. Les « patriotes » de 1813, qui ont combattu la France napoléonienne, attendent de la victoire qu'en sorte une nation unie, jeune, ayant procédé à une révision politique fondamentale qui permettrait un Etat constitutionnel ouvert au progrès, pouvant rivaliser tant avec l'ancienne alliée, l'Angleterre, qu'avec l'ancienne ennemie, la France.

En mai 1815 le roi de Prusse, Frédéric-Guillaume III, fait publier un édit dans lequel il annonce la promulgation prochaine d'une Constitution. Cette décision permet aux souverains libéraux de l'Allemagne du Sud et de l'Ouest d'instaurer des régimes régis par une charte. Mais Frédéric-Guillaume diffère constamment l'acte décisif qui ferait de la Prusse un Etat moderne. L'agitation libérale allant croissant, la répression contre les « menées jacobines » en fera autant. Les progressistes sont dispersés, pour continuer leur action, en « sociétés » multiples aux objectifs et aux idées divers et singulièrement confus. La revendication nationaliste s'y mêle à l'idéal constitutionnel et le souvenir des « vieilles forêts teutoniques » aux aspirations jacobines. Hésitant, balançant entre les camps, le roi enfin cède aux conservateurs et laisse condamner l'organisation « Jeune Allemagne », exclure des professeurs et des étudiants libéraux, se perdre ce qui était, peut-être, son secret espoir : faire de la Prusse un royaume constitutionnel, lumière et guide de l'Europe centrale nouvelle.

Les partisans de la monarchie de droit divin l'emportent à tous les niveaux de la hiérarchie administrative, s'emparant des postes clés. Symptomatiques sont les mutations à l'Université de Berlin : en 1941, à la chaire de Hegel est nommé le vieux romantique Schelling qui défend les droits de l'intuition contre le pouvoir de la raison.

En 1842 fut promulguée une loi qui aggravait l'autorité des censeurs royaux sur la presse. Successivement furent interdites la *Gazette rhénane* et les *Annales allemandes*. Doit-on rappeler que le jeune Marx y collaborait ?

Le fait est que, par rapport au mouvement politique et aux interrogations sociales qui définissaient la modernité, l'Allemagne subit ce que ses élites intellectuelles jugent être un retard tragique. Les progressistes ont les yeux fixés sur la Grande-Bretagne et sur la France mais ils sont obligés de constater que leurs discours et leur action rencontrent un accueil dérisoire au sein de la masse. L'agitation se cantonne à des minorités pensantes qui — le peuple auquel elles s'adressent restant sourd — se voient condamnées à l'abstraction. C'est ce dénuement, c'est cette impasse — réflexion sur la nécessité de faire une révolution déjà passée ailleurs, rêve de rattraper les nations avancées par une révolution d'une autre radicalité que la leur, mais, dans le même temps, désolation de ne trouver aucune force collective qui vienne soutenir l'entreprise — qui expliqueront les formes de la production théorique allemande.

Parce qu'elle est comme en deçà du monde, la pensée allemande compensera son manque dans la *théorie* — et c'est Hegel. Mais le phénomène de compensation peut aussi se faire production imaginaire où la radicalité, délestée de toute pesanteur venant du réel, développera librement ses enthousiasmes et ses utopies. Dans une société où ne s'est pas imposée la révolution individualiste démocratique, cantonnée qu'elle est restée dans l'univers privé du protestantisme luthérien, se développera la conception d'une société organique nouvelle, plus « démocratique » que la démocratie politique, où le *sujet* n'est pas l'individu consubstantiellement libre mais le *Peuple* (qu'il soit Nation, Classe, ou quoi que ce soit d'autre). Le trait que nous retiendrons c'est qu'on se déleste de ce qui demeure *la pierre d'angle* de l'édifice démocratique : l'Etat de droit comme instance laïque médiatrice de l'homme à l'homme et de la société à elle-même.

C'est comme si le rêve de l'ultra-révolution rendait dérisoire et décevante la tâche d'une révolution politique démocratique (par ailleurs irréalisable, semble-t-il), devenue prosaïque d'exister ailleurs. L'idéal est plus pur d'être à venir.

Et cette rationalisation de la radicalité qui contourne l'interrogation démocratique, comment ne serait-elle pas reçue favorablement par ceux que l'espace démocratique semble vouloir exclure ou qui sentent que c'est cet espace lui-même qui est exclu du possible historique qui est le leur ?

Il nous faut *revenir à Hegel* en qui s'incarne le paradoxe de la pensée politique telle qu'elle dérivera vers le sociologisme et le holisme. C'est que Hegel est à la fois celui qui prend acte de la dualité « société civile - Etat moderne » (point que nous avons déjà évoqué et sur lequel nous allons revenir) et celui qui en prend acte en récusant le principe de l'individualisme démocratique et en lui substituant le principe « platonicien » de l'Etat comme incarnation de la Raison, lieu d'où le savoir de l'Un est possible.

Il faut prendre en compte le fait que Hegel — après la révolution « critique » kantienne — est celui par qui la logique de la métaphysique retrouve ses ambitions. Or la révolution de l'individualisme — et elle peut être entendue comme l'équivalent, dans le politique, de la révolution philosophique kantienne — on doit l'entendre comme la reconnaissance qu'il n'y a pas de lieu d'où le Tout puisse se donner comme objet d'un regard exhaustif et qu'il n'y a pas de philosophes, de savants, d'administrateurs qui puissent gérer ce Tout « en connaissance de cause ».

La démocratie est *Raison*, mais elle l'est au sens *pratique*. Elle situe l'absolu non dans la sphère du savoir mais dans la sphère de l'action, et pose que le politique, avant d'être de l'ordre de la compétence, est de l'ordre de la liberté.

L'Etat hégélien, Etat du *Savant-despote*, est bien une instance séparée de la société civile. Il n'en demeure pas moins que la société y est appréhendée comme un tout organique et le politique, expression de la société, exigence de celle-ci pour assurer sa propre unité, est la manifestation de cette vie sociale organique, non le résultat de la liberté originelle des sujets. On entre dans un univers nouveau où se relativisent les valeurs de l'individualisme qui avaient permis la révolution et s'affaiblit l'imaginaire qui les portait : « les hommes naissent libres... »

C'est dans les *Principes de la philosophie du droit*, publiés en 1821, que Hegel définit cet Etat moderne (dans lequel il voyait la réalisation de l'essence de l'Etat) par la synthèse qui s'y opérait des *deux exigences* que l'histoire — selon lui — avait révélées comme fondamentales : celle de l'unité organique de la collectivité se reconnaissant en un principe supérieur *(principe de la Cité de Périclès)* et celle de la volonté subjective désirant être reconnue comme libre par chacun et par tous, à ses risques et périls *(principe du christianisme)*.

Ce que Hegel affirme proposer [et ceci mérite d'être souligné parce que significatif des nouvelles dérives imaginaires], c'est une *lecture* de l'Etat moderne. Aucunement question de présenter un modèle ou une norme. Il importe de savoir, non comment *doit* être l'Etat, mais comment il doit être *connu* par ceux-là mêmes qui, selon la logique du devenir du Tout, y sont appelés à participer immanquablement.

Cette notion d'une *lecture*, c'est-à-dire d'un enregistrement, par le théoricien [le philosophe], de ce qui se fait dans l'ordre du « réel », détache la question politique du registre de la volonté pour l'inscrire dans le registre de la nécessité. De ce fait, elle annule l'esprit de la révolution individualiste démocratique : définir le politique à partir du *Contrat*.

Dans cet Etat, dont Hegel pense qu'il s'esquisse dans les réalisations napoléonienne et prussienne et que le mouvement dramatique de l'histoire conduira à son actualisation, les métiers y dominent, c'est-à-dire le système des avantages liés aux activités professionnelles. Cette société civile est soumise à une contradiction grave : d'une part elle forme un tout [chaque métier renvoyant à tous les autres et à l'ensemble économique] ; mais, d'autre part, le principe de la libre-concurrence et de l'intérêt privé qui la gouverne engendre des oppositions multiples entre les individus à l'intérieur des professions, entre les diverses professions et surtout entre les riches et les pauvres, ce qui engendre la « populace » :

« Le glissement d'une grande masse au-dessous d'une certaine manière de subsister, qui se règle automatiquement comme la subsistance nécessaire à un membre de la société et avec cela la perte du sentiment du droit, de l'honnêteté et de l'honneur de subsister par sa propre activité et son propre travail, mènent à la production de la populace, production qui, d'autre part, comporte une facilité plus grande de concentrer en peu de mains des richesses disproportionnées. »

Cette accumulation de richesse d'un côté et de la pauvreté de l'autre engendre le mécontentement. Il y a un sentiment d'injustice à être misérable dans une société où s'accumulent les biens.

« Nul ne peut revendiquer un droit contre la nature, par contre en société toute carence se transforme immédiatement en injustice dirigée contre telle ou telle classe sociale. » Pour résoudre ce déséquilibre la société civile invente des solutions « quantitatives » qui ne seront que des palliatifs. La classe des riches ne saurait entretenir dans l'oisiveté une masse réduite à la misère, ce serait contraire au principe de la société civile. Mais, si elle donne du travail aux chômeurs miséreux, « la quantité des produits augmenterait, excès qui, avec le défaut des consommateurs correspondants, qui seraient eux-mêmes des producteurs, constitue précisément le mal, et il ne ferait que s'accroître doublement ».

Pour répondre à la crise économique, la société civile « est amenée à chercher en dehors d'elle-même des consommateurs et, par suite, des moyens de subsister, chez d'autres peuples qui lui sont inférieurs quant aux ressources qu'elle a en excès ou, en général, en industrie. »

Souligner la valeur de telles analyses quant au mécanisme des crises, des guerres et des entreprises coloniales, nous importe peu. L'intérêt est dans la conclusion qu'en tire Hegel quant au rôle de l'Etat.

Celui-ci est le principe de l'unité du corps social. Par lui les contradictions de la société civiles sont « dépassées », c'est-à-dire à la fois niées et maintenues sous son contrôle.

C'est par la médiation d'un corps d'administrateurs ayant à charge de définir théoriquement et d'imposer l'intérêt général en fixant les modalités de sa réalisation, qu'il exercera son pouvoir. Mais l'Etat ne peut assurer sa transcendance que dans la mesure où il n'est pas la simple émanation de la société civile.

Les « serviteurs de l'Etat » [dira-t-on les « Enarques » ?] sont les agents de l'universel. Ils ne sauraient dépendre ni de la fortune ou de la naissance, ni de l'élection par tout ou partie de la population, et sont sélectionnés en fonction de leur « compétence », c'est-à-dire en vertu de leur savoir général. Leur tâche politique consistera, discutant avec chaque corps, de *faire entendre raison.*

Cet *Etat des fonctionnaires* [qui reprend, dans la modernité, le projet platonicien de la Cité gouvernée par les philosophes, crédités de la « sagesse »] est la forme de la rationalité à ce moment de l'Histoire où devient possible la réconciliation entre gouvernants et gouvernés, entre particulier et universel, parce que l'Esprit achève sa course et atteint la « conscience de soi » dans le Savoir absolu.

Interprétant mal certaines formules de Marx, il est de tradition, chez ses épigones, de considérer Hegel comme le héraut de l'Etat royal-prussien. En fait, la construction des *Principes de la philosophie du Droit* est, si l'on tient compte de la situation allemande en 1821, « progressiste ». Elle est comme un appel à Frédéric-Guillaume III et à ses amis libéraux. Cependant elle n'est pas libérale, au sens accoutumé, mais définit un étatisme conséquent.

Selon Hegel, l'administration est la forme politico-pratique de la rationalité : le moment est venu où cela peut être compris. Ainsi s'ouvre le chemin qui conduira à l'Etat universel : bien des guerres seront nécessaires pour qu'il se constitue ; mais sa structure est d'ores et déjà donnée dans l'ordre de la Théorie et s'esquisse dans le réel avec les Etats de la France napoléonienne et de la Prusse.

On peut admirer la modernité de la conception hégélienne de l'Etat et de sa nature d'appareil administratif-bureaucratique compétent. Mais il faut mesurer cette modernité à sa vraie mesure qui est de donner au politique une dimension métaphysique.

Faire de l'Etat le lieu du savoir de la totalité sociale c'est d'abord retrouver ce que l'individualisme démocratique avait, d'une certaine façon, défait : le lien entre politique et opinion. Vérité au lieu et place du lien entre politique et volonté libre.

C'est, enfin, opposer au principe de l'individu comme fondement (et donc comme valeur suprême), la société comme unité organique dans laquelle toutes les composantes renvoient au même principe — le principe du tout —, l'individu n'étant lui-même que la figure corrélative à ce Tout où elle s'engendre. Sans avoir à évaluer la philosophie de telles options, il nous faut souligner les implications politiques qui résultent de la croyance en une Histoire qu'on veut voir soumise à la nécessité de sa logique et en un Etat qui ne trouve sa légitimité qu'en référence à cette nécessité qui le fait être.

L'enseignement de Hegel dominera officiellement, et durant un quart de siècle, la pensée et l'institution universitaire allemandes, au point de se voir compris comme la théorie de la monarchie prussienne, ce qui était faire preuve d'une forte myopie intellectuelle ou d'une grande mauvaise foi. Il engendrera cependant, devant l'immobilisme de Frédéric III et le traditionalisme réactionnaire de Frédéric IV, un courant de remise en question, écho des divers courants ouvriers de France et de Grande-Bretagne : l'*hégélianisme de gauche*, parmi lesquels un certain Karl Marx brillera qui, à Iéna, vient d'avoir soutenu sa thèse sur : *Différence, au point de vue général, de la philosophie de la nature chez Démocrite et Epicure*. Nous sommes alors en 1841.

Chapitre 9

De l'aliénation à la transparence

« *Notre devise doit donc être : réforme de la conscience non par des dogmes, mais par l'analyse de la conscience mystique, inintelligible à elle-même, qu'elle se manifeste dans la religion ou dans la politique. Il apparaîtra alors que depuis très longtemps le monde possède le rêve d'une chose dont il doit maintenant posséder la conscience pour la posséder réellement. Il apparaîtra qu'il ne s'agit pas d'un grand trait suspensif entre le passé et l'avenir, mais de la mise en pratique des idées du passé. Il apparaîtra enfin que l'humanité ne commence pas une tâche nouvelle, mais achève son ancien travail en en ayant conscience.* »

Karl Marx, *Lettre à Arnold Ruge*, septembre 1843.

Dès octobre 1842 Marx a commencé à prendre ses distances par rapport à ses amis de Berlin et, en particulier Bruno Bauer. La rupture avec ce dernier interviendra à la fin de l'année. Ce que Marx reprochait à tout le groupe des *Affranchis* (les deux frères Bauer, L. Buhl, M. Stirner, M. Bakounine), c'était leur « irresponsabilité ». Ceux-ci envoyaient à la *Gazette* dont Marx était devenu pratiquement le rédacteur en chef des articles d'une extrême violence qui faisaient risquer les foudres de la censure. Soutenu par A. Ruge, Marx en vint à interrompre toute relation avec eux, préférant « sacrifier quelques gribouillages de Berlinois qui ne pensent qu'à leurs histoires de clique » à la survie du journal. Ce qui n'empêcha pas le gouvernement prussien, au début du printemps 1843, d'en arrêter la publication.

Après un voyage en Hollande, Marx, au mois de novembre, vint se fixer à Paris. Avant son départ, il s'était entendu avec *Moses Hess*, *Arnold Ruge* et *Friedrich Engels*, sur le principe d'une publication révolutionnaire, publiée à Paris mais en allemand. En février 1844 parut le premier et unique numéro double des *Annales franco-allemandes*. Y figuraient, pour l'essentiel, deux articles de Marx, l'un consacré à la « Question juive », l'autre à une « Critique de la philosophie du droit de Hegel », deux articles de Engels, « Esquisse d'une critique de l'économie politique », « Quatre lettres de Paris » de Hess. A la parution des *Annales*, Ruge, qui, malade, n'avait pu participer à l'élaboration du numéro, manifeste son désaccord. Il jugeait qu'on était allé beaucoup trop loin à vouloir mettre en question les fondements de la société alors que la tâche du moment était la victoire d'une démocratie libérale. Pour des raisons financières (qui peut-être tombèrent bien) les fondateurs des *Annales* rompirent leur collaboration. En même temps s'achevait le temps d'un Marx « hégélien de gauche ». Deux textes permettent de mesurer le parcours : *La critique de la philosophie de l'Etat de Hegel* (manuscrit inachevé et non publié du vivant de l'auteur) et *L'introduction à la contribution de la philosophie du droit de Hegel*, paru en février 1844. Dans la première de ces deux analyses, Marx se contente d'un commentaire sarcastique des *Principes de la philosophie du droit* [du § 261 au § 313]. Cette critique, fortement marquée par l'influence feuerbachienne, s'articule autour de trois thèmes. En premier lieu, ce n'est pas l'Etat réel, dans ses déterminations historiques que Hegel a décrit, mais la logique de cet Etat, et la préoccupation logique l'a emporté sur le souci politique :

« Ce n'est pas la philosophie du droit, mais la logique qui constitue le véritable intérêt. Ce qui fait le travail philosophique, ce n'est pas que la pensée s'incarne dans des déterminations politiques, mais que les déterminations politiques existantes sont volatilisées en des pensées abstraites. Ce qui est l'élément philosophique, ce n'est pas la logique de la chose, c'est la chose de la logique. La logique ne sert pas à prouver l'Etat, c'est au contraire l'Etat qui sert à prouver la logique. »

Il n'est pas étonnant, dès lors — *et c'est le second thème critique* — que Hegel, soulignant les contradictions de la vie économique et de la société civile, ne les résolve et les réduise qu'en faisant intervenir comme juge et dirigeant le principe abstrait de l'Etat. Mais, précisément, en séparant ainsi la collectivité en deux secteurs (celui de la vie empirique, de l'intérêt privé, et celui de la citoyenneté) on divise l'homme lui-même en deux parties : une partie réelle, empirique, où il est soumis à la frustration et à la violence et une partie où il est satisfait, dans l'égalité avec soi-même mais qui demeure caractérisée par l'abstraction. C'est cette méconnaissance qui conduit Hegel à ne pas saisir le statut de la bureaucratie dont il veut faire la médiatrice par excellence et la spécialiste de l'intérêt général. Quoi qu'on en ait, la classe bureaucratique, si elle détient le pouvoir d'Etat, a, du même coup, une place particulière *au sein* de la société civile :

« La bureaucratie tient en sa possession l'être de l'Etat, l'être spirituel de la société, c'est sa propriété privée. L'esprit général de la bureaucratie, c'est le secret, le mystère, gardé en son sein par la hiérarchie, et vers le dehors par son caractère de corporation fermée. »

La critique de Marx part du fait que la non-correspondance durable entre le système des concepts et l'ordre du réel ne saurait être durablement imputable à ce dernier. La non-réalisation historique de la *Constitution* hégélienne ne résulte pas seulement d'un défaut de l'histoire, de la défaillance des volontés subjectives ou de l'apathie de l'opinion, mais d'un vice interne à cette « constitution » même. La non-réalisation de l'Etat universel est la preuve que l'Etat hégélien n'est que l'ombre de la société civile et non sa transcendance. *Le philosophe croit lire le réel, il se contente de l'interpréter.*

La critique de Marx reste cependant tributaire du romantisme politique du temps. Avec l'article des *Annales franco-allemandes*, un pas décisif est franchi.

Partant de la stagnation politique de l'Allemagne, qui combine « les défauts civilisés du monde politique moderne, dont nous ne possédons pas les avantages, avec les défauts barbares de l'Ancien Régime, dont nous jouissons pleinement », il veut déterminer les fondements d'une activité et d'une théorie révolutionnaires. On trouve là ce qui se donnera, quatre ans plus tard, dans le *Manifeste communiste*. On y trouve surtout cette croyance en une traduction « dialectique » du *retard* allemand par sa supériorité dans l'ordre de la vérité et dans l'ordre de l'histoire. Pour lui, la pensée allemande, à qui était quasiment interdite toute tâche pratique, a été contrainte d'élaborer des concepts lui permettant de comprendre, dans son essence, la situation de l'homme moderne. Son privilège est que le *statu quo* allemand est si dérisoire qu'aucune réforme, qu'aucune révolution politique, même d'apparence radicale, ne peut permettre une issue. Le seul moyen de donner à l'Allemagne une pratique qui, étant à la hauteur de sa pensée, aille au-delà, est de ruiner les bases mêmes de la société bourgeoise par une action qui prenne appui sur les mouvements révolutionnaires d'Europe occidentale. Si en France et en Grande-Bretagne peut fonctionner l'illusion démocratique par laquelle la bourgeoisie, en développant l'industrialisation, se donne une légitimité d'apparence universelle, rien de tel en Allemagne. Y règnent « un désaccord général et veule, une étroitesse d'esprit aussi présomptueuse que mal renseignée, le tout placé dans le cadre d'un système de gouvernement qui vit de la conservation de toutes les insuffisances et n'est que l'insuffisance dans le gouvernement ».

L'Allemagne qui en est restée à l'Ancien Régime révèle les vices du régime nouveau. Elle est bien la « vérité » du monde moderne comme le croyait Hegel, mais pas au sens où il le croyait : « La lutte contre le présent politique allemand, c'est la lutte contre le passé des peuples modernes, et les réminiscences de ce passé ne cessent de les importuner. »

Les « peuples modernes » croient pouvoir s'en tirer par des réformes ou des révolutions *politiques*. La pauvreté allemande indique l'autre chemin : « Il faut former une classe avec des chaînes radicales, une classe qui ne soit pas une classe de la société bourgeoise, une classe qui soit la dissolution de toutes les classes, une sphère qui ait un caractère universel par ses souffrances universelles et ne revendique pas de droit particulier parce qu'on ne lui a pas fait un tort particulier mais un tort en soi, une sphère qui ne puisse plus s'en rapporter à un titre historique, mais simplement au titre humain, une sphère qui ne soit pas en une opposition particulière avec les conséquences, mais en une opposition générale avec toutes les suppositions du système politique allemand, une sphère enfin qui ne puisse s'émanciper sans s'émanciper de toutes les autres sphères de la société et sans, par conséquent, les émanciper toutes, qui soit, en un mot, la perte complète de l'homme et ne puisse se reconquérir elle-même que par le regain complet de l'homme. La décomposition de la société en tant que classe particulière, c'est le prolétariat. »

Il fallait citer longuement ce texte parce qu'il nous donne, dans l'évidence de son énonciation, le marxisme, au moment même où il se découvre à lui-même, et avant que les langages de la scientificité, de l'économisme et du souci doctrinal ne viennent faire oublier ce *prophétisme* premier.

L'enfant impuissant échappe à l'angoisse de son sort par une activité fantasmatique centrée sur la toute-puissance de sa pensée. A l'échelle de l'histoire et des sociétés ne croirait-on pas, à écouter Marx, qu'ici également l'impuissance et le « retard » engendrent une pensée magique qui les transforme en leur contraire. On peut même retrouver, projetée sur le prolétariat, une structure analogue de pensée qui fait voir en lui, qui incarne la négation absolue, l'agent de la positivité radicale.

Mais on peut découvrir d'autres mécanismes aussi cachés qui expliquent cette promotion de la Prusse comme agent élu de l'Histoire. Il suffit d'évoquer la position de Marx lors de la guerre franco-allemande de 1870. En premier lieu il ne signa la protestation de l' « Internationale » qu'après avoir obtenu du Conseil qu'il la modifiât dans un sens plus favorable au chancelier Bismarck. Il y a mieux ; dans une lettre à Engels, Marx expliquera que la défaite de l'Allemagne, en renforçant le bonapartisme de Louis-Napoléon et en paralysant les ouvriers allemands pour de nombreuses années, aurait été plus désastreuse que sa victoire. De plus, Bismarck, en déplaçant le centre de gravité de l'histoire de Paris à Berlin, agissait, sans le savoir, dans l'intérêt de la révolution. Les ouvriers allemands, mieux organisés, plus disciplinés que leurs camarades français formaient une plus forte citadelle dans la guerre des classes.

Gardons-nous d'interpréter ce que les gardiens fidèles de la foi appelleraient, chez tout autre que Marx, une « déviation nationale-chauvine ». De même évitons tout parallèle qui nous ferait découvrir dans le marxisme institué ce besoin de doubler un internationalisme sourcilleux affirmé d'une hiérarchie non dite qui fait que certaines nations sont plus « internationalistes », quand elles défendent leurs intérêts égoïstes, que d'autres. Hier la Prusse, aujourd'hui la Russie...

Marx croit pouvoir définir la condition d'accession à une

société d'où toute violence sociale serait exclue, cette condition étant la suppression de la propriété privée des moyens de production, sous quelque forme qu'elle se présente. La réalisation de ce programme exige que soit « formée » la classe capable d'incarner historiquement un tel intérêt. Cette classe existe en Angleterre et en France et il importe seulement de l'organiser et de lui donner, en la libérant des idéologies qui l'aliènent, la conscience de sa force et les moyens politiques de l'exercer. Il faut effectivement la « former » en Allemagne.

S'il nous fallait résumer ce que contient comme présupposé ce marxisme, nous dirions ceci : pour Marx le réel est ce qu'il est, et d'une certaine manière il n'y a rien à y changer. Mais l'analyse de ce réel induit une tâche pratique. Cette tâche ne contredit pas au réalisme. Elle fait en quelque sorte partie de la réalité, elle est inscrite en elle. Dans le statut du prolétariat s'unissent ainsi théorie et pratique. La théorie découvre dans le prolétariat le sujet porteur de la transformation sociale et le prolétariat reconnaît dans le marxisme sa propre vérité.

Là réside le secret du marxisme et de la fascination intellectuelle qu'il exercera : il définit un Sujet historique concret qui peut récupérer la totalité des significations sociales, dans le temps, enfin arrivé, de la transparence. En même temps il définit le chemin qui y mène.

Jeune, il fait dans le lyrisme philosophique, plus tard il donnera dans la « scientificité » et fera, de l'inéluctable fin à laquelle le capitalisme est promis, non un « destin » mais une « nécessité ». Echo à notre précédente citation, lisons ce passage du vingt-deuxième chapitre du premier volume du *Capital*, qui montre la permanence de l'annonce prophétique d'une société future pleinement consciente d'elle-même, maîtresse de son destin, et dans laquelle les individus connaissent le jeu de leurs différences individuelles dans la convivialité d'une communauté angélique qu'aucun conflit ne déchire [celle dont parle A. Zinoviev, dans les *Hauteurs béantes*, lorsqu'il écrit, pensant à l'utopie soviétique : « Le socisme est une société imaginaire qui pourrait se constituer si les individus agissaient entre eux exclusivement selon les lois de la société. »]

« Alors que le nombre des grands magnats capitalistes diminue progressivement, la misère, l'asservissement, la dégénération et l'exploitation des masses augmentent, certes. Mais en même temps s'intentifie chaque jour le rôle de la classe ouvrière — chaque jour plus nombreuse et disciplinée, unifiée et organisée, précisément par le mécanisme du mode de production capitaliste qui s'est développé en même temps qu'elle. La centralisation des moyens de production et la socialisation du travail atteignent un stade où elles se révèlent incompatibles avec leur cosse capitaliste. La cosse éclate. Le glas de la propriété sonne. C'est l'expropriation des expropriateurs. L'Etat, cet instrument dont se sert la classe régnante pour renforcer artificiellement son autorité, disparaîtra, ayant perdu sa raison d'être. La communauté idéale, que les utopistes du passé avaient dépeinte avec des couleurs trop simples et trop fantastiques, verra enfin le jour. Elle ne comprendra ni esclaves ni maîtres, ni riches ni pauvres. Les produits du monde entier, fabriqués selon la demande sociale libérée des caprices individuels, seront distribués non pas également mais rationnellement, c'est-à-dire inégalement. (...) Les capacités et les besoins de l'homme sont inégaux, donc sa rémunération, si elle est équitable, doit, selon la formule du *Manifeste communiste*, revenir à "chacun selon sa capacité, à chacun selon ses besoins". Libérés enfin de la tyrannie de la nature et de celle de leurs propres institutions, mal adaptées à leur besoin et mal contrôlées, donc oppressives, les hommes pourront commencer à développer pleinement leurs capacités. La vraie liberté, si obscurément pressentie par Hegel, sera réalisée. L'histoire humaine, au sens propre du mot, ne commencera qu'à ce moment. »

La théorie de la pratique dont, à partir de 1844-1845, Marx jette les fondements se constitue donc comme « dépassement de la philosophie ». A la séparation de la théorie et de la pratique, il substitue l'unité de la *praxis*.

Permettons-nous un premier commentaire sur ce qui s'annonce dans ce « dépassement de la philosophie », et plus particulièrement de celui en lequel elle s'achève : Hegel.

Marx critique l'entreprise philosophique mais son dépassement nous paraît n'être qu'un déplacement qui laisse inchangée la topologie de la problématique hégélienne. Au Sujet philosophique, il substitue le sujet empirique concret, le sujet historique qu'est le Prolétariat. Et au *Savoir absolu* du Philosophe il substitue l'acte de la *Révolution*. Ce passage de l'idéalisme absolu de Hegel au matérialisme historique, et de l'Idée à la

Praxis, nous semble, paradoxalement, être une accentuation de la dimension « idéaliste », pour autant que ce qualificatif convienne, du Système.

Pour Hegel, comme pour Marx, l'histoire est, d'une certaine façon, le lieu de l'inconscient car le sens du passé n'avait pas été perçu par les acteurs et ne s'est jamais donné dans la conscience de leurs discours. Restituer la vérité de ceux-ci implique qu'on les rapporte à autre chose qu'à la conscience qu'en avaient leurs producteurs. Mais pour Marx comme pour Hegel, cette intuition du décalage inconscient entre la pratique et le sens donné à cette pratique [par les contemporains d'abord, par la postérité ensuite] se résout dans une théorie de la pleine conscience de soi. Le sens caché du passé et le sens du présent sont révélés, dans leur vérité, dans ce temps privilégié de la « fin de l'histoire » [Marx dit la « fin de la préhistoire » de l'humanité].

Cependant Hegel maintient une distance entre l'ordre du concept et celui de l'empirie. Sa « fin de l'histoire » n'est pas l'avènement d'une société transparente à chacun, mais seulement à ceux qui veulent savoir. Il subsume, d'autre part, sans les annuler, les oppositions entre le public et le privé, entre l'Etat qui a charge d'incarner la volonté universelle et l'activité des hommes occupés à satisfaire leurs intérêts particuliers. Soumis à une contingence [celle de la richesse ou de la pauvreté], dans laquelle ils ne savent pas reconnaître la nécessité de l'organisation, les hommes sont les jouets d'une ruse de la Raison. Chacun croit travailler pour son intérêt propre, enfermé dans son individualité, mais c'est dans les rapports entre ces individualités que s'institue cette raison universelle qui s'exprime au niveau de l'Etat.

Pour Hegel l'inconscient n'est pas éliminé de la société où triomphe la rationalité. Seul y échappe le philosophe, qui peut penser l'ordre d'un monde achevé dans la vérité. Ce que la « fin de l'histoire » signifie n'est rien d'autre que cela : il n'est plus de nouvelle figure de l'Esprit possible. Après les « mondes » grec, romain, chrétien, etc., nous sommes à la dernière configuration, celle où est assigné un champ définitif au déroulement des conflits entre les hommes et aux malheurs de la subjectivité. Avec, pour qui le veut bien, la possibilité de comprendre le sens de ce « malheur de la vie » et de se faire philosophe.

Marx, en faisant de l'histoire de l'humanité celle des aliénations empiriques de l'homme social, est obligé de placer dans le registre de ce réel empirique la désaliénation. Aussi abolit-il l'écart que Hegel pouvait maintenir entre le rationnel et le réel. Cet écart, désormais, il est possible, nous dit-il, d'en concevoir la disparition totale par la réconciliation du réel et du rationnel. Le réel *est* le rationnel.

Lanshut et Mayer, dans leur préface à la *Critique de la philosophie de l'Etat de Hegel*, trouvent toutes les raisons d'écrire :

« Tandis que le philosophe Hegel n'était nullement assez extravagant pour regarder comme rationnel ce que Marx considérait comme réalité et n'attachait donc pas, d'autre part, des espérances idéales à la réalité, tout le réalisme de la connaissance de Marx se développe sur la croyance idéale à l'union réelle et complète de l'idée et de la réalité. »

Au cœur du dispositif conceptuel de Marx se trouve le couple aliénation-désaliénation. S'en étonnera-t-on ? « L'aliénation de l'ouvrier signifie non seulement que son travail devient un objet, une existence extérieure, mais que son travail existe en dehors de lui, indépendamment de lui, étranger à lui et devient une puissance autonome vis-à-vis de lui ; que la vie qu'il a prêtée à son objet s'oppose à lui, hostile et étrangère » [*Manuscrits de 1844*]. L'homme aliéné n'est pas seulement celui que sa situation rend étranger à lui-même, mais encore qui compense involontairement [en tout cas, d'une manière non délibérée] le manque qu'il éprouve confusément, par une représentation falsifiée de soi et de sa propre situation. Ainsi toute aliénation objective est-elle en même temps une aliénation de la pensée qui tend à la rendre supportable.

L'aliénation philosophique, à cet égard, est particulièrement significative. La philosophie construit *dans* et *par* le discours, un univers pacifié qui ne satisfait que la pensée, c'est-à-dire ceux qui n'ont d'autres problèmes que ceux de la pensée et du discours. [Aristote parle des philosophes comme de ceux qui ont du « loisir ».] Elle qui se veut désaliénante, parce qu'elle est aliénée, renforce l'aliénation en créant un être abstrait, l'*homo philosophicus*, réduit à ses seules déterminations logiques.

Le moyen de la désaliénation, à ce niveau [qui est, chronologiquement, premier dans l'itinéraire personnel de Marx], consiste à découvrir l'homme empirique. Cette *découverte* ne ressemble nullement, dans son processus, à l'opération des théoriciens du droit naturel lorsqu'ils définissaient un homme naturel originaire préalable à toute civilisation et à toute formation sociale. Il s'agit, selon Marx, de prendre la réalité humaine dans ses déterminations sensibles, historiques, dans son statut que le sens commun a coutume d'appeler *concret*.

Apparemment Marx opte pour une appréhension du réel qu'il oppose à une abstraction. Mais qu'on y regarde de plus près. Les théoriciens du droit naturel ne se situent pas dans l'espace de l'anthropologie ; ils se situent dans un espace qui n'a de sens que par ce qu'il fonde en droit. Leur « état de nature » n'est que le négatif de l'état civil ; il est la construction imaginaire d'un état d'absence de lois afin que soit révélée la nature de la loi. Ce que les penseurs du droit naturel font, c'est satisfaire à l'exigence d'une nouvelle légitimité. L'état de nature, en dernière analyse, est l'état de la société quand les lois n'y sont plus reconnues et où tous sont, de ce fait, hors cité.

Aussi les penseurs du droit naturel n'affirment-ils aucune vérité sur l'être naturel de l'homme, ils énoncent un choix politique. Mais Marx fait-il lui-même autre chose ? Sa démarche est également une démarche politique mais elle ne se revendique pas comme telle et trouve dans l'affirmation du concret (qui se fera affirmation de la scientificité) sa légitimation. Mais comment la science pourra-t-elle fonder un *choix* politique ? Il n'est pas de discours politique, pas, non plus, de programmes d'action, qui puissent être légitimés autrement qu'en se situant dans la sphère du sens.

Ce statut de l'homme empirique, les premières pages de *L'Idéologie allemande* et le texte posthume intitulé *Economie politique et phisolophie*, appelé aussi *Manuscrit de 1844*, nous permettent de le préciser. L'homme est d'abord et fondamentalement un être de besoin, un être souffrant qui dépend, pour sa subsistance, du monde naturel dans lequel il est pris et qui réagit à cette dépendance qui lui est imposée par le *travail* [c'est là sa différence spécifique d'avec l'animal].

Au besoin et au travail s'ajoute une troisième dimension : l'historicité. L'analyse du besoin, du travail, resterait abstraite et philosophique si elle ne tenait pas compte de ceci : toute société, qu'elle le veuille ou non, qu'elle en ait ou non conscience, qu'elle y consente ou s'y refuse, est traversée par le mouvement du *devenir* qui, en changeant imperceptiblement ou d'une manière décisive les termes des problèmes concrets, pratiques, à résoudre, exige des solutions nouvelles, des inventions qui modifient ceux-là mêmes qui en sont les agents.

Cette notion d'historicité n'est pas naïve.

Que les sociétés — même ces sociétés « froides » dont parle Lévi-Strauss — subissent les effets du temps, qui en douterait ? Que la conscience qu'elles prennent, de ce temps qui passe, et les ripostes qu'elles inventent, varient et les caractérisent, rien à objecter.

Mais l'historicisme de Marx a une autre dimension. Il est le principe destructeur du sol où s'enracinent l'individualisme démocratique et ses choix éthiques (les « droits de l'homme »)[1]. Lorsque Marx écrit, dans *L'Idéologie allemande* : « Nous ne connaissons qu'une seule science, la science de l'histoire », nous devons comprendre qu'il s'agit moins d'affirmer une historicité que d'en énoncer la possibilité de la science, au sens qu'a donné à ce terme la révolution galiléo-cartésienne. Mais une science dont l'objet n'est pas la nature. C'est la totalité de l'existence des hommes qui se voit ainsi soumise à la législation de la nécessité scientifique [et aux pouvoirs de ceux qui en seront les agents d'exécution].

La vraie science, la science de l'histoire, sera « critique ». Elle aura à dévoiler les aliénations multiples qui pèsent sur l'humanité. Quelles sont ces aliénations, comment opèrent-elles pour dessaisir toujours un peu plus l'individu de soi-même ? Les décrire et analyser leur action c'est étudier le système de Marx, son *matérialisme historique*.

Le matérialisme historique veut être le « champ unitaire » grâce auquel les actions historiques s'unifient autour d'une conception historienne, elle-même élément d'une pratique. Cette

1. Hannah Arendt, dans *Le système totalitaire*, parlant du mépris du totalitarisme pour le droit positif, dit : « Il n'opère jamais sans avoir la loi pour guide et il n'est pas non plus arbitraire, car il prétend obéir rigoureusement et sans équivoque à ces lois de la Nature et de l'Histoire dont toutes les lois positives ont toujours été censées sortir. » Mettant ceci en rapport avec la formidable mutation intellectuelle que fut, au siècle dernier, l'introduction par Darwin du concept d'évolution dans la nature et la sorte de transposition qu'en fit Marx dans le domaine des sociétés, elle conclut : « Que la force motrice de cette évolution soit appelée nature ou histoire est relativement secondaire. Dans ces idéologies le terme de loi lui-même change de sens ; au lieu de former le cadre stable où les actions et les mouvements humains peuvent prendre place, celle-ci devint l'expression du mouvement lui-même. » L'historicisme ne peut aboutir qu'à l'effacement de l'alternative sur laquelle reposent les définitions même du politique : l'alternative entre régime soumis à des lois et légitime, et pouvoir arbitraire. Il nous situe en deçà.

conception, Marx, dans un texte célèbre de 1859, en fait remonter la découverte à son étude critique de la philosophie du droit de Hegel :

« Ma recherche, écrit-il dans *Contribution à la critique de l'économie politique*, m'amena à penser que les rapports juridiques et les formes politiques ne peuvent être compris par eux-mêmes, ni ne peuvent s'expliquer non plus par le développement général de l'esprit humain. Ces rapports et ces formes prennent leurs racines dans les conditions de la vie matérielle, dont l'ensemble constitue ce que Hegel appelle, avec les Anglais et les Français du XVIIIe siècle, la "société civile". C'est dans l'économie politique qu'il faut chercher l'anatomie de la société civile... »

« Dans la production sociale de leur vie, les hommes contractent certains rapports indépendants de leur volonté, nécessaires, déterminés. Ces rapports de production correspondent à un certain degré de leurs forces productives matérielles. La totalité de ces rapports forme la structure économique de la société, la base réelle sur laquelle s'élève une superstructure juridique et politique, et à laquelle répondent des formes sociales et déterminées de conscience. Le mode de production de la vie matérielle détermine, d'une façon générale, le procès social, politique et intellectuel de la vie. Ce n'est pas la conscience de l'homme qui détermine son existence, mais son existence sociale qui détermine sa conscience. »

Parce que les hommes sont d'abord et fondamentalement matérialité, leurs relations premières sont des relations de producteurs ; celles-ci sont donc, nécessairement, la base sur laquelle s'édifieront les autres rapports qui, de la sorte, seront déterminés. Mais ces *rapports de production* sont eux-mêmes fonction de l'état des *forces productives*.

On peut repérer l'action déterminante de ces derniers :

« A un certain degré de leur développement, les forces productives de la société entrent en contradiction avec les rapports de production qui existent alors, où, en termes juridiques, avec les rapports de propriété au sein desquels ces forces productives deviennent des obstacles pour celles-ci. Alors naît une période de révolution sociale. Le changement de la base économique ruine, plus ou moins rapidement, toute l'énorme superstructure... »

Voici exposée l'anatomie et voici exposée la physiologie du

corps social. La cause déterminante, celle qui explique les mutations de la société civile et, plus généralement, le devenir des sociétés c'est l'évolution des forces productives. Qu'elles atteignent un certain niveau et s'institue, au sein de la production un rapport de contradiction entre ceux que le devenir a rendu maîtres des moyens de production et ceux qui, pour subsister, doivent les servir. Les expressions idéologiques, les institutions juridiques, les organisations politiques ne trouvent leur plein sens que si elles sont rapportées à cette lutte *effet* de l'infrastructure. Les individus se passionnent, pensent et agissent ; les groupes sociaux, aux divers niveaux que le devenir des peuples et des nations définit, construisent des morales, des idéologies, s'engagent dans des traverses historiques, triomphent ou meurent ; ces espoirs, ces poussées, ces actions, ces œuvres n'épuisent pas leur signification et leur portée dans le projet délibéré ou, au moins, conscient de ceux qui, historiquement, les « engendrent » ; au-delà, il y a cette lutte de classes elles-mêmes mises en scène par la machine économique.

On pourrait, comme le fait Raymond Aron dans *Dix-huit leçons sur la société industrielle*, souligner l'ambiguïté de cette notion de forces productives et sur son type de causalité. Le fait-on en termes technologiques et l'observation des civilisations autres que la civilisation industrielle oblige à y renoncer. Le fait-on en termes anthropologiques, optique si large qu'elle permet toutes les variations interprétatives ; ou en termes sociologiques, on trouvera toujours des faits qui récusent l'explication.

Mais c'est là une fausse interrogation. Le marxisme est une doctrine politique fondée en philosophie ; il n'est pas une recherche en vue d'expliquer l'histoire, la société, l'homme. L'histoire, la société, l'homme sont convoqués pour valider un choix qui veut s'ignorer lui-même.

Ce dont il s'agit c'est du projet « métaphysique » de la révolution et du dévoilement de ce qui interdit le rapport immédiat de soi à soi de l'homme.

Parce qu'il faut comprendre le marxisme comme l'entreprise folle de répondre réellement et « scientifiquement » à une demande qui s'investissait dans le religieux, il nous faut voir comment Marx analyse l'aliénation religieuse, lui qui écrit en 1843 [*Contribution à la critique de la philosophie du droit de*

Hegel] : « La critique de la religion est la condition première de toute critique. » On y trouve résumé l'ensemble de ce que Marx pense, alors même qu'il reconnaît sa dette à l'égard de Feuerbach dont il se sépare :

« L'homme fait la religion, ce n'est pas la religion qui fait l'homme. La religion est en réalité la conscience et le sentiment propre de l'homme qui, ou bien ne s'est pas encore trouvé, ou bien s'est déjà reperdu. Mais l'homme n'est pas un être abstrait, extérieur au monde réel. L'homme, c'est le monde de l'homme, l'Etat, la société. Cet Etat, cette société produisent la religion, une conscience erronée du monde, parce qu'ils constituent eux-mêmes un monde faux. La religion est la théorie générale de ce monde, son compendium encyclopédique, sa logique sous une forme populaire, son point d'honneur spiritualiste, son enthousiasme, sa sanction morale, son complément solennel, sa raison générale de consolation et de justification. C'est la réalisation fantastique de l'essence humaine, parce que l'essence humaine n'a pas de réalité véritable. La lutte contre la religion est donc par ricochet la lutte contre ce monde dont la religion est l'arôme spirituel. »

La religion est un reflet inversé du monde. Elle est aussi la satisfaction imaginaire d'une demande *réelle* et à laquelle devra être donnée une réponse réelle. Si la religion est « le soupir de la créature accablée par le malheur, l'âme d'un monde sans cœur, de même qu'elle est l'esprit d'une époque sans esprit », il suffira de bâtir un monde avec cœur, avec esprit et d'où le malheur sera banni pour que le besoin de l' « opium du peuple » s'efface. Dans le même sens, Paul Nizan disait, à peu près : lorsque les hommes seront heureux ils ne rêveront plus la nuit...

« Le véritable bonheur du peuple exige que la religion soit supprimée en tant que bonheur illusoire du peuple. Exiger qu'il soit renoncé aux illusions concernant notre propre situation, c'est exiger qu'il soit renoncé à une situation qui a besoin d'illusions. La critique de la religion est donc en germe la critique de cette vallée de larmes dont la religion est l'auréole. »

Doit-on discuter cette conception de l'idéologie ou l'utiliser pour y soumettre le marxisme lui-même ? Contentons-nous de remarquer que la critique que fait Marx des idéologies repose sur une série d'oppositions qui ne nous paraissent pas pertinentes. En particulier on voit que certains domaines de la réalité sociale ont une autonomie donnée par le réel lui-même et que d'autres ne trouvent leur cohérence que par référence à ceux-là. Ainsi voit-on affirmée l'existence d'un monde brut, d'une praxis muette qui sont le lieu de l'histoire et, dérivant d'eux, les élaborations secondaires, les mondes de langages.

La conséquence de cette péréquation est qu'on aura toujours obligation d'expliquer un plan par référence directe à l'autre, qui est sa « cause ». Et on le fera en unissant la méthode des associations par ressemblances et la méthode policière bien connue : « A qui profite la chose et à quoi sert-elle ? » Mais laissons de côté le procès d'une critique qui laisse hors de la critique les postulats qui la fondent.

Il resterait à rendre compte de l'aliénation sur laquelle Marx s'étendra le plus longuement et le plus longtemps : l'aliénation économique, à laquelle il opposera « l'analyse scientifique des structures et du dynamisme de la société capitaliste », analyse qui occupera plus de vingt ans de sa vie et qu'il n'achèvera pas. Il s'agit du *Capital*.

La science économique construite par les théoriciens libéraux avait déjà, selon Marx, une portée révolutionnaire. Non tant par ses résultats que par la nature de son projet. C'est en effet innover profondément que de considérer les nations et, plus généralement, les groupements humains, non plus sous des catégories morales ou politiques, mais comme des organisations plus ou moins équilibrées, plus ou moins organisées, de producteurs et de consommateurs, c'est-à-dire dans leur réalité sensible.

A. Smith, D. Ricardo veulent découvrir « la nature et les causes de la richesse des nations ». Ils en arrivent, ainsi, à déterminer des principes d'économie politique constituant les bases d'une science de la production des biens, de la distribution des revenus et du mécanisme de la consommation. Ils sont amenés à accorder un primat aux activités productives des biens face à tous les autres types d'activités humaines.

Mais, nous dit Marx, ils demeurent prisonniers de l'abstraction. Leur « homme économique » est isolé de son contexte historico-politique. Et ni Smith ni Ricardo ne posent le problème de la rationalité de la propriété privée des moyens de production.

Ce dont il s'agit, donc, c'est dépasser cette vue métaphysique et anhistorique des choses et construire la science critique d'un système que l'histoire condamne.

La *Contribution à la critique de l'économie politique*, *Le Capital* sont la réalisation de ce programme.

Il ne saurait être question de prétendre donner une analyse des théories économiques de Marx. Il nous suffira de souligner que les thèmes principaux s'organisent pour faire du monde capitaliste une *machine* froide et impitoyable que la nature même de son fonctionnement conduit à son inéluctable autodestruction. Le but de cet ouvrage confus, touffu, « dialecticien » en diable qu'est *Le Capital* est de mettre en évidence les secrets de ce dynamisme contradictoire qui anime la société bourgeoise et la mine.

Faut-il confronter les « prévisions » de Marx au devenir réel du système capitaliste ? montrer que s'il a vu juste en montrant l'extension du salariat, on ne saurait confondre ceci avec un processus de prolétarisation, si on entend par prolétaire l'ouvrier d'industrie, alors que la tendance profonde de la répartition de la main-d'œuvre entre les divers secteurs de l'activité est celle d'une régression des travailleurs des secteurs secondaires au profit de ceux du secteur tertiaire ? Souligner que la société ne s'est pas homogénéisée économiquement, par la paupérisation des masses mais que, tout au contraire, les sociétés capitalistes, y compris dans leurs zones de pauvreté, connaissent un niveau de vie largement supérieur [si on se contente de la mesure « économique »] à celui de toute autre société ? Mais ne faut-il pas nous satisfaire de constater que l'autodestruction du système, toujours annoncée, est toujours attendue et que Dimanche n'est pas encore là ?

Ne nous suffit-il pas de reprendre contre Marx ce que disait Kierkegaard — dans *Post-scriptum aux miettes philosophiques* — contre le Système hégélien de la « fin de l'histoire » :

« Si la fin manque à la fin, elle manque aussi au commencement. On devait donc le dire au commencement. Mais si la fin manque au commencement, alors cela signifie qu'il n'y a pas de système. »

Si le capitalisme n'a pas eu la course que Marx voyait inscrite dans sa nature, alors c'est que sa nature est autre. L'ambition d'élaborer une théorie explicative à la fois de la société présente et de la totalité de l'histoire échoue et avec elle le système forgé.

Mais il s'agit bien de « théorie explicative » !...

Ne continue-t-on pas, dans les saintes chapelles, à se référer avec la même tranquillité intellectuelle, à l'anarchie foncière du système capitaliste, en n'accordant à ses succès qu'une valeur épisodique et accidentelle ; à voir sans cesse arriver la crise finale ; à toujours constater l'extension d'une pauvreté qu'on se gardera bien de mesurer à l'aune sociologique ?

La vraie question est ailleurs. Le recensement des aliénations, l'analyse critique du monde, sont à comprendre non comme les prémisses d'un raisonnement dont la conclusion politique s'impose logiquement. C'est l'inverse qui est vrai. La réponse a précédé la question. C'est l'imaginaire de la « récupération de l'homme par l'homme » qui organise la description des objectivations et des pertes sur le chemin de croix de l'humanité.

La sphère du sens — ce que Marx appelle « l'être apparent de l'homme », c'est-à-dire la religion, la famille, l'Etat, le droit, la morale, l'art, n'est que l'expression de l'aliénation de la vie réelle des hommes. Le communisme, qui est la réappropriation de sa vie, de son « être générique » par l'homme et, donc, la fin de l'aliénation, est, en conséquence, nous dit Marx :

« La sortie de l'homme hors de la religion, de la famille, de l'Etat, etc. ; c'est-à-dire du droit, de la morale, de la science, de l'art, etc., et son retour à son existence vraiment humaine, c'est-à-dire sociale » [*Contribution à la critique de l'économie politique*].

Mais ce retour à soi, dans lequel l'histoire achève son travail[2], n'est *rien de plus* que le résultat du développement des forces productives. La société industrielle permet de faire passer dans la réalité le rêve de l'humanité, parce que ce rêve n'était que la projection de son impuissance et l'effet de l'insatisfaction des besoins.

L'industrie crée un rapport qui, dit Marx, exclut tout

2. Engels, dont les écrits sont souvent la simplification des idées de Marx et qui fut celui qui contribua le plus à les populariser, disait, dans une lettre à Conrad Schmidt du 27 octobre 1890 : « En ce qui concerne les régions idéologiques qui planent encore plus haut (que l'Etat, le droit, etc.) dans les airs : la religion, la philosophie, etc., elles sont composées d'un reliquat — remontant à la préhistoire et que la période historique a trouvé devant elle et recueilli — de ce que nous appellerions aujourd'hui... stupidité. A la base de ces diverses représentations fausses de la nature, de la constitution de l'homme lui-même, des esprits, des puissances magiques, etc., il n'y a le plus souvent qu'un élément économique négatif : le faible développement économique. »

rapport mythologique avec la nature ; l'univers en est purgé de ses fantômes. Le miracle de la technique rend inutile le miracle des dieux. Il suffit que les forces matérielles le permettent et tout rentre en soi.

Il faut prendre la mesure de cette volonté de soumettre totalement l'ordre des significations à l'ordre économique et de réduire le désir au besoin. C'est le postulat sans lequel on ne pourrait affirmer que l'*homme total* et la société transparente ne sont pas des utopies mais des programmes inscrits dans l'ordre des choses.

Marx serait-il un cousin en philosophie d'Auguste Comte ? Ne poussons-nous pas trop loin l'explication par la causalité économique ? Pas plus loin que Marx lui-même. Qu'on lise plutôt *Le Capital*.

« Qu'est-ce que Vulcain auprès de Roberts and Co., Jupiter auprès du paratonnerre et Hermès à côté du crédit mobilier ? Toute mythologie dompte, domine, façonne les forces de la nature, dans l'imagination et par l'imagination ; elle disparaît donc au moment où ces forces sont dominées réellement. Qu'advient-il de Fama en regard de Printing-house square ?...

« D'autre part, Achille est-il possible à l'âge de la poudre et du plomb ? Ou *L'Illiade*, en général, avec l'imprimerie, avec la machine à imprimer ? Les chants, les légendes, les Muses ne disparaissent-ils pas nécessairement devant le barreau de l'imprimeur ? »

Mais Marx matérialiste heurte Marx lecteur de Eschyle et de Homère dans le texte, lequel soulève une difficulté [une difficulté qui n'en est une qu'à l'intérieur d'un système qui assimile l'être de l'homme au travail et écrase le désir] :

« La difficulté n'est pas de comprendre que l'art grec et l'épopée sont liés à certaines formes du développement social. La difficulté la voici : ils nous procurent une jouissance artistique et, à certains égards, ils servent de normes, ils nous sont un modèle inaccessible. »

Et comment Marx résout-il la difficulté que seul il a fait naître ? D'une façon qui laisse rêveur :

« Pourquoi l'enfance historique de l'humanité, au plus beau de son épanouissement, n'exercerait-elle pas l'attrait éternel du moment qui ne reviendra plus ? [...] Le charme que nous trouvons à leurs œuvres d'art n'est pas contrarié par le peu d'avancement de la société où elles ont fleuri. Il en est plutôt le résultat ; il est inséparable de la pensée que l'état d'immaturité sociale où cet art est né, où seul il pouvait naître, ne reviendra jamais. »

Qu'est donc ce frémissement devant une statue, un temple, une tragédie grecs ? L'effet d'une nostalgie ? Peut-on ne pas être surpris par ce rapport au passé comme à l'objet perdu ? Un rapport qu'on trouve également dans le *Manifeste communiste* et dans *Le Capital* lorsque Marx oppose la chaleur des liens multicolores de la féodalité au froid calcul d'une société où l'argent est roi. Qu'on trouvait déjà dans la façon dont, dans *L'Idéologie allemande*, il décrivait la cité future du communisme. On est en pleine Arcadie et la plume semble plutôt tenue par le bucolique Rousseau :

« C'est la société [communiste] qui me permet ainsi de faire aujourd'hui telle chose, demain telle autre, de chasser le matin, de pêcher l'après-midi, de m'occuper d'élevage le soir et de m'adonner à la critique après le repas, selon que j'en ai envie, sans jamais devenir chasseur, pêcheur, berger ou critique. »[3]

Notons que le rapport au passé comme rapport tendre et que hante le regret est une dimension de la conscience moderne. Les « anciens » avaient une plus grande certitude de leur présent. Lorsque, dans *Phédon*, Platon parle de « l'enfant qui est en nous », c'est avec répugnance. Aristote, dans l'*Ethique à Nicomaque*, affirme « nul ne souhaiterait vivre en conservant toute sa vie la mentalité d'un enfant » et saint Augustin, dans *La Cité de Dieu*, renchérit : « Qui ne reculerait d'horreur et ne choisirait la mort si on lui offrait le choix entre mourir et redevenir enfant ? » Mais Marx se veut tourné vers le futur, se veut chantre de progrès, vouant un culte à l'essor des forces productives. Nous faut-il comprendre que la pulsion révolutionnaire puise dans Thanathos qui nous fait voir, dans notre mort et notre ensevelissement, le retour au sein de la terre comme un retour au sein de la mère (qui fut notre terre d'origine) ?

3. Dans l'*Anti-Dühring*, Engels pousse l'image de cet homme total aux dimensions du comique : « Un jour, il n'y aura plus de pousseur de brouette ni d'architecte de profession, mais l'homme qui, pendant une demi-heure, aura donné des instructions comme architecte poussera aussi quelque temps la brouette, jusqu'à ce qu'on fasse de nouveau appel à son activité d'architecte. »

La révolution accomplit le passé et fait, de cet accomplissement, des retrouvailles. Ainsi le discours de l'historicisme[4] et le thème du retour réactualisent-ils le vieux mythe de l'univers qui naît de sa sortie de Dieu et qui s'achève dans sa résorption en Dieu.

4. R. Boudon, dans son article : Anomie, contradiction et philosophie publique dans les sociétés industrielles [qu'il présente comme des variations sur le dernier chapitre du livre de D. Bell : *Les contradictions culturelles du capitalisme* (PUF, 1979)], *Contrepoint*, 22/23, 1976, et dans son article Sur les avatars sociologiques de l'historicisme, *Commentaire*, 9, printemps 1980, engage, selon des voies multiples, une critique de l'historicisme qui ne nous semble pas opposée à la nôtre.

Chapitre 10

L'illusion lyrique révolutionnaire

Puisque de politique il s'agit, c'est dans le *Manifeste communiste* qu'il nous faut la chercher ; un manifeste qui unit, avec force et « évidence », la démonstration et l'invocation à l'action.

Que Marx ait sa place dans l'Empyrée, au royaume des philosophes, qui le contesterait [lui excepté, qui n'aurait pas aimé cela, du tout] ? Mais le Marx, penseur socialiste, tel que nous le donne ce bréviaire qu'est le *Manifeste*, voit son originalité relativisée lorsqu'on le réinsère dans le grand mouvement des idées qui, à la suite des effets de l'individualisme démocratique [la constitution des classes sociales et l'essor industriel], suscite nombre de projets — révolutionnaires, réformateurs, utopiques — tous appuyés sur la croyance que l'organisation de la société civile est le cœur de tout projet politique.

Les limites de l'originalité du *Manifeste*, dans un temps où nombreuses sont les chapelles intellectuelles et ouvrières à rêver d'un monde unifié, apaisé et juste, apparaissent lorsqu'on fait un parallèle avec les idées socialistes du début du siècle.

L'aphorisme qui ouvre le *Manifeste* et qui énonce que l'histoire politique et intellectuelle des sociétés passées et présentes n'est que le produit de la lutte des classes, bien que Engels — l'ami fidèle — prétendît y voir « la propriété unique et exclusive » de Marx, était un credo révolutionnaire qui n'avait pas attendu Marx pour enflammer les imaginations.

En 1796, le *Manifeste des Egaux* avait déjà dénoncé le scandale qui faisait qu'à travers toute l'histoire :

« La très grande majorité des hommes travaille et sue au service et pour le bon plaisir et l'extrême minorité », et réclamé que soient abolies « les distinctions révoltantes de riches et de pauvres, de grands et de petits, de maîtres et de valets, de gouvernants et de gouvernés ».

En 1828, Buonarroti, dans *Conspiration pour l'égalité, dite de Babeuf*, réédite ce manifeste, catéchisme des révolutionnaires sous Louis-Philippe. En 1832, Blanqui, au *Procès des Quinze*, où furent condamnés les chefs de « la Société des amis du peuple », s'écrie que toutes les luttes politiques se ramènent, en dernier lieu, à « la guerre entre les riches et les pauvres ».

Du côté des saint-simoniens, dès 1829, Bazard, dans ses conférences, rappelait cette notion de lutte des classes, qu'il appelait « exploitation de l'homme par l'homme ». Et, quand il explique les premiers stades de l'histoire de l'humanité, il écrit :

« Les hommes (sont) partagés en deux classes, les exploitants et les exploités, les maîtres et les esclaves » et souligne que « la condition respective où se trouvaient dans le passé les maîtres et les esclaves, les patriciens et les plébéiens, les seigneurs et les serfs... se continue à un très haut degré dans les relations des propriétaires et des travailleurs. »

Nous pourrions faire la même démonstration quant à la croyance du *Manifeste communiste* que c'est l'économie qui est le moteur de l'histoire. L'économiste Blanqui, disciple de Le Play (et frère du révolutionnaire Louis Blanqui), avait déjà noté :

« Il existe entre l'histoire et l'économie politique des rapports tellement intimes qu'on ne peut les étudier l'une sans l'autre, ni les approfondir séparément. La première fournit les faits ; la seconde en explique les causes » (cité par Tcherkesoff : *Pages d'histoire socialiste*).

Enfin il faudrait citer longuement Proudhon qui avait énoncé, dans *De la création de l'ordre dans l'Humanité*, que « les lois de l'économie politique sont les lois de l'histoire ; les sociétés se meuvent sous l'action des lois économiques et se détruisent par leur violation ».

Ne nous étendons pas sur la dure critique que fait Marx de

Proudhon, dans *Misère de la philosophie.* Il y a d'abord le mépris du « philosophe » pour le pauvre penseur français qui ne comprend rien à la dialectique hégélienne :

« La nature de Proudhon le porte à la dialectique. Mais n'ayant jamais compris la dialectique scientifique, il ne parvient qu'au sophisme. Le petit bourgeois... dit toujours "d'un côté et de l'autre côté". Deux courants opposés, contradictoires, dominent ses intérêts matériels et, par conséquent, ses vues religieuses, scientifiques et artistiques, sa morale, enfin son être tout entier. Il est la contradiction vivante. S'il est, de plus, comme Proudhon, un homme d'esprit, il saura bientôt jongler avec ses propres contradictions et les élaborer, selon les circonstances, en paradoxes frappants, tapageurs, parfois brillants. Charlatanisme scientifique et accommodements politiques sont inséparables d'un pareil point de vue. »

Ce qu'il y avait surtout c'est la différence de conception du combat politique, de sa forme et de sa finalité. Ce qui nous ramène à ce que Marx disait de lui et de son apport propre, à savoir le messianisme révolutionnaire et son chemin, la, dictature du prolétariat.

On le voit bien dans la critique qu'il fait du socialisme de Proudhon, qui n'est pas seulement un de ces « socialistes utopiques » qui ont le mérite d'avoir préparé la voie au « socialisme scientifique » mais un frère ennemi. Le socialisme de Proudhon, écrit-il :

« Cherche à dégoûter les travailleurs de tout mouvement révolutionnaire en leur démontrant qu'ils ne pourraient tirer avantage que d'une transformation des conditions de vie matérielle, des rapports économiques ; tandis que tel ou tel changement politique serait sans intérêt. Toutefois, par transformation des conditions de vie matérielles, ce socialisme n'entend nullement l'abolition des rapports de production bourgeois, qui ne peut être atteinte que par des moyens révolutionnaires ; il entend par là uniquement des réformes administratives, qui s'accomplissent sur la base même de ces rapports de production sans affecter, par conséquent, les rapports du capital et du travail salarié et qui, dans le meilleur cas, permettent à la bourgeoisie de diminuer les frais de sa domination et d'alléger le budget de son Etat. »

Le fond du problème est ailleurs que dans des divergences

théoriques par ailleurs réelles. Il est dans ce qui fait la ligne de partage du mouvement de contestation sociale : faut-il nécessairement ou non n'envisager comme issue que la « révolution » ? Doit-on, avec Proudhon, voir dans la croyance révolutionnaire un nouveau catéchisme doctrinal ? On peut aussi penser que la différence entre Proudhon et Marx est bien celle qui met d'un côté le radicalisme compensateur de la médiocrité allemande et de l'autre les effets de l'héritage révolutionnaire intervenu dans *son* histoire. A Marx, Proudhon répond :

« Peut-être conservez-vous encore l'opinion qu'aucune réforme n'est actuellement possible sans un coup de main, sans ce qu'on appelait jadis une révolution et qui n'est tout bonnement qu'une secousse [...]. Je crois que nous n'avons pas besoin de cela pour réussir et qu'en conséquence nous ne devons point poser l'action révolutionnaire comme moyen de réforme sociale, parce que ce prétendu moyen serait tout simplement un appel à la force, à l'arbitraire, bref une contradiction. Je me pose ainsi le problème : faire entrer dans la société, par une combinaison économique, les richesses qui sont sorties de la société par une autre combinaison économique... » (Lettre du 17 mai 1846).

Et Proudhon rêvera d'un mouvement mutualiste et Marx de l'armée organisée du prolétariat.

Mais il est temps dans venir à ce *Manifeste communiste* qui est notre propos.

Si la *Déclaration des droits de l'homme* est le texte qui incarne l'avènement de l'individualisme démocratique, le *Manifeste communiste* est le texte qui incarne ce moment où le politique se fait prioritairement interrogation sur la société civile. Notons cependant une différence qui n'est pas mince : la Déclaration est la conscience morale et philosophique d'une révolution qui a eu lieu ; le *Manifeste* est, lui, un programme pour une révolution qui est à faire, ce qui le conduit à voir, dans la révolution d'hier une révolution « inachevée ».

Le *Manifeste* a le souffle lyrique des tempêtes qu'il annonce. Qui aura oublié la phrase qui ouvre son texte :

« Un spectre hante l'Europe, c'est le spectre du communisme », et la période qui le clôt :

« Ce n'est pas sans raison que les classes dominantes

tremblent devant la menace d'une révolution communiste. Les prolétaires ne risquent d'y perdre que leurs chaînes. Ils ont un monde à y gagner » ?

Le langage politique avait été dominé par la rhétorique morale. Il découvre son ère prophétique...

Avec Marx nous restons dans ce temps du lyrisme révolutionnaire, qui n'empêche en rien les petites mesquineries intellectuelles et les rivalités de personnes. Son messianisme de classe n'est pas un messianisme de parti, lequel ne se développera qu'au sein de la social-démocratie allemande, où il aura un sens différent selon qu'il s'inscrira dans une perspective de réformisme ou dans une perspective de radicalisme révolutionnaire, avant que Lénine n'en forge la « théorie ».

Les communistes dont parle Marx dans le *Manifeste communiste*, ne sont pas une organisation politique :

« Ils ne forment pas un parti distinct en face des autres partis ouvriers ; ils n'ont pas d'intérêts distincts de ceux du prolétariat tout entier ; ils ne proclament pas de principes particuliers sur lesquels ils voudraient modeler le mouvement prolétarien. »

Ce qui fait la spécificité des communistes c'est que :

« Dans l'ordre de l'action, ils constituent la fraction la plus résolue [...] tandis que, dans l'ordre de la théorie, ils ont sur le reste du prolétariat, l'avantage d'une intelligence lucide des conditions de la marche et des fins générales du mouvement prolétarien. »

Ainsi voit-on mieux comment s'organise la mise en scène : un Sujet historique concret (le Prolétariat), une « fin » (la société transparente), un chemin (la révolution). Où situer le Parti comme médiation ?

A lui donner un poids de réalité ne risque-t-on pas de reconstituer, à l'intérieur même de l'espace de la classe, la division entre l'universel qu'incarnerait le Parti et le particulier que seraient les ouvriers prisonniers de leurs intérêts corporatifs ? Qu'est-ce qui distinguerait ce Parti de l'Etat-savant hégélien dont Marx avait si fortement souligné la nature bureaucratique, l'illusion de son savoir et la réalité bourgeoise de son pouvoir ? En fait, en aucune façon il n'y a place pour le Parti au cœur de la théorie marxiste et sa place, dans la pratique est celle d'un instrument parmi d'autres.

Max Adler, dans le chapitre 8 (« Classe et parti »), de son ouvrage *La conception marxiste de l'Etat*, remarque, après avoir rappelé les condamnations sévères de Marx contre les partis, dans son livre contre Proudhon : *Misère de la philosophie*, que la lutte des partis se déroule à un niveau superficiel alors que la lutte des classes fait naître un principe dépassant toute politique.

Au sens fort, il y a hétérogénéité entre les partis politiques et le « Parti prolétarien », lequel ne saurait être un parti mais le mouvement même de la classe prenant conscience de soi. Avec Marx le social fonctionne comme un imaginaire sans médiation. Et il y aura à comprendre le glissement qui fera passer cet imaginaire au profit d'un corps particulier : le Parti.

D'une certaine façon il en va de cette dérive qui mène de la classe au parti quelque chose d'analogue à la dérive qui va de la Volonté générale de Rousseau au Rousseauisme des clubs des Jacobins. Pour Rousseau la Volonté générale implique, par sa nature même, l'impossibilité de toute délégation de souveraineté à un corps quelconque, hormis le corps du peuple en son entier ; d'où l'absence de tout espace de la représentation politique. Pour Marx la même dialectique se retrouve. La classe a à devenir sujet, et nul ne peut être, à sa place, le supposé-sujet de l'histoire. Il n'est pas d'agent délégué à son universalité. Certes, Marx, comme nous allons le rappeler, a milité, de la *Ligue communiste* (1847) à l'*Association internationale des travailleurs* (1864), mais ses adhésions furent toujours brèves, réticentes voire ironiques à l'égard des organisations qui se prenaient pour ce qu'elles n'étaient pas. Ainsi Engels, le 13 février 1851 répondait-il à une lettre de Marx dans laquelle celui-ci se plaignait des « ânes » qui étaient dans le parti et à l'égard de qui il s'obligeait à la politesse (lettre du 11 février 1851) :

« N'avons-nous pas agi depuis des années comme si toutes sortes de gens constituaient notre parti, alors que nous n'avions pas le moindre parti et que les gens que nous considérions comme de notre parti, du moins officiellement, ne comprenaient même pas les éléments de notre doctrine ? Comment des gens comme nous, qui fuyons comme la peste des situations officielles, pourrions-nous être d'un parti ? Que nous chaut un parti, à nous qui crachons sur la popularité... »

Et un peu plus loin, dans la même lettre il dit, et la chose mérite d'être entendue :

« Une révolution est un événement purement naturel, obéissant aux lois physiques... Si l'on se pose en représentant d'un parti, l'on est entraîné dans ce tourbillon de l'irrésistible nécessité naturelle. »

Ce qui intéresse Marx c'est l' « auto-activité » de la classe ouvrière pour son « auto-affranchissement ».

Et si Marx unit sa foi en la spontanéité du prolétariat à son opiniâtreté à militer pour la constitution du parti ouvrier, c'est qu'il voyait dans celui-ci un instrument nécessaire à une lutte qui était à la fois une lutte économique et politique. Mais il ne confond pas le parti ouvrier, instrument politique et le parti prolétaire qu'il identifie au mouvement de la classe. Le premier s'inscrit dans des structures organisationnelles et est, au même titre que toutes les autres formes d'organisation ouvrière, subordonné à l'autre, car « l'émancipation des travailleurs ne peut être que l'œuvre des travailleurs ».

Comme l'écrit Maximilien Rubel dans son article décisif sur la question (Remarques sur le concept de parti prolétarien chez Marx, *Revue française de Sociologie*, II, 3, 1961) :

« L'idée de spontanéité est donc essentielle pour comprendre la distinction faite par Marx entre des partis ouvriers dont la structure ne peut être différente de celle de tous les autres partis politiques en régime libéral, et le parti prolétarien qui transcende en quelque sorte les conditions de la société établie ne peut, pour cette raison, s'identifier à une organisation réelle soumise aux servitudes de l'aliénation politique. »

Comme le dira Engels, après la mort de Marx, alors qu'il s'insurgeait contre la transformation de la pensée marxiste en dogmatisme marxiste doctrine de parti :

« Les masses ont besoin de temps et d'expériences pour se développer, et elles en ont seulement l'occasion lorsqu'elles ont un mouvement à elles, quelle qu'en soit la forme, pourvu que ce soit leur mouvement propre. [...] L'important, c'est de faire que la classe ouvrière agisse en tant que classe. Ceci obtenu, elle trouvera bientôt la bonne direction. »

Mais il semble que l'histoire se moque des intentions de ceux qui prétendent la connaître. Le mouvement dont rêvait Marx d'une auto-éducation des masses se transforme en une organisation des maîtres à penser du prolétariat. Et le renversement est dans ce que, partant du privilège accordé absolument à la société civile et à la lutte sociale, le marxisme institué en arrivera au primat de la lutte politique et du Parti.

C'est que le temps vient où les sujets collectifs de la société civile, parce que l'inscription de leurs intérêts particuliers dans le registre du politique s'imposera à eux (faute de quoi ils restent hors du lieu où s'élabore la volonté collective), se donneront des organes représentatifs propres. Ceci impliquera la venue, au premier plan, des partis, organismes d'autant plus nécessaires qu'ils apparaîtront comme la seule instance médiatrice pour les exclus de la scène politique et leur seul moyen de s'y faire reconnaître.

Mais, comme tout corps, les partis sécréteront les éléments de leur persévération dans l'être, créant les espaces d'investissements libidinaux qui fidélisent leurs mandants, leur offrant la gratification affective de leurs engagements militants. Le parti se fait contre-société conviviale et chaude, dans le partage du serment partisan.

Donc Marx n'était pas, à proprement parler, un militant de parti. Il se voulait militant de la révolution et croyait si fort à son engagement qu'il s'épuisa, sa vie durant, à organiser des liens entre les divers centres d'agitation révolutionnaire, à proposer des plate-formes d'unité d'action, à élaborer des « motions de synthèse » et qu'il se brouilla avec un de ses meilleurs amis, Wenceslas Kugelmann, parce que celui-ci l'avait probablement pressé d'abandonner toute activité de propagandiste politique afin de pouvoir achever le *Capital.*

« Mon père, écrit la fille de Kugelmann, était d'avis, non seulement que Marx y perdait un temps précieux mais qu'il n'avait pas de talent d'organisation... Peut-être mon père avait-il été trop zélé alors et Marx ne le supporta pas. » Marx avait-il ce talent d'organisation ? Il en avait, en tout cas, la volonté ardente.

Suivre l'activité de Marx au sein des diverses organisations ouvrières du temps et des polémiques qui, parfois, les déchirèrent, permet de retrouver ce chemin qui aura mené le mouvement révolutionnaire du bouillonnement lyrique et disparate à l'institutionnalisation partisane.

Dès l'été 1845, Marx, stimulé par ses discussions avec

Engels, Proudhon, Bakounine et les groupes d'ouvriers allemands émigrés à Paris, il prend contact avec Weitling ; en février de l'année suivante il fonde, avec Engels, un réseau de *comités de correspondance communiste.* Ces efforts, joints à d'autres, aboutissent, quelque dix-huit mois plus tard, à la réunion, à Londres [Marx n'y assistera pas faute d'argent] du Ier Congrès de la *Ligue des communistes.* Au second congrès de cette même Ligue, en novembre 1848, Marx et Engels sont chargés de rédiger un manifeste donnant un fondement et un programme à « toutes les forces européennes révolutionnaires » (!). Ce sera le *Manifeste communiste.* Dès lors l'influence politique de Marx ne cesse de s'accroître. Une remarque de Bakounine mérite d'être retenue. Il se plaignait de ce que Marx préférât la société d'ouvriers et d'artisans à celle de gens intelligents et corrompît de simples et braves hommes en leur bourrant le crâne de théories abstraites et de doctrines économiques obscures qu'ils ne comprenaient pas, *ce qui les rendait arrogants et fats* [nous soulignons parce que nous retrouverons ce trait d'arrogance dans le militantisme idéologique, comme le fera remarquer Karl Wittfogel dans un article que nous utiliserons].

Après les espoirs inconsidérés que font naître dans les milieux socialistes les mouvements de 1848 et les déceptions qui succèdent, au printemps 1850 est créée la *Société universelle des communistes révolutionnaires* qui réunit blanquistes, chartistes révolutionnaires et marxistes et qui est comme une préfiguration de l'*Association internationale des travailleurs.* L'*Adresse* que Marx rédigea quelques semaines auparavant, dans le but de permettre une reconstitution de la Ligue des communistes alors dissoute, adresse recommandant la formation d'une organisation politique propre de la classe ouvrière, avec pour objectif, l'instauration de « gouvernements ouvriers révolutionnaires » et se terminant par la célèbre formule : « Le parti du prolétariat aura pour mot d'ordre la révolution en permanence », fut probablement pour beaucoup dans l'alliance réalisée. La Société définissait ses perspectives dès son article Ier:

« Le but de l'association est la déchéance de toutes les classes privilégiées, la soumission de ces classes à la dictature des prolétaires en maintenant la révolution en permanence jusqu'à la réalisation du communisme qui doit être la dernière forme de la constitution de la famille humaine. »

Cependant des dissensions multiples déchirent l'organisation, qui ne sont point seulement dues à la diversité des courants mais aussi à la modification de la situation historique. La décennie 1850-1860 est marquée par un regain de l'activité économique, un enrichissement de la société et un progrès des lois sociales. On voit les organisations ouvrières s'enfermer, pour certaines, dans le secret de la conspiration, abandonner, pour d'autres, tout romantisme révolutionnaire et se tourner vers des revendications « réalistes ». En Angleterre, en particulier, se multiplient les sociétés locales ou nationales dont le but est moins de bouleverser l'ordre établi que de rendre supportable, par un système d'indemnités de chômage ou de maladie, la condition prolétarienne : la *Société amalgamée des mécaniciens et ouvriers mécaniciens* ou la *Société des charpentiers* fournissent ainsi les bases d'un syndicalisme de réformes.

En 1858, cependant, la crise qui s'étend à toute l'Europe va provoquer de durs conflits économiques et politiques qui atteindront d'abord la Grande-Bretagne. Au milieu de l'année 1860, le *Conseil des syndicats londoniens* se réunit et décide d'avoir des relations plus étroites avec les groupes ouvriers du continent [dans le but, d'abord, d'empêcher le recrutement d'ouvriers contre les travailleurs anglais en grève]. En juillet 1863, responsables français et anglais, à Londres, jettent les fondements de ce qui sera l'Internationale ouvrière. Et Marx fera partie d'un comité de 50 membres ayant pour charge de préparer le programme et les statuts de la nouvelle association. Depuis l'échec de la *Société universelle des communistes révolutionnaires*, Marx n'a pas cessé son entreprise d'agitation, de propagande et d'organisation révolutionnaire. C'est l'époque où il lie part avec Ferdinand Lasalle, de sept ans plus jeune que lui, qui s'était acquis par son brio et son radicalisme une grande popularité dans les milieux révolutionnaires allemands. Les deux hommes se rencontrent, correspondent, s'affrontent, s'encouragent. Et Marx aide Lasalle à s'imposer comme le dirigeant pratique de la future révolution allemande.

Si nous nous intéressons à cet épisode c'est que Lasalle, plus que Marx, est à l'origine des bases du Parti social-démocrate allemand dont nous aurons à mesurer l'importance. Il n'y a pas de véritable communauté de perspectives entre Marx et Lasalle. Pour Marx, Lasalle est un adepte du socialisme étatique.

Lasalle, à dire vrai, est un théoricien médiocre. Il organise son action en fonction d'un impératif unique : le pouvoir. Il caresse l'idée qu'il pourrait être un jour le dirigeant d'un Etat allemand socialiste, et, dans une telle optique, est prêt à toutes les alliances, convaincu qu'il est que l'essentiel est la propriété de la direction politique de la société. Lorsqu'en septembre 1864 Marx apprend à Engels la mort de Lasalle tué en duel, celui-ci lui répond : « ... dans le présent, il fut pour nous un ami incertain, et, dans l'avenir, un ennemi presque certain. » Le mois de février de l'année suivante, Marx explique à Kugelmann pourquoi le « marxisme » ne pouvait s'accommoder de l'optique lasallienne :

« Pendant toute son agitation, nos relations furent suspendues : 1° A cause de ses fanfaronnades et de ses vantardises doublées du plagiat le plus honteux de mes œuvres ; 2° Parce que je condamnais sa tactique politique ; et 3° Parce que je lui avais déclaré et démontré que c'était un non-sens de croire que l'Etat prussien pourrait exercer une action socialiste directe. »

Revenons à l'action de Marx au sein du Comité provisoire de l'Association où il a fait adopter son propre projet connu depuis sous le nom d'*Adresse inaugurale*.

Dans une première partie, l'Adresse dessine un tableau de la société capitaliste :

« Il y a une vérité que tout esprit non prévenu tient aujourd'hui pour démontrée et que seuls démentent ceux-là qui ont intérêt à barricader les autres dans le paradis des imbéciles : cette vérité, c'est que, dans tous les pays d'Europe, il n'y a pas de fonctionnement des machines, pas d'applications scientifiques dans la production, pas d'inventions pour communiquer, pas de colonies nouvelles, pas d'émigration, pas d'ouverture de marchés, pas de libre-échange, il n'y a là rien, et même si on met toutes ces choses ensemble, qui puisse mettre fin à la misère des classes laborieuses ; et qu'au contraire, sur cette base faussée, tout nouveau développement des forces productives doit aboutir à des contrastes sociaux plus vifs, à des antagonismes sociaux plus tranchés. Mourir de faim, mais c'est devenu une manière d'institution dans la métropole de l'Empire britannique au cours de cette grisante époque de progrès économique. »

Les statuts de l'*Association internationale des Travailleurs* (AIT), que rédige Marx, et qui sont adoptés à l'unanimité, souscrivent à un « moralisme » qui guide la plupart des organisations ouvrières et que Marx jugeait ainsi, dans une lettre à Engels :

« J'ai été obligé d'accepter, dans le préambule des statuts, deux phrases où il est question de *duty* et de *right*, de même que de *truth, morality and justice* ; mais je les ai placées de manière qu'elles ne fassent pas de dégâts. » Le préambule dit que « toutes les sociétés et individus y adhérant [s.e. à l'AIT] reconnaîtront comme base de leur conduite envers tous les hommes, sans distinction de couleur, de croyance et de nationalité, la *Vérité*, la *Justice* et la *Morale*. »

Le Ier Congrès de l'*Internationale* eut lieu du 3 au 8 septembre 1866 à Genève, Marx n'y venant pas faute d'argent. En 1869, l'*Alliance internationale de la démocratie*, de Bakounine est admise. En 1870, l'*Union ouvrière* des Etats-Unis s'affilie. C'est au IIIe Congrès, qui se réunit à Bruxelles en septembre 1868, que les marxistes l'emportent sur les proudhoniens (ou comme on disait, les collectivistes l'emportent sur les mutualistes).

Le 28 mai 1871 la Commune de Paris (au succès de laquelle Marx n'avait pas cru).

C'est le glas de l'Internationale. Le glas aussi d'une époque. Les années qui suivirent sont, pour Marx, celles où il voit se disperser le mouvement révolutionnaire. En 1875, sur l'invitation de W. Bracke, député social-démocrate au Reichstag, Marx développe ses critiques contre le programme adopté à Gotha, par les sociaux-démocrates (qui viennent d'obtenir, avec neuf mandats, leur première victoire électorale) et rouvre ainsi la polémique contre les conceptions de Lasalle, qui lui paraissent y avoir triomphé. Ce qui transparaît c'est le sentiment qu'a Marx que « l'internationalisme prolétaire » recule, comme recule l'idée de l'organisation « autonome » de la classe ouvrière...

Chapitre 11

Du lyrisme révolutionnaire au « parti de la classe ouvrière »

La démocratie moderne n'est pas et ne peut pas être, si on veut bien donner aux termes leur sens plein et entier, le gouvernement du peuple *par* le peuple. Ce dernier ne gouverne jamais que par délégation de sa souveraineté à une élite politique, par le moyen de ses suffrages, dans la pluralité des candidatures et des partis. La logique démocratique est une logique de la représentation politique et de la consultation électorale [avec ses hasards] comme mode d'expression de la « volonté du peuple ».

Lorsqu'on décrit la société démocratique comme ce lieu que remplit le tumulte des affrontements publics entre patrons, leaders syndicaux, hommes politiques ; lorsqu'on souligne le pullulement des associations de défense d'intérêts divers [matériels ou « symboliques »] et l'ardeur passionnée que chacune met à remplir la « mission » qu'elle s'est assignée, on ne procède pas à un « état des lieux », on exprime l'essence même de la démocratie.

Que, dans un tel espace, le gouvernement ne puisse être que le résultat d'un compromis négocié, quoi d'étonnant. Mais surtout, que les détenteurs du pouvoir aient la conviction de la précarité, dans le temps, de leur règne et que, opposants d'hier, ils se sachent opposants potentiels de demain, voilà qui est « l'esprit » de la démocratie.

Une tradition qu'on peut qualifier de « populiste » [celle-là même qu'on retrouve dans la social-démocratie lorsque le discours révolutionnaire se plie aux exigences d'une insertion dans l'espace de la démocratie parlementaire] aime à définir la démocratie, non comme une structure qui organise le mode d'expression de la souveraineté populaire, le mode de répartition des pouvoirs et la nature de l'Etat, mais comme un *mouvement* qui tendrait à se confondre avec le progrès social et la promotion des classes « défavorisées », mouvement dont la tendance asymptotique serait la disparition du politique comme tel, dans le triomphe de la société enfin maîtresse d'elle-même.

C'est là particulièrement le cas du socialisme français, dans la fin du siècle dernier et à l'aube de celui-ci ; un socialisme dont le parti dont il était le programme fut longtemps minoritaire et peu assuré de sa représentativité dans un monde ouvrier où dominait la tradition « anarcho-syndicaliste » et sa méfiance à l'égard des organisations politiques.

Si les diverses tendances de la SFIO, avant 1914, avaient apparemment accepté la vulgate marxiste qu'imposait comme doctrine la suprématie du Parti social-démocrate allemand dans l' « Internationale », la réalité idéologique était tout autre. Il suffit d'évoquer Jean Jaurès, figure mythique s'il en est, dans ses efforts pour réconcilier le marxisme et la tradition républicaine française. Le message de Jaurès, on peut le résumer ainsi : il faut socialiser les grands moyens de production, mais c'est par une conversion progressive de toutes les classes de la société que se fera, pacifiquement, le passage au socialisme lequel n'est conçu que comme l'élargissement du processus ouvert par la Révolution française. Celle-ci a apporté la démocratie politique et a établi les conditions de l'émancipation des travailleurs. C'est au prolétariat, nouveau tiers état, d'achever cette révolution politique par des *réformes* qui ne quitteront pas le terrain de la légalité républicaine.

Passons sur les antinomies inhérentes à la tentation de concilier Marx et la République, par des glissements de sens qui transforment la classe en peuple et la révolution en réforme.

Pour louable que soit cette tradition populiste, quant à sa pratique politique ouverte à la question sociale [mais, du côté opposé, celui des libéraux, un mouvement inverse, et par là même convergent, et qui aura fait découvrir l'inanité de voir dans la société civile un espace vide où n'existent que des contrats entre individus « libres », alors que s'y imposent les conflits entre corporations, groupes d'intérêts, classes, engendrera l'ouverture aux exigences d'une politique « sociale »], elle n'en demeure pas moins hypothéquée par un fondement théorique qui fait fi de l'essence de la révolution démocratique, soit : autonomie (et donc délimitation) du politique, reconnaissance de l'espace séparé de la société civile, fondement de ces deux espaces sur le principe de l'individualisme [« les hommes naissent libres...].

L'idée régulatrice de la social-démocratie, même acte étant pris de sa rupture avec l'utopie révolutionnaire, demeure sa croyance en une possible résorption du politique dans la société. Un « anti-étatisme » de principe, incarné paradoxalement dans un recours systématique à l'Etat comme lieu de la reconnaissance du combat social, instrument de protection et d'assurance sociale et objet à conquérir « en vue de »...

On trouve un bel exemple de l'ambiguïté d'une telle conception de la démocratie et des confusions politiques dont elle est porteuse dans le texte que J.-M. Domenach écrivit en introduction au livre de S. M. Lipset : *L'homme et la politique* (1963) :

« Incontestablement, la représentation parlementaire, l'élection libre, l'alternance des majorités, sont des preuves de démocraties, et plus encore, peut-être, ces garanties juridiques qui sont à la fois fondement et limite de la démocratie. Mais n'y a-t-il pas, dans la démocratie telle qu'elle fut rêvée et fondée, bien davantage qu'une harmonieuse solution des conflits publics : d'abord l'idée d'un homme se libérant, prenant en main la direction des affaires, récupérant sa liberté, son bonheur volés, retrouvant la maîtrise des choses et l'amitié de ses frères ; ensuite l'idée d'un peuple redevenu conscient de son unité, de sa vocation et non plus masse atomisée d'esclaves. Cette double inspiration démocratique, qui fut celle des révolutionnaires français, qu'enrichirent les romantiques et les socialistes, est encore au travail dans le monde. On l'aperçoit, dégénérée sans doute, et durcie, dans les régimes de type soviétique ; on la retrouve, exaltée et balbutiante dans les jeunes nations décolonisées. Faut-il classer automatiquement ces pays parmi les dictatures ou parmi les démocraties de dernière catégorie, *sous prétexte* [c'est nous qui soulignons] qu'ils ignorent la pluralité des partis et les formes parlementaires en usage dans l'Occident ? » Le rappel cruel d'un texte avec lequel on est en droit de supposer que leur auteur, aujourd'hui, prendrait ses distances, n'est animé d'aucune intention polémique. Et nous n'ironiserons même pas sur le médiocre lyrisme dans lequel se donne la sollicitude de la conscience malheureuse. Ce qui nous a paru intéressant, dans un texte que sa « banalité » idéologique rend exemplaire d'une tournure d'esprit, c'est l'évidence d'un mécanisme intellectuel qui, par le jeu des analogies et par le glissement des métaphores, nous introduit dans cette « nuit du concept » dont Hegel disait qu'elle était celle « où toutes les vaches sont grises ».

Ce qui est présupposé derrière cette volonté de considérer le débat « institutionnel » ou « constitutionnel » comme secondaire, relevant d'un dogmatisme juridique qui ossifie la dynamique de l'Histoire et sa créativité, c'est la mise en question — sans même que cela soit vu — de l'espace politique comme tel, avec ses exigences structurelles, voire sa disparition au nom du grand mouvement d'autorécupération de la société.

Il ne s'agit pas là d'un débat secondaire entre tenants de la constitution et tenants de l'histoire...

La démocratie, si elle n'est évidemment pas exclusive de mouvement, n'en doit pas moins être définie *d'abord* comme un système *politique* où est organisée institutionnellement la compétition entre partenaires/adversaires en vue de l'occupation des charges gouvernementales. Non seulement l'analogie peut être faite, mais selon nous elle *doit* l'être, entre la structure concurrentielle du politique et la structure concurrentielle de l'espace économique du « marché ». C'est ce qu'avait déjà montré Schumpeter, qui, dans le même ouvrage [*Capitalisme, socialisme, démocratie*], explicite ainsi ce qu'il entend par démocratie :

« Démocratie signifie seulement que le peuple est à même d'accepter ou d'écarter les hommes appelés à le gouverner. Mais comme le peuple pourrait également prendre de telles décisions en appliquant des procédés parfaitement antidémocratiques, il nous faut resserrer notre définition en y insérant un critérium supplémentaire identifiant la méthode démocratique — à savoir le critérium de la libre concurrence entre les candidats aux postes de commandement pour les votes des électeurs. Or un aspect de ce critérium peut être exprimé en disant que la démocratie est le règne du politicien. »

Donc, pouvons-nous compléter, des partis politiques. Encore faut-il distinguer entre partis politiques, objets « naturels » de la topologie démocratique et « mouvements idéologiques militants » qui ont comme caractéristique de ne jamais se penser réellement comme parti [c'est-à-dire, si on nous permet ce jeu de mots, comme *partie* de la société], confrontés à la permanence d'une compétition qui implique l'existence des autres partis/parties, mais comme des candidats à l'exclusive représentation de la société-une.

Mais il nous faut reprendre, où nous l'avons interrompu, le fil de notre « histoire ».

A la phase mystique prolétarienne qui, comme pour faire admettre que les ouvriers n'étaient pas des sous-hommes, en avaient fait des héros, ne succède pas la phase « désenchantée » où les « sous-hommes », devenus des hommes, n'ont plus à être ce qu'on rêvait qu'ils fussent.

L'imaginaire fusionnel et le prophétisme vont trouver l'espace de leur économie dans une nouvelle réalité : le *parti* [que nous préférons appeler « mouvement idéologique »]. Au héros-prolétaire succède le militant-partisan.

C'est que le processus d'intégration des « classes laborieuses » dans l'espace démocratique parlementaire, a rendu de plus en plus irréelle l'analyse révolutionnaire romantique. L'espoir que les temps étaient tout proches où le prolétariat allait renverser l'édifice vermoulu du monde ancien et faire triompher, à l'échelle de toute l'humanité, le règne de la liberté et de la fraternité universelle ne pouvait durer.

Dans une société qui semblait devoir se perpétuer bien plus longtemps que prévu, l'espérance et l'effort étaient voués à disparaître ou à s'inscrire dans des organisations qui sauraient affronter le temps et, accessoirement, se faire des lieux substituts de la révolution retardée. S'il y a une logique dans le passage d'une époque à l'autre, ceci ne doit pas nous dissimuler leurs différences. Elles sont celles qui séparent la « poésie » de la « prose »...

Ce mouvement de cristallisation est en même temps un mouvement d'installation et d'enfermement national des partis. Ceux-ci tiennent toujours le discours de la révolution mondiale (c'est-à-dire européenne) et adhèrent à une « Internationale », mais ils sont de plus en plus fortement insérés dans la réalité politique et sociale de leurs Etats-nations respectifs, avec ce que cela suscitera de hiérarchies entre eux et de différences dans leurs stratégies, dissimulées dans un discours qui se voudra toujours commun et dont la caractéristique principale sera de faire l'impasse sur l'essentiel : cette réalité nationale dont on se contentera de décréter qu'elle est un résidu des exclusivismes anciens et qui ne perdure que comme instrument de l'illusion contre le prolétariat mondial.

Ce qui caractérisera les partis, qui alors se développeront, et pour lesquels un bréviaire marxiste fera office de doctrine officielle, c'est l'obligation, apparemment contradictoire, où ils sont de prendre en compte l'insertion politique de la classe ouvrière, dont ils sont à la fois les instruments et les bénéficiaires et, *dans le même temps*, de maintenir celle-ci [leur « propriété privée » si on ose dire] dans la conscience de sa « mission morale » et dans l'espérance eschatologique.

Avec le Parti social-démocrate allemand, le parti de Engels, on verra la contradiction entre le discours révolutionnaire et une pratique politique empirique et opportuniste, se résoudre par le développement d'un parti structuré en *mouvement idéologique militant* où le patriotisme de parti offrira à la « famille » des militants la satisfaction des pulsions océaniques où le soi et le Tout sont en relation spéculaire.

Nous y reviendrons un peu plus loin.

Avant d'analyser l'univers du *mouvement idéologique militant*, il nous faut entrer dans le débat « théologique » où nous voyons s'inscrire le rapport du discours révolutionnaire à la réalité sociale démocratique, par la médiation du Parti et qui a traversé la social-démocratie allemande.

De Marx, ce que retiennent d'abord les partis qui s'en réclameront, ce sont les deux affirmations simples érigées en vérités premières :

En premier lieu, alors qu'il fut étonnamment sensible aux capacités économiques et politiques de la bourgeoisie, Marx semble tenir pour acquis que le régime capitaliste doit, un jour ou l'autre [et plutôt un jour prochain qu'un jour lointain] être secoué par des crises aussi violentes qu'inéluctables et s'écroulera de son propre fait. Il admet comme allant de soi qu'aucun vrai remède administré par la bourgeoisie ne saurait pallier l'irrationalité du régime et assurer sa survie.

En second lieu, et parallèlement, il attribue aux prolétariats et, en particulier, à ceux des pays les plus industrialisés, une capacité révolutionnaire qui, convenablement éclairée, se retrouve toujours dans son opposition radicale au monde capitaliste. Il est dans la nature des prolétariats (ou plutôt du Prolétariat) d'assurer la « révolution en permanence » contre toutes les oppressions.

Les événements vinrent rapidement montrer que Marx avait simplifié à l'excès problèmes et solutions. Au lendemain de la Commune de Paris, la société européenne entre dans une nouvelle phase de développement. En même temps l'Etat « bourgeois » amorce la réalisation des principes libéraux qui le gouvernent. La démocratie parlementaire s'impose de plus en plus largement en même temps que se trouve de mieux en mieux respectée la liberté d'expression et d'association des citoyens. Quant au développement économique, il rend possible une certaine action sociale de l'Etat, en même temps qu'il associe des couches ouvrières à l'essor général.

Le mouvement socialiste international, du fait de la situation, améliore ses positions et quitte le ghetto d'intellectuels, d'ouvriers avancés et de « déclassés » où il était confiné pour descendre sur la place publique et faire son entrée en force dans les parlements. Du coup il s'institutionnalise et cela doublement : d'une part, dans la mesure où il groupe des masses de plus en plus nombreuses il doit se poser le problème de son organisation interne et de la hiérarchisation des objectifs qui s'offrent désormais à lui ; d'autre part, devenu une force reconnue dans l'espace public, il ne peut manquer d'entretenir d'autres rapports que d'opposition simple et nette avec l'Etat. Un Etat où il se sent capable de briguer des responsabilités.

En même temps que cette question difficile de la relation avec l'Etat le mouvement socialiste va rencontrer un autre problème qui en est comme la conséquence radicale : celui de la guerre dont les antagonismes qui ne cessent de s'aggraver entre Etats laissent présager la venue.

Quelle attitude l'Internationale devra donc adopter ? Rendre impossible le conflit par le refus annoncé d'y participer et par la grève générale des prolétaires de tous les pays ? Par l'utilisation du désordre que ne manquera pas d'engendrer le conflit pour « faire la révolution » ?

La référence pure et simple à Marx ne permet pas de répondre [ou plutôt permet des réponses diverses et contradictoires selon la « lecture » qu'on voudra en faire].

De plus Marx a cru que le passage au socialisme s'effectuerait dans les pays les plus industrialisés et voilà que la capacité révolutionnaire des divers prolétariats paraît inversement proportionnelle au développement économique des nations auxquelles ils appartiennent. Mieux encore, une spontanéité combative, une résolution plus affirmée se manifestent dans ces masses dont Marx attendait peu : les masses paysannes [paradoxalement celles de Russie, ce qui aurait touché la slavophobie de Marx].

On aurait pu, à partir de ces données, interroger la notion même de révolution sociale. Ce ne sera pas la voie choisie explicitement par les partis socialistes [bien que, subrepticement...].

Dans les diverses organisations le débat idéologique va changer de nature. Les discussions deviennent des tendances dans les partis, et sont ainsi surdéterminées par la compétition pour le pouvoir (pouvoir dans le parti, pouvoir par la participation aux responsabilités gouvernementales). Nous ne sommes plus dans ces affrontements entre intellectuels plus soucieux de l'authenticité de leur pensée propre que de stratégie. Cependant, même quand les analyses économiques, philosophiques, sociologiques ne constituent que l'arsenal où puiser des preuves « nobles » pour légitimer une tactique ou une ambition, on peut y découvrir des enjeux imposés par le réel et le mouvement de transformation de la « vision du monde ».

En mars 1895, Friedrich Engels écrit une introduction à une série d'articles rédigés par Marx au moment où se développaient les luttes en France entre 1848 et 1850 et consacrés aux événements qui conduisirent à la prise du pouvoir par Louis-Napoléon Bonaparte. Ce texte est publié dans l'organe de la social-démocratie allemande, avec des coupures qui indignent l'auteur parce que, selon lui, elles le font apparaître comme le défenseur « d'une tactique en toutes circonstances pacifique et exécrant la violence ».

En fait, l'analyse d'Engels marque bien, malgré sa singulière ambiguïté, un tournant. On y trouve, en effet, de quoi faire de ce texte un simple développement, adapté à des faits nouveaux, du marxisme traditionnel que l'expression de la première « révision », liée à un changement décisif dans la société et donc dans l'action prolétarienne et dans ses perspectives.

Après avoir rappelé dans quelles circonstances Marx écrivit ses articles et quelles erreurs d'interprétation il commit, l'Introduction pose le problème de la stratégie des partis ouvriers en vue de la conquête du pouvoir.

Pour des raisons à la fois militaires et politiques, dit Engels, le temps est passé de la « méthode des barricades ». Ecoutons-le se faire dialecticien qui a découvert les vertus de l'Etat de droit :

« L'ironie de l'histoire met tout sens dessus dessous. Nous, les « révolutionnaires », les « chambardeurs », nous prospérons beaucoup mieux par les moyens légaux que par les moyens illégaux et le chambardement. Les partis de l'ordre, comme ils se nomment, périssent de l'état légal qu'ils ont créé eux-mêmes. »

Au moment où Engels écrit, en Allemagne en particulier, on constate un essor de l'industrie et, par voie de conséquence, de la classe ouvrière. Bismarck, qui voulait associer cette dernière à la croissance de l'Etat, institue le suffrage universel. Depuis lors — et malgré certains coups d'arrêt comme la loi qui, en 1878 interdira les activités socialistes (et qui sera abolie en 1890) —, le Parti social-démocrate allemand ne cesse d'accroître son influence. En 1890, précisément, il recueille 1 787 000 voix, soit plus du quart des suffrages exprimés par le corps électoral. On comprend que Engels voit dans le suffrage universel un nouvel et essentiel mode de lutte pour l'émancipation des travailleurs. Il écrit :

« [Les ouvriers allemands] ont transformé le droit de vote, selon les paroles du *programme marxiste français*, de moyen de duperie qu'il a été jusqu'ici, en instrument d'émancipation. [...] La rébellion d'ancien style, le combat sur les barricades, qui, jusqu'en 1848, avait partout été décisif, était considérablement dépassé. »

Notons aussi, que Engels confère à cette Allemagne du « retard », qui n'avait pas su faire « en temps voulu » sa révolution politique comme la France et l'Angleterre, le leadership dans la lutte du prolétariat européen [au moment où, du fait de la défaite française de 1871, l'Etat allemand a le leadership des nations]. Et en 1892, il écrira :

« Le Parti social-démocrate allemand a acquis grâce à ses combats ininterrompus et à trente ans de sacrifices, une position comme aucun autre Parti socialiste dans le monde et qui lui garantit une prise du pouvoir *dans un bref délai.* »

C'est dans ce contexte qu'il faut comprendre et situer la grande polémique qui opposera Bernstein à Kautsky. Le texte que publie Bernstein en 1899 [*Socialisme théorique et social-démocratie pratique*] peut être considéré comme l'acte de naissance de ce qu'on a appelé le « révisionisme », les « adversaires » se dénommant eux-mêmes les « orthodoxes ». Il s'agit d'un moment important puisqu'il inscrit dans l'ordre doctrinal et théorique la rupture avec le lyrisme révolutionnaire y compris dans l'espace aseptisé et protégé [sorte de réserve naturelle] que serait le parti. Avec Bernstein le « socialisme » devient intégralement, y compris dans son dire, un programme de la société *démocratique libérale.*

Comme il l'écrit dans la lettre qu'il adresse au Congrès de la social-démocratie allemande d'octobre 1898 :

« Il faut que la social-démocratie ait le courage de s'émanciper de la phraséologie du passé et de vouloir paraître ce qu'elle est en réalité : un parti seulement de réformes démocratiques et socialistes. »

L'analyse de Bernstein part d'un certain nombre de faits qui, selon lui, viennent contester les prévisions de Marx. En premier lieu, la perspective apocalyptique se trouve historiquement démentie. La situation économique ne s'est nullement aggravée et les crises prévues, de plus en plus dures et de plus en plus destructrices, n'ont pas eu lieu. Il n'y a eu ni concentration capitaliste ni paupérisation générale du prolétariat.

Ce qu'on a vu, au contraire c'est, d'une part une augmentation du nombre des capitalistes de tout degré ainsi qu'un développement des couches moyennes qui changent de caractère, et d'autre part la socialisation toujours plus poussée de la production qui fait participer des couches toujours plus larges du salariat à l'amélioration constante du bien-être.

C'est là, selon Bernstein, que se trouve la raison du fait que le capitalisme est capable de dominer ses crises. L'apparition d'une classe salariale sans cesse plus apte à consommer et plus désireuse de le faire, permet et promet l'absorption indéfinie des « sur-biens » qu'engendre le régime fondé sur le profit.

N'insistons pas sur la pertinence et la modernité d'analyses dont le tort principal n'était pas de plaider pour une pratique politique « réaliste » (sur ce point, il n'y avait pas une si grande distance entre Bernstein et Kautsky), mais de mettre à mal la fonction « religieuse » du parti. Rosa Luxembourg (qui exprime le point de la gauche extrême du parti) ne s'y trompe pas lorsqu'elle objecte :

« Lier la grande masse populaire à un but qui dépasse tout l'ordre existant, lier la bataille de chaque jour à la grande réforme du monde, tel est le gros problème du mouvement social-démocrate... »[1].

Revenons à Bernstein. Puisque le capitalisme est porteur, non seulement de capacités techniques mais aussi de rationalité sociale, le socialisme n'est pas l'*autre* du capitalisme. Il en est le développement normal dans l'ordre du politique. L'espace politique, qui retrouve sa spécificité indépendamment de la société civile [mais n'était-ce pas implicitement mais inéluctablement contenu dans le choix fait par le Parti social-démocrate de reconnaître la réalité du suffrage universel et de ne plus y voir une illusion ou une duperie ?] devient le lieu où, dans la compétition des intérêts particuliers des classes, le prolétariat impose une dynamique de progrès social et de justice.

Bernstein use même de formules que les oreilles marxistes

1. Dans sa critique du révisionnisme de Bernstein, Rosa Luxembourg présente une alternative entre la vérité du choix révolutionnaire et la fausseté du choix réformiste qui n'est pas sans ambiguïté, à son insu. Qu'on lise plutôt : « La théorie révisionniste est placée devant un dilemme : ou bien la transformation socialiste est la conséquence, *comme c'était généralement admis jusqu'ici*, des contradictions internes du régime capitaliste, et alors, en même temps que ce régime, se développent également les contradictions qu'il contient, d'où il résulte qu'un écroulement de ce régime est inévitable à un moment donné... ou bien les « moyens d'adaptation » sont réellement en état d'empêcher un écroulement du système capitaliste et de rendre, par conséquent, le capitalisme capable de se maintenir en vie, donc de supprimer ses contradictions, mais alors le *socialisme* cesse d'être une nécessité historique, et il est alors tout ce qu'on veut, sauf le résultat du développement matériel de la société... »

En un mot, ou Bernstein a raison et le socialisme est une utopie, ou le socialisme est une nécessité inscrite dans l'histoire et la « catastrophe » est inévitable. « C'est ainsi que se pose la question », dit-elle. En effet [cf. *Réforme ou Révolution*, 1899].

ont dû entendre avec réticences. Il voit dans le socialisme « un libéralisme organisateur », car le libéralisme est un principe qui ne se réduit pas au libéralisme « bourgeois ». Le socialisme est la « vérité » du capitalisme non pas au sens hégélo-marxiste qui suppose que la « réalisation » du vrai suppose la négation et le dépassement de ce dont il est le vrai, mais dans le sens banal où le socialisme est le résultat naturel du capitalisme dans son développement. Disons que le socialisme, pour Bernstein, est comme l'impératif moral de la société industrielle.

Les articles de Bernstein avaient été publiés dans la revue du Parti *(Neue Zeit)*, suscitant l'indignation du Russe Plékhanov qui écrivit, devant l'expression de telles hérésies :

« La liberté d'opinion dans le parti peut et doit être limitée, précisément parce qu'un parti est une union librement consentie entre gens partageant des idées communes. Une fois que l'unité disparaît, le schisme devient inévitable. » Lénine dira plus tard, et plus simplement : « Le parti n'est pas un club de discussion. »

Si Kautsky avait autorisé la publication des textes de Bernstein, il y opposa le poids de sa propre critique. N'entrons pas dans le détail d'un débat où le recours aux dogmes fait office de recours au réel. Cherchons à souligner ce qui nous semble l'essentiel : *le souci du Parti.*

Ce souci est d'abord celui de maintenir la pureté de la doctrine dans ses trois composantes idéologiques les plus précieuses pour le maintien du « lien partisan » : le millénarisme, le scientisme, la compétence de l'organisation.

Le millénarisme c'est la croyance mystique que le prolétariat a la charge de « créer un homme nouveau » qui résoudrait le mystère d'y permettre à chacun d'être pleinement et librement soi tout en étant pleinement et librement accordé à autrui, à tous les autruis...

Le scientisme c'est la volonté de faire du *Diamat* (petit nom pour désigner la science des sciences qu'est le matérialisme dialectique dont Engels fut le messager), un objet d'une foi particulière, la foi dans le déterminisme de l'histoire. Mais ce scientisme n'a de sens que dans la mesure où il tendra à faire de l'instance du Parti quelque chose de plus qu'un instrument du combat, une sorte d'*Intellectuel collectif* qui ne se contente pas de questions de stratégies et de tactiques mais aussi de questions « théologiques ». Certes, le Parti social-démocrate allemand n'est pas le Parti bolchevique. Mais il en est le père, le lien historique entre Marx et Lénine, comme l'affirme *Georges Goriely*, dans son excellent article : Un paradoxe historique : la social-démocratie allemande inspiratrice du bolchevisme [*Cahiers internationaux de sociologie*, vol. LXXV, 1983]. Il serait simpliste d'identifier le chauvinisme de parti qui s'exprime dans la social-démocratie avec un choix révolutionnaire. Ce dont il s'agit c'est — comme nous l'avons déjà souligné — de s'instituer médiateur exclusif et légitime du prolétariat dans son rapport avec la société et l'Etat. Quant aux choix politiques concrets ils peuvent être ceux du parlementarisme le plus pur et le plus intéressé, pourvu que ce soit le « choix du Parti ».

Cette revendication d'un lien charnel du parti avec la classe [qui ne vient pas de Marx mais du « marxisme » de la social-démocratie allemande] est cela même qui engendrera le léninisme.

Ce sur quoi s'appuie Kautsky c'est un fait massif, incontournable : le Parti social-démocrate allemand est devenu une gigantesque machine politique et syndicale qui, peu avant 1914, comptera plus de 1 000 000 de membres et recueillera 4 250 000 voix aux élections de 1912. De plus, dans tous les pays où la liberté d'association est reconnue, les partis socialistes d'inspiration marxiste et les syndicats qu'ils influencent l'emportent de plus en plus nettement sur les réformistes de style bernsteinien et sur les syndicats anarchisants. Des congrès, partout, opposent « révisionnistes » et « orthodoxes » (lesquels se tiennent pour les administrateurs de la mission historique du prolétariat) et partout — s'en étonnera-t-on ? — les « orthodoxes » l'emportent. C'est qu'ils annoncent la victoire toute proche et demandent qu'à la veille d'une telle échéance, le parti ne saurait se compromettre dans de douteuses alliances.

Il serait cependant injuste d'enfermer Kautsky dans les seules limites du patriotisme de parti. Certes, en lui se manifeste l'ambiguïté du social-démocrate qui s'opposera au léninisme et au totalitarisme soviétique alors même qu'il avait contribué à forger un modèle d'organisation et un type de discours qui les inspirèrent.

Cette ambiguïté c'est celle des rapports entre socialisme et démocratie et entre socialisme et révolution.

On découvre, à y regarder de plus près, combien Kautsky était peu éloigné des idées de Bernstein qu'il avait contribué à faire battre au Congrès d'Erfurt (1891), fidèle, en cela, à sa fonction de gardien vigilant du parti et de ses rêves.

« Radical passif », comme on le lui reprocha, Kautsky affirma sa conviction que la révolution socialiste n'avait pas à se préparer, qu'elle viendrait à son heure historique.

« Le Parti socialiste — écrit-il dans *Le catéchisme révolutionnaire* (1893) — est un parti révolutionnaire ; il n'est pas un parti qui fait des révolutions. Nous savons que notre but ne peut être atteint que par une révolution, mais nous savons aussi qu'il ne dépend pas de nous de faire cette révolution, ni de nos adversaires de l'empêcher. Nous ne songeons donc nullement à provoquer ou à préparer une révolution. »

Lorsqu'il rompra avec ses amis de la gauche radicale, celui qu'on surnommait le « pape du marxisme », réappréciant le dynamisme économique et politique de la bourgeoisie européenne, et doutant des capacités du prolétariat à l'emporter dans un affrontement révolutionnaire, développa avec force l'importance de « la voie démocratique ».

Mais cela ira plus loin que les considérations stratégiques qu'avait défendues Engels. Entre démocratie politique et socialisme il existe, affirmera-t-il, un rapport indissoluble. Non seulement parce que la démocratie est un élément sans lequel la propriété des moyens de production n'engendre pas le socialisme mais le despotisme bureaucratique, mais aussi parce que seule la longue pratique de la démocratie produira une classe ouvrière capable d'assurer une tâche qu'elle n'est pas à même d'accomplir par nature.

On comprend que devant la Révolution d'Octobre, et de ses suites, Kautsky se soit encore plus convaincu de ce que le socialisme ne peut s'engendrer que sous le capitalisme démocratique et non succéder à une société autocrate qu'il reproduira nécessairement.

Quoi qu'il en soit de l'évolution de Kautsky, il demeure qu'il fut l'orchestrateur de « l'appareil » du parti.

Ce qui s'y développe c'est une rhétorique triomphante[2]

2. Dans un discours au Congrès d'Amsterdam (1904), Jean Jaurès — le moins marxiste des socialistes —, accusant la social-démocratie allemande, disait : « Vous avez masqué votre impuissance d'action en vous réfugiant dans l'intransigeance des formules théoriques que votre éminent camarade Kautsky vous fournira jusqu'à épuisement final. »

dont Kautsky fut le chantre et dont bien des résolutions de la IIe Internationale — fondée en tant qu'organisme permanent lors des Congrès de Paris (1900) et d'Amsterdam (1904) — expriment le lyrisme conquérant. Un lyrisme verbal. A son Congrès de 1907, à Stuttgart, cette même Internationale vote, au sujet de la guerre que tous voient venir, la résolution suivante :

« En cas de menace de guerre, c'est le devoir de la classe ouvrière des pays intéressés et de ses représentants au Parlement, de faire, avec l'aide du Bureau socialiste international, tout ce qui est en leur pouvoir pour empêcher la guerre par *tous les moyens qui leur semblent bons*, et qui varieront naturellement selon la violence de la lutte des classes et la situation politique en général. »

En 1914 la guerre éclate qui révèle l'importance et la puissance d'un autre type de communauté que la communauté de classe et de parti : la Nation.

Ajoutons que Lénine avait fait ajouter, dans la résolution de l'Internationale, ces quelques dernières lignes :

« Si malgré cela la guerre était déclarée, il est de leur devoir de se concerter pour la mener à une fin rapide et de mettre à profit la crise politique et économique créée par la guerre pour soulever la masse du peuple et précipiter la chute du capitalisme. »

On sait ce qu'il en advint. Avec Lénine l'utopie de la société libérée de l'aliénation politique allait montrer ce qu'elle engendrait. On ne vit pas l'Etat disparaître « dans » la société ; on ne vit pas la société absorbée par l'Etat. On vit le Parti, le « mouvement idéologique militant », absorber et l'Etat et la société.

Pourtant cette réalité nationale qui l'emportera sur l'Internationale, un autre « révisionniste » — M. Adler — l'avait prise en compte, espérant l'intégrer dans le discours et la pratique social-démocrate et montrer la convergence des trois finalités : la démocratie, le socialisme, la nation. C'est que Max Adler avait rencontré la contradiction entre l'universalisme socialiste et le nationalisme dans l'Autriche-Hongrie. Dans cet Etat disparate les Allemands d'Autriche régentaient et exploitaient les Hongrois et ceux-ci, à leur tour, considéraient comme populations coloniales les minorités nationales slaves et latines.

Faire naître une conscience internationaliste socialiste alors que les ouvriers, qu'ils soient hongrois, allemands, slaves ou autres, expriment plus fortement leur appartenance à une minorité nationale qu'à leur communauté de classe, relevait de l'impossible.

L'intérêt de l'effort théorique de Max Adler est qu'il fait retrouver une interrogation politique proche de Rousseau plus que de Marx.

La démocratie, lorsqu'elle n'est pas purement formelle, « ne connaît, dit-il, par définition, aucune domination des uns sur les autres ; elle ne connaît donc pas non plus celle du plus grand nombre sur le petit. La notion de démocratie contient précisément l'idée de liberté et d'égalité de tous, et celle de la soumission de chaque volonté particulière à l'autodétermination ou à l'autonomie et non à la détermination des autres ».

L'objectif du socialisme c'est cette réalisation d'un « ordre de l'autonomie » au sein duquel chaque individu puisse s'éprouver comme sujet, comme volonté particulière adhérant à la volonté générale. Mais cette autonomie il faut l'entendre aussi comme celle de ces personnes morales que sont les nations.

Ce que nous retrouvons avec Max Adler, mais dans le nouvel espace de pensée où se sont imposés et les partis et les classes, c'est l'universalisme moral que nous avons déjà analysé lors de notre rencontre avec la pensée de Jean-Jacques Rousseau.

Son principe demeure la croyance en une société civile sans division, en la possibilité, pour les hommes, de se reconnaître totalement dans une forme de société politique où la *Loi* et la *loi morale* sont une seule et même chose, tant il est de l'ordre de l'impensable qu'un sujet-de-raison autonome puisse s'opposer à un autre sujet-de-raison tout aussi autonome et citoyen, comme lui, de la cité du règne des fins qu'ils constituent ensemble[3].

3. Il serait intéressant de suivre la façon dont le dicours révolutionnaire historiciste se défait dans la conscience intellectuelle, aujourd'hui. On commence par récuser Lénine et son volontarisme terroriste au profit d'un « retour à Marx » (dont la nature variera selon la « lecture » qu'on fera). Puis la « scientificité » de Marx se montre pour ce qu'elle est, une « métaphysique de la nature » précritique. Kant alors devient le nœud qui arrête le démaillage, substituant à l'utopie du savoir total, la modestie du vouloir moral.

Mais Kant peut-il s'inscrire dans la généalogie d'un socialisme à visage moral, alors que, pour lui, le but de l'Etat *n'est pas le bonheur* mais la *liberté garantie par le droit* ? [voir, à ce sujet, le bel article de Noberto Bobbio : Deux notions de la liberté dans la pensée politique de Kant, in *La philosophie politique de Kant*, « Recueil des Annales de Philosophie politique », n° 4, PUF, 1962].

Ce basculement du socialisme dans la sphère de l'exigence morale, on peut l'entendre comme sa laïcisation et, si on aime les analogies, voir dans Adler l'équivalent d'un Luther pour le socialisme marxiste institué. Un Luther qui transforme l'exigence révolutionnaire revendiquée en exigence de réformes sociales selon les procédures de la démocratie. Mais un Luther qui ne triompha pas de son Eglise et n'en fonda pas une autre.

Chapitre 12

Le « mouvement idéologique militant »

Max Adler et Bernstein, ce qu'ils nous révèlent surtout, c'est, du fait même de leur échec et des causes de cet échec, que la nouvelle réalité dont il faut désormais tenir compte comme lieu où s'investit l'imaginaire politique quand il se fait imaginaire « social » c'est ce lieu organique : le Parti compris comme mouvement idéologique militant.

Si nous utilisons le terme de « mouvement idéologique militant » pour désigner la structure partisane où s'inscrit le nouvel imaginaire, c'est pour signifier la différence radicale qui la sépare des partis tels que l'entend la tradition démocratique parlementaire, laquelle y voit des sujets politiques qui se savent « particuliers », dans un espace que définit la pluralité des partis et la précarité des pouvoirs que la joute électorale peut leur déléguer. L'étude du « mouvement idéologique militant », dont la matrice fut forgée par le Parti social-démocrate allemand d'avant la première guerre mondiale, ne saurait donc relever de la même analyse sociologique que celle des partis « démocrates ». Il n'est pas certain que la sociologie politique actuelle prenne suffisamment en compte ce fait.

Il est vrai que longtemps en France l'étude des partis est restée le domaine des professeurs des Facultés de Droit spécialistes de droit public. Il faut dire aussi que c'était une constante de l'école française de sociologie de prêter peu d'attention et peu d'intérêt aux faits politiques, comme si une appréhension du social devait entraîner la considération que ces faits étaient inessentiels et relevaient de l'écume événementielle. N'épiloguons pas et contentons-nous de faire nôtre la remarque de Pierre Favre [*Traité de sociologie politique*, Grawitz et Leca, 1985] :

« Les sociologues américains n'ont pas la défiance dont leurs collègues (français) ont longtemps fait montre, à la suite de Durkheim, pour l'analyse politique. La sociologie américaine est souvent en même temps une sociologie politique. »

Aujourd'hui, en France, la sociologie a repris des droits qu'elle n'avait pas su revendiquer et elle les a repris par le biais de la sociologie des organisations et sous l'influence des travaux américains. Se faisant, cependant, elle a été amenée à minimiser une tradition de pensée qui fut celle de Michels, Weber, Mosca, Pareto, et qui mettait l'accent sur les déterminants proprement politiques, analysant les partis à partir de leur rôle dans la conquête du pouvoir d'Etat. L'attention fut portée, de façon privilégiée, sur « l'univers de conflits » à l'intérieur du parti défini comme forme particulière d'organisation, au même titre qu'une entreprise ou qu'une administration, et dont le fonctionnement est « le résultat des affrontements entre les rationalités multiples et divergentes d'acteurs relativement libres, utilisant les sources de pouvoir à leur disposition » [*L'acteur et le système*, M. Crozier et E. Fridberg].

Une telle approche a sa légitimité pour l'étude des partis démocratiques qui s'apparentent, en effet, à des entreprises qui, sur le marché concurrentiel politique, agissent en vue de faire fructifier un capital de suffrages. L'avantage est de mettre en évidence la nature complexe et « vivante » d'un parti et de faire reconsidérer les définitions purement idéologiques des partis politiques qui visent à y voir des réalités homogènes tournées vers la conquête du pouvoir central, pour leur substituer une définition plus « subtile », comme celle qu'en donnent Crozier et Friedberg :

« Un ensemble humain structuré qui coordonne les actions de ses participants par des mécanismes de jeux relativement stables et qui maintient sa structure, c'est-à-dire la stabilité de ses jeux et les rapports entre ceux-ci, par des mécanismes de régulation qui constituent d'autres jeux. »

Notons, cependant, qu'on ne peut jamais réduire un parti à sa seule nature de machine électorale ou de machine distributrice de postes et d'avantages pour lesquels ses différents membres sont en compétition ce qui interdit toute unité complète d'objectifs entre eux. Un parti est toujours, aussi, une communauté de conviction dont les adhérents partagent, selon une intensité variable mais non nulle, le sentiment de leur appartenance. Cependant, et bien qu'il y ait à prendre en compte cette économie des investissements partisans, l'approche organisationnelle reste des plus fructueuses.

Il n'en va pas de même avec un mouvement idéologique militant. Nous sommes alors confrontés à un « parti » qui ne « marche » qu'à l'idéologie, qui s'organise à partir de l'idéologie et dont les rapports internes des individus et des groupes qui le constituent et leurs conflits — lesquels existent, évidemment — ainsi que le rapport du mouvement à la société environnante doivent être analysés à partir de ce principe : c'est l'idéologie qui impose sa logique.

Lorsqu'un sociologue politique comme Maurice Duverger privilégie une approche globaliste des partis [à partir d'une classification contestable entre « partis de cadres » et « partis de masse »] et qu'il applique de façon générale le modèle emprunté à Michels (lequel l'avait construit à partir de son observation du Parti social démocrate allemand) on peut penser qu'il s'interdit d'appréhender la complexité réelle des partis politiques et d'évaluer le poids respectif des leaders de l'appareil sans mandats électifs et des divers élus (députés, maires des grandes villes, etc.).

Mais lorsque Annie Kriegel utilise un modèle identique, avec sa typologie des cercles concentriques (sympathisants, adhérents, militants, dirigeants) pour étudier le Parti communiste français et y montrer sa structure oligarchique-idéologique, son entreprise trouve toute sa légitimité parce que l'objet et la méthode se répondent.

C'est qu'un mouvement idéologique militant n'inscrit jamais la pluralité compétitive des partis dans le principe de son existence. Il ne se veut pas porteur d'objectifs politiques particuliers mais d'une vision du monde qui s'offre comme vérité de l'histoire. Son rapport à la compétition électorale n'est jamais un rapport de principe mais un rapport de stratégie, dans un espace politique structuré en espace de guerre.

Aussi une enquête « psychanalytique » de ce type de « mouvement » est-elle primordiale, qui nous montre comment s'organise l'univers militant.

Est-ce à dire qu'on puisse réduire l'approche sociologique du mouvement idéologique militant à la seule analyse de son « discours » — c'est-à-dire à sa nature philosophique — et à son univers vécu, en oubliant de prendre en compte ce qui les fait être *discours* et *vécu* d'un mouvement, ce sans quoi on n'aurait, en effet, qu'une « philosophie »[1] ? L'idéologie militante est inséparable d'une structure organisationnelle qui lui permet de s'incarner dans l'espace politique et dans l'espace social et qui la fait se perpétuer dans le morne ressassement de sa doctrine.

Dira-t-on que l' « Organisation » est plus importante que le message qu'elle tient ?

Dira-t-on le contraire ?

Que serait un verbe qui ne se ferait pas chair ; mais que serait, d'autre part, un mouvement idéologique militant sans l'annonce dont il se veut le porteur ?

C'est, peut-être, dans la fabrication de cet « homme nouveau », rarement revendiqué comme tel, le *militant*, que nous saisissons l'unité des deux faces : celle de la « Foi », celle de « l'Eglise ».

L'idéologie se veut explication simple et claire de la réalité passée, présente et future de l'homme. Mais, à la différence du discours religieux, elle ne repose pas sur une « révélation », elle n'appelle pas explicitement à une adhésion par la foi. Elle se revendique comme discours « vrai », dont la vérité est établie à la façon dont les sciences font la preuve de leurs énoncés. Certes, cette vérité n'en est pas une ; la finalité du discours idéologique n'étant pas de dire le vrai mais de donner sens au monde et de fonder une doctrine d'action. Le réel n'y impose

1. Dans une problématique différente de la nôtre puisque nous nous sommes contenté d'analyser la façon dont l'imaginaire se symbolise dans des discours et la façon dont ces discours fonctionnent politiquement et que son approche est plus large, Georges Balandier, dans son livre *Pouvoirs sur scènes* (Balland, 1980), montre comment les pouvoirs ne peuvent agir sans organiser la gestion des investissements des acteurs sociaux par sa propre mise en scène. Ainsi est établi que le pouvoir ne peut être réduit à une instrumentalité mais qu'il implique l'installation d'une sphère de la représentation et de l'existence.

pas sa dure réalité ; c'est le discours qui impose au réel de devenir l'illustration de la vérité de son dire. Mais l'illusion est préservée et l'idéologie dissimule — et d'abord à elle-même — la nature religieuse de sa procédure.

Riposte à la menace fantasmatique de voir l'identité collective et individuelle se défaire et le tissu social s'effilocher, l'idéologie vise à faire échec aux forces qui « anomisent » la communauté et qui renvoient les individus à leur inconsistance, quand viennent à leur manquer les repères symboliques qui leur assignent une identité reconnue. En un certain sens l'idéologie peut être analysée comme une défense crispée et névrotique du moi qui y trouve son dernier recours devant la détresse du corps morcelé... On pourrait trouver contestable cette façon de rapporter des institutions sociales (et les idéologies qui s'incarnent dans des mouvements militants sont des institutions sociales) à des phénomènes psychotiques avec leurs manifestations d'irréalisme, de clivage, d'hostilité, de suspicion, etc. Nous ne soutenons évidemment pas que les mouvements militants sont des mouvements psychotiques. On voit mal le sens qu'on pourrait donner à cette notion psychiatrique en l'appliquant à une réalité sociale. Mais les associations [les partis entre autres, qui le nierait ?] sont utilisées par les individus qui en font partie pour renforcer des mécanismes individuels de défense contre l'anxiété ; en particulier contre le retour de ces anxiétés primaires (paranoïdes et dépressives) que Melanie Klein a décrites pour la première fois.

L'interrelation qu'il peut y avoir entre des partis [dont la « convivialité bureaucratique » est porteuse de gratifications affectives et de disciplines sur lesquelles s'appuyer] et les demandes des individus, dans un espace symbolique fragilisé, explique notre souci : faire se répondre la hantise de la dislocation anomique qui habite la société démocratique et que manifeste l'angoisse d'une perte d'identité, et la quête de prothèses idéologiques partisanes ainsi que la fascination pour des systèmes qui s'offrent à reconstituer l'unité sans faille d'un corps-Un où l'individu, en s'y précipitant, croit se sauver alors même qu'il s'y abolit.

On peut ramener la fonction « névrotique » de l'idéologie à trois caractéristiques : une *structuration du temps et de l'histoire* qui annule l'angoisse du devenir ; *la définition d'un « Sujet » sacralisé* d'où chacun tirera sa légitimation à être ce qu'il est ; une *définition du « Grand Satan »* grâce à qui la cohésion des fidèles est assurée.

L'idéologie, et c'est son premier caractère, entretient avec le temps de l'histoire un rapport où l'affirmation du devenir s'unit à sa négation cachée. L'affirmation du devenir est évidente. Elle est inhérente au fait que l'idéologie appelle à une action en vue du changement. Mais, dans la mesure où l'idéologie pense le passé sous l'angle de la nécessité de son cours, dans la mesure où elle se donne du futur une image qui élimine toute surprise dans le parcours, tout caractère aléatoire dans l'échéance, sa temporalisation ne pose pas l'avenir comme ouverture et incertitude mais comme simple « espace » qui sépare deux lieux que la pensée peut survoler. Reprenant une formule que Kierkegaard dirigeait contre Hegel, nous dirons que l'idéologie pense le devenir comme un *devenu.*

L'histoire est posée comme objet que le savoir dissout. Mais s'il y a une théorie vraie de l'histoire et une rationalité à l'œuvre dans les choses, il devient indéniable que seuls les agents de la rationalité, les spécialistes de la théorie peuvent diriger le développement de la société c'est-à-dire connaître les lois nécessaires de ce développement et s'y soumettre.

Le pouvoir ne peut être donné qu'à l'instance qui a accès à l'absolu du savoir et à l'absolu du regard : le parti. Toute concession à la démocratie ne peut être qu'une concession à l'opinion aux dépens de la vérité, sauf à y voir un moyen pédagogique, un artifice grâce auquel on forme les gens et on les fait acquiescer à un vrai qu'ils ignorent. Reste la question non posée : Comment reconnaître qui « sait » ? Qui assure que celui qui dit qu'il « sait » ne le dit pas parce que l'illusion qu'il donne du savoir lui assure la réalité du pouvoir ? Les sophistes grecs savaient déjà cela.

On pourrait suivre dans le monde des idées cet historicisme qui s'institue contre l'individualisme des Lumières et par un retour à l'organicisme. Ce qu'il importe de souligner c'est qu'il implique la négation de l'autonomie du politique et sa résorption dans le cours inéluctable de l'histoire. Le politique est sous la dépendance d'une cause extérieure et ne relève plus d'une éthique de la liberté contractuelle et de l'imprévisibilité du réel. Par la vertu de l'idéologie l'homme se voit assuré de connaître d'avance le secret de son aventure en cours et il affronte la confusion des événements d'hier et d'aujourd'hui avec la sérénité de celui à qui on a révélé le *happy end* de l'histoire. La finalité de l'idéologie est de refuser l'impensé. L'événement, lorsqu'il n'est pas simplement nié comme événement, est intégré dans un système qui lui assigne un sens sans surprise compatible avec le système. Comment ne pas évoquer cette remarque de Freud contre les prétentions des philosophes du savoir absolu : « Lorsque celui qui chemine dans l'obscurité chante, il nie son anxiété mais il n'en voit pas pour autant plus clair. »

Comme l'enjeu de l'histoire telle que l'idéologie la présente est d'arracher la société des hommes à une longue décadence et de retrouver, par un acte de rupture, les conditions d'un recommencement, il faut bien que soit, dès lors, défini un agent historique privilégié qui aura la mission rédemptrice du genre humain. Ce « sujet de l'histoire », revendiqué par le discours, peut être une ethnie, une classe, une nation, peu importe. Il occupe la place centrale.

Mais ce n'est là que l'apparence des choses dans le meilleur des mondes idéologiques.

En réalité un tel « sujet de l'Histoire » est trop vaste et trop abstrait. Il en va de lui comme du peuple. Il n'existe que comme référence. La différence est que le peuple se délègue dans l'espace électoral de la démocratie alors que le Parti s'affirmera « métaphysiquement » expression de la classe. Son représentant d'abord, puis, par un effet de coalescence, son incarnation, de sorte que, lorsque le Parti parle c'est la classe qui s'exprime.

La vocation d'un parti idéologique militant est d'être « parti unique ». C'est que la vérité est *Une* et qu'il EST la vérité.

Et si les partis sociaux-démocrates qui sont à l'origine d'un modèle d'organisation qui triomphe avec le Parti bolchevique n'auront pas eu vocation à s'instituer en parti unique totalitaire, ils auront, pour le moins, voulu se penser comme le parti unique du prolétariat et le passage obligé pour celui-ci dans son mouvement d'intégration à la société aux marges de laquelle il campa longtemps. Aussi verrons-nous les partis sociaux-démocrates qui se revendiquaient marxistes édulcorer leur militantisme révolutionnaire mais préserver tout ce qui leur permettait de se maintenir comme « contre-société » dans la société avec une passivité militante où le messianisme révolutionnaire prolétarien s'est mué en grande attente.

Mais ce Sujet-de-l'histoire ne peut se poser qu'en s'opposant et sa définition est inséparable de la définition du « Grand ennemi ». On peut même, à bon droit, s'interroger pour savoir si ce n'est pas cette définition du négatif qui est le vrai cœur de l'idéologie, organisation des investissements de la pulsion de mort.

La mythification d'un ennemi aux menées diaboliques a l'avantage irremplaçable de rendre compte des difficultés, des retards, des écarts, des malheurs dans son action, du mouvement idéologique militant, par l'action perverse de l'Autre et non par un défaut, un raté de l'idéologie. De plus, en personnalisant l'ennemi on permet la régulation des investissements affectifs puissants dont toute communauté a besoin.

A cela s'ajoutent d'autres intérêts. En tout premier, le besoin de maintenir en permanence une lutte contre les hérétiques, ces ennemis du dedans. Puisque l'idéologie ne peut céder sur le dogme de son infaillibilité, elle se doit de trouver en son sein les raisons de ses éventuels déboires, mais sans qu'il en aille de sa nature intrinsèquement bonne et vraie. Il lui faut donc s'épurer des corps étrangers infiltrés dans son tissu. C'est là une structure paranoïaque classique : celle qui transforme en hostilité étrangère une déchirure intérieure et qui voit dans l'environnement un monde de persécuteurs, toujours démasqués, toujours vaincus et toujours recommençants.

C'est que la cohérence de l'idéologie est une cohérence folle, condamnée à tourner en rond indéfiniment.

Méchamment, Raymond Aron en démonte les mécanismes dans son *Opium des intellectuels* :

« Admirons ce mode de penser si typique de l'intelligentsia. On est parti de la reconnaissance de l'exploitation de l'homme par l'homme. On est passé à la révolution. On a attribué au prolétariat, et à lui seul, la capacité révolutionnaire. On a souscrit implicitement à la prétention du Parti communiste de représenter seul le prolétariat, et quand finalement on observe avec déception l'œuvre des staliniens on ne met en question aucune des démarches antérieures... Si une révolution faite au nom du marxisme dégénère en tyrannie, la faute n'en sera ni à Marx ni à ses interprètes. »

L'idéologie donne à ses adeptes des satisfactions psychologiques qui expliquent que les désaveux du réel ou les contradictions du discours soient niés, de même que ne soient pas entendus les arguments des adversaires, lesquels ne servent qu'à offrir de nouvelles raisons de se confirmer dans sa certitude-de-soi.

Le fidèle s'identifie à l'universel dont il se veut le porte-parole. Membre du corps mystique, ce n'est pas en tant que personne privée qu'il parle mais au nom du Sujet de l'histoire dont il exprime les souffrances et les espoirs, c'est-à-dire au nom du Parti.

On sait quelle « langue de bois » il en résulte. C'est que, parlant « au nom de... », le militant ne saurait laisser s'exprimer sa subjectivité. C'est dans le formalisme le plus strict, dans le respect des formules codifiées et en puisant son répertoire d'images, de métaphores, de figures rhétoriques, dans le trésor de la langue du parti qu'il est assuré de dire « comme il faut », « ce qu'il faut ».

Mais si l'individu abolit ainsi son individualité au profit de l'universel, il soumet, par ailleurs, cet universel à son individualité propre, et, par un jeu d'équivalences qui permet tous les retournements, le militant, s'identifiant au Tout, identifiera ce Tout à sa propre personne. Par sa communion avec l'ordre sacré le fidèle est l'oint du Seigneur quand il affronte le monde profane. Il n'est rien par rapport à ce qui le sacralise : le « Parti ». Cette double conscience qui, dans les bureaucraties où l'idéologie s'est refroidie en routine et en cynisme, est celle de la morgue, au-dehors, et de la bassesse, au-dedans, est, dans les organisations où l'idéologie est un feu toujours brûlant, celle de l'assurance que rien ne trouble, au-dehors, et de l'humilité, au-dedans.

La structure intime de la conscience militante est donc celle de la culpabilité. Et comment ne le serait-elle pas quand le militant éprouve chaque jour la distance qu'il y a entre l'idéal abstrait qu'il revendique comme sien et ce monde empirique qui résiste et dont il impute la résistance à l'insuffisance de son action ?

De même, lorsqu'il compare sa personne « mesquine », prosaïque, qui n'arrive pas à se dépouiller du « vieil homme » à l'image du « vrai » militant qu'il veut être, comment échapperait-il à l'univers morbide de la faute ?

Mais, en même temps qu'elle est conscience coupable, la conscience militante est conscience triomphante, avec cette béatitude mystique de l'homme de la croyance et cette euphorie où le met le sentiment du succès qui accompagne ses entreprises, succès dont témoignent les cris de rage [qu'évidemment il entend] de ses adversaires durement touchés.

C'est de cela que témoigne Louis Althusser lorsque, évoquant son propre passé, il écrit :

Dans notre mémoire philosophique, ce temps reste celui des intellectuels armés, traquant l'erreur en tous repaires, celui de philosophes sans œuvres et tranchant le monde d'une seule lame, arts, littératures, philosophies et sciences, de l'impitoyable coupure des classes ; le temps qu'en sa caricature un mot résume encore, drapeau claquant dans le vide : « science bourgeoise, science prolétarienne »[2].

L'intégration du militant à la communauté idéologique n'est pas uniquement riche de ces tourments et de ces joies psychologiques que nous avons évoqués. D'autres bénéfices accompagnent les élans du cœur, qui doublent la ferveur et l'abnégation de satisfactions moins spirituelles.

Certes, le carriérisme auquel on a affaire est un carriérisme dissimulé à lui-même sous la forme inversée du risque à prendre, du don de soi à faire, du sacrifice à consentir pour la plus grande gloire du combat commun. Mais il y a tout un ensemble de satisfactions de prestige par rapport à la communauté des « camarades », l'obtention d'une « reconnaissance » par ces autruis privilégiés que sont les membres de la même chapelle, les habitants de la même « grande maison », et, lorsqu'on s'élève dans la hiérarchie, une extension de pouvoirs [désignés sous le titre de « responsabilités »]. Ainsi l'idéologue militant peut-il, en toute bonne conscience, croire à la vérité de son engagement et y voir l'instrument de satisfactions plus personnelles.

Il y a comme un plaisir pervers à découvrir que les descriptions cruelles que Marx fit de l'Etat-savant hégélien et de sa bureaucratie s'appliquent à la lettre à la bureaucratie de mouvements qui se réclament du marxisme et aux prétentions à

2. L. Althusser, *Pour Marx*, Maspero, 1965.

l'universalité du Parti-de-la-classe-ouvrière. Quelques citations suffiront[3] :

« La bureaucratie est un cercle d'où personne ne peut s'échapper. Sa hiérarchie est une "hiérarchie du Savoir". Le sommet s'en remet aux cercles inférieurs pour connaître les cas singuliers ; en revanche les cercles inférieurs s'en remettent au sommet pour connaître les cas généraux, et ainsi la duperie est réciproque...

« L'esprit général de la bureaucratie, c'est le "secret", le mystère ; au-dedans c'est la hiérarchie qui préserve ce secret et au-dehors c'est son caractère de corporation fermée...

« L'autorité est le principe de son savoir, l'idolâtrie de l'autorité, sa conviction. Mais à l'intérieur de la bureaucratie, le "spiritualisme" se change en "grossier matérialisme", en obéissance passive, en culte de l'autorité, en mécanisme d'une pratique formelle et figée, de principes figés, de conceptions et de traditions figées. Quant à l'individu bureaucrate, il fait du but de l'Etat son but privé. »

Ce vécu partisan, cette logique de la rupture qui voit le militant penser ne rien devoir à la société présente qu'il condamne, n'avoir aucun compte à lui rendre et aucune de ses valeurs à respecter parce que, d'une certaine façon, il est le citoyen d'une autre cité, de cette cité radieuse à venir que le mouvement dont il est membre annonce et préincarne, on ne le trouve, avec cette ampleur que nous lui avons donnée, que dans les mouvements idéologiques les plus « purs » ; ceux qui, à la fois, s'arment d'une vision du monde et d'une organisation que ne traversent ni interrogations, ni incertitudes, ni indécisions.

En ce sens, un mouvement comme le Parti social-démocrate allemand d'avant la première guerre mondiale, qui acceptait en son sein [certes, sur la base consensuelle de la vulgate marxiste] l'expression de tendances et la permanence de débats, n'est pas tout à fait un mouvement idéologique militant. La logique émotionnelle y est sans cesse freinée. Les investissements se trouvent vaciller devant des leaders et des discours

3. Marx, *Critique de la philosophie politique de Hegel*, Gallimard, La Pléiade, t. III, 1982.

qui s'affrontent. La division dans l'âme du militant, le clivage qui est comme un écho du clivage de la société démocratique instituent une distance du militant à son parti et du militant à l'homme privé.

Le Parti social-démocrate allemand aura eu cette originalité d'avoir été un des premiers grands mouvements idéologiques militant et de ne pas l'avoir été tout à fait.

Disons que le parti de Kautsky trouvera sa « vérité » de mouvement militant dans le léninisme et son organisation bolchevique et qu'il trouvera sa « vérité » démocratique dans son Congrès de Bad-Godesberg de 1959.

Cette double nature mérite qu'on s'y attarde puisque aussi bien on y trouve le lieu où sont encore noués deux destins de l'imaginaire : celui de la mystique socialiste révolutionnaire et celui de l'insertion démocratique, dans une société parlementaire, d'un parti dont la spécificité sera l'intérêt qu'il affirmera porter à la question sociale.

Il va de soi qu'on ne saurait confondre le fait, pour un parti, de vouloir faire inscrire dans l'espace de la représentation politique, la revendication sociale, et le fait de vouloir faire se confondre politique et société.

Nous avons déjà évoqué le débat « théologique » qui avait divisé le Parti social-démocrate allemand et où s'exprimait la duplicité de sa nature. Revenons à la considération de cette duplicité à partir de la vie de l' « Organisation », une organisation dont la finalité peut se résumer ainsi : « être quelque chose tout de suite et être tout quand viendra le moment ».

Ces deux buts s'unissent dans la réussite à bâtir un parti qui ne limitait pas sa réalité au « politique » mais organisait une véritable société prête à remplacer le vieil édifice capitaliste lorsqu'il s'écroulera. Il faudrait détailler l'extraordinaire réseau d'associations, de comités, de coopératives, de maisons du peuple, de maisons des syndicats ; il faudrait montrer la nouveauté qu'il y avait à faire d'un parti non pas le simple instrument du combat politique, mais un véritable milieu de vie concurrent victorieux de la société officielle ; une « grande maison » comme on aimera à dire dans le Parti socialiste français.

Annie Kriegel résume admirablement cet état de fait dans son ouvrage *Le pain et les roses* (1968) :

« Un socialiste allemand — ouvrier, femme, jeune, vieillard, retraité, malade, chômeur, intellectuel — vivait sa vie, se nourrissait, se logeait, s'habillait, se soignait, se défendait, se détendait, apprenait, lisait, chantait, faisait du sport, allait au théâtre, jouait aux quilles ou aux cartes sans jamais quitter l'horizon socialiste. »

Ce que fait le Parti social-démocrate c'est organiser *sa* société dans *la* société. Mis à part la ghettoïsation d'une classe ouvrière dont il n'organise l'insertion dans la société que par sa médiation exclusive, quelque chose mérite d'être noté : le parti n'est pas au pouvoir. La multiplicité de ses réseaux et de ses organismes est appelée à se mouler sur la société réelle pour saisir les individus dans leurs lieux de vie et d'investissement social.

Mais lorsqu'on lit l'ouvrage d'Hannah Arendt sur *Les origines du totalitarisme* (1951) et qu'on y apprend comment la logique totalitaire (qu'elle soit bolchevique ou allemande national-socialiste) implique la destruction de toutes les insertions sociales existantes pour leur substituer le diagramme bureaucratique abstrait des différentes organisations dépendantes du parti afin qu'aucune zone ne puisse être extérieure à la politique on ne peut qu'être frappé par les analogies. Et on peut mettre en parallèle le texte d'Annie Kriegel avec tel autre où Hannah Arendt décrit la dynamique du système nazi (tout en sachant que comparaison n'est pas raison) :

« Une nécessité vitale s'imposait à lui : incorporer tous les genres d'activité dans son appareil de domination ; non pas qu'il eut à cœur d'y faire élever les canaris à la manière national-socialiste, mais il fallait que chaque individu rencontrât à chaque pas le parti totalitaire pour que, même dans ses fantaisies, il fût encore réglementé, surveillé et influencé par le parti. »

Cette « étatisation » idéocratique du Parti social-démocrate allemand n'est pas passée inaperçue des meilleurs de ses militants. Ainsi le « révisionniste » Wolfgang Heine, dont Michels disait qu'il était « l'un des plus courageux défendeurs de la liberté personnelle et intellectuelle au sein du parti » fit une analyse lucide contre le « centralisme » et la « bureaucratie ». Citons-le dans sa participation aux débats de 1904 (cité par Kostas Papaioannou : *De Marx et du marxisme* (1983)):

« Qu'on ne m'objecte pas que l'incorruptibilité et les capacités de nos fonctionnaires (il s'agit des fonctionnaires du parti) et notre amour pour la grande cause commune opposent une barrière suffisante à la formation d'un pouvoir autocratique au sein du parti. Bien plus : les fonctionnaires compétents et s'appliquant à servir avec désintéressement le bien général, comme ceux que nous avons le bonheur de posséder, auront une tendance à vouloir imposer comme des normes inviolables ce qu'ils considèrent eux-mêmes comme juste et convenable ; et cela dans une mesure d'autant plus grande qu'ils auront davantage conscience de leur valeur. »

Mais c'est Rosa Luxemburg qui, déçue de voir ses espoirs révolutionnaires trahis par son parti, lequel s'est rallié à l'effort de guerre allemand, tire le mieux les enseignements d'une organisation qu'elle connaissait bien puisque c'était la sienne :

« Ce sont précisément la puissante organisation et la discipline tant vantée de la social-démocratie allemande qui firent qu'un organisme entier de quatre millions d'hommes se permit de tourner casaque du jour au lendemain, à l'instigation d'une poignée de parlementaires, et se laissa intégrer à un régime dont le renversement avait été son but de tout temps... » [toujours cité par K. Papaioannou].

Du Parti social-démocrate allemand au Parti léniniste, qui se présente pourtant comme son critique le plus violent, il y a ce pas qui sépare, au niveau des circonstances historiques, un parti qui peut développer une action légale d'installation dans la société d'un parti que tout oblige à la clandestinité et à l'action illégale. Mais cette explication reste conjoncturelle et n'atteint pas l'essentiel. Le vrai pas est idéologique. Lénine récuse toute insertion du parti dans la société. S'il nous fallait exhiber son imaginaire militant on le trouverait dans un texte inhabituellement lyrique de lui dans *Que Faire ?* [un texte subjectif qui fait fonction d'acte manqué où se donne tout un inconscient] :

« Petit groupe compact, nous cheminons par une voie escarpée et difficile, nous tenant fortement par la main. De toutes parts nous sommes entourés d'ennemis et il nous faut marcher presque constamment sous le feu. »

Pour lui, pas d'attente messianique paisible. L'armée du parti ne campe pas dans ses quartiers en attendant l'annonce de la victoire. Elle se bat. Ainsi retrouve-t-il le lyrisme révolutionnaire de Marx, avec cette différence qui n'est pas mince : ce n'est plus le lyrisme de la classe [« une classe qui est la dissolution de toutes les classes, une sphère qui a un caractère universel par sa souffrance universelle et ne revendique pas de droit particulier parce qu'on ne lui fait pas de tort particulier, mais un tort en soi »] c'est le lyrisme du Parti. Ne retenons qu'un texte qui nous semble le mieux approprié à notre débat. Il s'agit de l'extrait d'une lettre que Lénine adresse à un groupe socialiste américain en *1915*.

« Nous sommes pour le centralisme démocratique. Nous disons que la centralisation du mouvement ouvrier allemand n'en est pas le côté faible, mais le côté fort et positif. La tare du Parti social-démocrate allemand *ne réside pas dans la centralisation* (c'est nous qui soulignons), mais dans la prépondérance des opportunistes qui doivent être exclus du parti... Si à l'occasion de chaque crise, un petit groupe (par exemple notre comité central est un petit groupe) pouvait orienter les larges masses dans le sens de la révolution, ce serait une très bonne chose. Dans aucune crise, les masses ne peuvent agir d'emblée ; elles ont besoin d'être aidées par les petits groupes des institutions centrales des partis. »

Chapitre 13

La « réalisation » de l'illusion sociale

« *Chez nous aussi, d'autres partis peuvent exister. Mais voici le principe fondamental qui nous distingue de l'Occident. La seule situation imaginable est la suivante : un parti règne, tous les autres sont en prison.* »

N. Boukharine, *Troud* (13 novembre 1927).

« *Sous la dictature du prolétariat, deux, trois, quatre partis peuvent exister, mais à une seule condition : l'un au pouvoir, les autres... en prison. Celui qui ne comprend pas cela n'a pas la moindre notion de l'essence de la dictature du prolétariat, du Parti bolchevik.* »

M. Tomski, *Pravda* (19 novembre 1927).

Avec Lénine s'achève ce mouvement qui fait passer l'illusion sociale, de la classe, au parti de la classe défini comme lieu d'où la science du Tout en devenir est possible. Au cœur du marxisme il y a la croyance que la classe ouvrière — parce que dans son être s'unissent le particulier et l'universel — a spontanément une conscience de classe qui est conscience *vraie* de l'histoire. Mais conscience n'est pas science. Cette science, c'est le marxisme qui l'est, et il l'est grâce au rapport qu'il entretient avec la conscience de classe. Il en est la reprise théorique, la transformation de la conscience en discours de l'intelligibilité.

Dans une telle conception on ne voit pas ce qui privilégierait un parti comme source de la science. Seuls des intellectuels, des chercheurs peuvent être ces savants, à condition qu'ils reconnaissent le statut de la classe ouvrière. Des intellectuels comme Marx.

Avec Lénine il en va tout autrement. Du prolétariat, ce qui est *d'abord* appréhendé c'est son incapacité à se détacher, par lui-même, de sa particularité, pour s'élever à la conscience générale des choses. C'est du dehors que celle-ci vient. L'instance qui *sait* est le parti. C'est lui qui, du point de l'Histoire, est la classe ouvrière. Quant à la classe ouvrière réelle, elle n'est une classe que dans la mesure où elle reconnaît le parti comme sien. Hors cela elle n'est qu'une multitude prise dans les corporatismes et le « trade-unionisme ».

Manquant du savoir de sa vérité, impuissant à la produire, le prolétariat est comme un corps qui attend une âme. Et le parti est le démiurge qui l'arrache au chaos originel et l'élève à la dignité d'agent de l'Histoire.

La problématique de Lénine ne peut ne pas être rapprochée de la façon dont Hegel légitime le principe de l'Etat savant (l'Etat moderne) qui, au-dessus d'une société civile qui n'a pas en elle le principe de son unité, a charge de réaliser celle-ci. Avec Lénine le parti est comme l'Etat (hégélien) de la classe. Rien n'est plus étranger à Lénine que l'optimisme d'un auto-engendrement de la conscience par les masses « qui font l'histoire ».

« La politique, au sens sérieux du terme, ne peut être faite que par les "masses" ; or une masse sans parti et qui ne suit pas un parti solide est une masse disséminée, dépourvue de conscience, incapable de fermeté et se transformant en jouet de politiciens adroits qui, issus des classes dominantes, se présentent toujours "à propos" pour mettre à profit les occasions favorables. »

Le léninisme « re-compose » ce que l'individualisme démocratique avait défait : l'unité du « savoir » et du pouvoir. L'individualisme démocratique avait accordé à la politique l'autonomie de ses buts (et n'avait pu le faire qu'à partir du principe de l'individualisme). Auparavant la politique était sous la dépendance des convictions religieuses et le pouvoir tirait la légitimation de son action du principe de la théologie, c'est-à-dire d'un « savoir ». Que ce « savoir » ait été celui de la foi, qu'il devienne celui de la science n'enlève rien au résultat :

l'Etat n'est plus cet Etat séparé du for intérieur des sujets. Il redevient l'Etat qui a une conviction. Et cette conviction a, cette fois, le statut explicite d'une science totale qui ne peut laisser aucune place à une autre science (c'est contradictoire dans les termes), comme une croyance peut le faire en reconnaissant à l'autre croyance le droit d'exister, *ailleurs* et *chez les autres*, comme croyance.

Puisque dans le parti s'unissent l'opinion et le pouvoir, on ne s'étonnera pas que, devenu Prince, il soit à la fois le souverain politique (et social), mais aussi la source explicite du sens, le seul énonciateur du vrai. Ce vrai que le dogme du *Matérialisme dialectique* énoncera dans un discours définitivement clos.

C'est au Congrès de 1903 — qui se tient d'abord à Bruxelles, puis à Londres — que Lénine définit clairement sa position. Le problème posé alors est, en apparence, un petit problème statutaire : qui aura droit au titre de « membre du parti » ? Ceux qui « participent personnellement à l'une de ses organisations », ou ceux qui « collaborent régulièrement et personnellement sous la direction d'une de ses organisations » ? Seuls ceux qui ignorent comment se déroule ce type de Congrès, avec ses commissions de propositions, avec son langage codé qui fonctionne comme signe d'identité des diverses factions, avec ses masques et ses cris, se trouveront désarçonnés par l'importance que peut avoir un mot à la place d'un autre. On est dans un débat qui n'est byzantin qu'en apparence.

La différence entre « participation » et « collaboration » est décisive. Contre ceux qu'on appellera bientôt les *mencheviks* — les minoritaires — qui défendent une conception large du parti, Lénine, soutenu en l'occurrence par Plékhanov, souhaite la constitution d'un parti restreint, étroitement soudé, fortement discipliné et constitué, en quelque sorte, de révolutionnaires professionnels. Dans *Un pas en avant, deux pas en arrière*, Lénine rend compte de ce Congrès et en explicite les enjeux :

« Du point de vue du camarade Martov, les limites du parti restent absolument indéterminées, car "chaque gréviste" peut "se déclarer membre du parti". Quelle est l'utilité de cette imprécision ? La large diffusion d'une "appellation". Elle a ceci de nuisible qu'elle comporte l'idée désorganisatrice de la confusion de la classe avec le parti. »

Et plus loin :

« Auparavant notre parti n'était pas un tout formellement organisé, mais seulement une somme de groupes particuliers, ce qui fait qu'entre ces groupes il ne pouvait y avoir d'autres rapports que l'action idéologique. Maintenant nous sommes devenu un parti organisé ; et cela signifie la création d'une autorité, la transformation du prestige des idées en prestige de l'autorité, la subordination des instances inférieures aux instances supérieures du parti. »

Ce parti « de type nouveau », comme il aime à se désigner, « n'est pas un club de discussion ». S'il est un point mille fois souligné par Lénine c'est bien celui-là. Il est une unité d'action, un multiplicateur des forces. La liberté de critique est un mot d'ordre petit-bourgeois, dès lors qu'elle ne s'achève pas dans l'unité d'action et de pensée de tous, après que les discussions ont été déclarées closes. La logique est rigoureuse. Si le débat politique est un débat *scientifique*, il n'y a pas place pour le maintien des conceptions anciennes à côté des nouvelles mais pour le remplacement de celles-là par celles-ci. La vérité est une, elle n'est pas affaire d'opinion de chacun mais affaire de démonstration (empirique dans le succès du mouvement ouvrier, succès *a priori* puisque inscrit dans la nécessité du devenir) et de démonstration discursive (et cela c'est l'affaire du parti et de sa propagande).

« La liberté de critique est la liberté de l'opportunisme dans la social-démocratie, la liberté de transformer cette dernière en un parti démocratique de réformes, la liberté de faire pénétrer dans le socialisme les idées bourgeoises et les éléments bourgeois... Des gens vraiment convaincus d'avoir poussé en avant la *science* ne réclameraient pas pour des conceptions nouvelles la liberté d'exister à côté des anciennes... »

La critique de la « liberté de critique » n'est qu'une des formes que prend la méfiance à l'égard de la force « falsificatrice » du langage et de ceux qui en font métier : les « intellectuels », dès lors qu'ils sont laissés à leur naturel et qu'ils n'inscrivent pas leur pratique intellectuelle sous la dépendance éclairante du parti-de-la-classe-ouvrière. Le langage du vrai est le langage qui se fait action : le *mot d'ordre*.

Le mot d'ordre ne doit pas être compris comme un ordre (ou une demande). Il n'est ni un impératif auquel on doit se soumettre parce que la force du pouvoir l'accompagne, ni une requête du type « pouvez-vous me passer le sel ? ». A dire vrai le mot d'ordre ne présuppose pas un message d'un émetteur particulier à des récepteurs individuels. Il est à dimension fusionnelle. Il organise et ordonne (entendez, met en ordre), parce qu'il dit ce qui est, en même temps que ce qu'il y a à faire, pour que ce qui est, soit. « Tous le pouvoir aux Soviets », n'est pas une demande. Un tel mot d'ordre n'attend pas de réponse. Il est « manifestation » par laquelle l'Histoire — par la médiation de l'action du parti — informe de la situation et des tâches qui en résultent.

Ainsi du mot d'ordre peut-on dire qu'il est à la fois l'énoncé d'un savoir scientifique [avec l'exigence d'action qui lui est liée] et qu'il est la leçon du maître à sa classe.

Les métaphores que Lénine se donne pour parler du parti sont significatives. Dans son étude sur « le léninisme », D. Colas montre que deux d'entre elles dominent : la métaphore qui assimile le parti à la fabrique, à l'usine et la métaphore qui l'assimile à une armée.

Au sujet de la métaphore parti-usine, Lénine s'explique ainsi :

« On m'accuse de concevoir le parti comme une "immense fabrique" avec, à la tête un directeur : le comité central... La discipline et l'organisation que l'intellectuel bourgeois a tant de peine à acquérir sont assimilés très aisément par le prolétariat grâce justement à cette *école de la fabrique.* La crainte mortelle de cette école, l'incompréhension absolue de son importance comme élément d'organisation caractérisent bien la méthode de pensée qui reflète les conditions d'existence petites-bourgeoises. »

Si la fabrique est une bonne école, c'est qu'en elle s'incarne une forme de la rationalité qui doit être un exemple.

« Ni les chemins de fer, ni les transports, ni les grandes machines, ni les entreprises en général ne peuvent bien fonctionner sans une *volonté unique* liant l'ensemble des travailleurs pour en former un seul organe économique fonctionnant avec la précision d'un mécanisme d'horlogerie. »

Qu'une telle fascination, qui ne saurait jurer avec l'affirmation du primat des forces productives, induise un parti-usine et une société-usine, ne devrait s'en étonner que Marx avec ses rêves de l'*Idéologie allemande.*

Quant à la métaphore militaire, elle est peut-être la plus nombreuse. Des termes comme « état-major du prolétariat », « armée du prolétariat », « guerre des classes », « escarmouches », « combats d'avant-postes » avant que tombe « la forteresse ennemie », sont inlassablement utilisés.

Un texte parlera pour nous. C'est un passage de la *Faillite de la IIe Internationale*, rédigé en mai 1915. Lénine appelle à la reconstruction du parti révolutionnaire, après la destruction des partis traîtres, et le modèle qu'il offre est celui des armées en guerre. La page est un peu longue, mais elle nous paraît ouvrir sur tant de mondes inconscients (ceux d'un enfant jouant avec ses soldats de plomb ?), que nous la reproduisons :

« Prenons l'armée moderne. Voilà un bon exemple d'organisation. Et cette organisation n'est bonne que parce qu'elle est souple et sait en même temps donner à des millions d'hommes une *volonté unique*. Aujourd'hui ces millions d'hommes sont chez eux aux quatre coins du pays. Demain arrive l'ordre de mobilisation, et ils se rassemblent au point de ralliement. Aujourd'hui, ils sont dans les tranchées, parfois pendant des mois. Demain, groupés différemment, ils vont à l'assaut. Aujourd'hui, ils font des merveilles en s'abritant contre les balles et les shrapnels. Demain, ils font des merveilles en combattant à découvert. Aujourd'hui, leurs détachements avancés creusent des fourneaux de mines sous terre ; demain, ils se déplacent à des dizaines de verstes sur les indications des aviateurs qui survolent la terre. Oui, c'est ce qui s'appelle de l'organisation, quand, au nom d'une même volonté, des millions d'hommes changent la forme de leurs relations et de leur action, changent le lieu où s'applique et la façon dont s'exerce leur activité, changent leurs instruments suivant les circonstances et suivant les besoins de la lutte. Il en est de même pour la lutte de la classe ouvrière contre la bourgeoisie. »

L'usine et l'armée ont en commun d'être des formes d'organisation rationnelle et efficace. Ce qui est irrationnel c'est leur soumission aux fins du capitalisme. La métaphore militaire est elle-même à double sens : d'une part son système de discipline, d'autre part son espace d'action : la guerre.

Car c'est le plus profond du léninisme : la société *n'est pas*. Il y a une guerre sans merci entre deux irréductibles adversaires. Et toutes les armes sont bonnes dès lors que l'état-major du parti les juge telles. Qu'on lise plutôt la suite du texte déjà cité :

« Aujourd'hui, dit-il — s'adressant au prolétaire anonyme —, on te met dans les mains un bulletin de vote, prends-le, sache t'organiser pour en frapper tes ennemis [...]. Demain, on te retirera ton bulletin de vote, on te mettra entre les mains un fusil et un magnifique canon à tir rapide, équipé selon le dernier mot de la technique, prends ces engins de mort et de destruction, n'écoute pas les pleurards sentimentaux qui craignent la guerre. Il reste, de par le monde, encore bien trop de choses qui *doivent* être anéanties par le feu et par le fer pour l'affranchissement de la classe ouvrière [...]. Prépare-toi à créer de nouvelles organisations et à mettre en œuvre ces engins de mort et de destruction si utiles *contre ton* gouvernement et *ta* bourgeoisie. »

Ce principe de la guerre, cette annulation du Contrat, est ce qui explique le rapport du Parti léniniste à la « communication » et à l'ordre du droit.

Le léninisme est la contre-révolution idéocratique qui défait les idéaux de la révolution démocratique. Plus de droits, ni pour l'homme, ni pour le citoyen (pas même pour le membre du parti), car il n'est plus de droits qui renvoient à l'individu. Le droit est seulement pour le parti, véritable et seul Sujet, institution monopolisant la politique.

Avec le léninisme s'est inventé le parti qui a accouché de la nouvelle société et de l'avenir radieux. L'illusion sociale, devenue illusion partisane, s'est faite réalité et la transparence est advenue... Doit-on le dire ? En un sens, oui. Avec le léninisme le discours ne connaît plus d'extérieur ; il n'a d'autre référent que lui-même. On a dit du léninisme qu'il était l'Empire du faux. L'image n'est pas heureuse. Le faux renvoie au vrai comme norme. Le léninisme est au-delà de la différence du vrai et du faux. Dans un univers où les signes ne signifient qu'eux-mêmes et la volonté paranoïaque qui les produit, il *est* et les autres *ne sont pas*.

La perversion du léninisme, rien ne l'illustre mieux que son rapport au langage.

On a dit (D. Colas, *Le Léninisme*) que « le Parti léniniste est un dispositif producteur d'hystérie ». Il faut entendre par là que le Parti léniniste qui ne voit dans l'autre — l'opposant ou le critique — qu'un hystérique qui se manifeste par ses « cris », ses « gesticulations », ses « clameurs », sa « rage », ses « pleurs », devant la force, calme, assurée, de celui qui vit dans la certitude du vrai.

Plus profond que cela, il y a ce traitement du langage soumis au même mépris que le droit positif, puisque seule compte la « cause » et non le pacte qui fonde la communication avec autrui.

Par exemple on dira que, toute guerre étant une guerre faite par la classe bourgeoise, il faut le mot d'ordre : *guerre à la guerre*. Mais, comme seule la victoire, dans la guerre des classes, éliminera la guerre, *vive la guerre civile*. Lorsque, en 1920, les bolcheviks envahissent la Géorgie qui s'est donné un gouvernement menchevique, ce n'est pas une guerre. Et si elle l'est, c'est la guerre des nationalistes bourgeois contre la classe ouvrière, puisque les bolcheviks *sont* la classe ouvrière... Même système d'équivoques au sujet de la démocratie, qui n'est jamais appréciée qu'en fonction des moyens qu'elle donne pour l'abattre. Le système soviétique se dit « le plus démocratique du monde ». Mais, comme il n'y a plus de classes sociales, il est naturel qu'il n'y ait qu'Un parti (le bon)[1].

Hannah Arendt a raison de dire que nous sommes sorti du débat de la philosophie politique classique où « légitimité » et « despotisme » ont des sens précis.

. . . .

Historiciste, organiciste, scientiste, le léninisme enfante d'une société totalitaire qui a besoin que le Parti, à la fois, prince, prêtre et savant, dise le texte qui réponde à toutes les questions. Si on se rappelle que c'était là le projet, toujours détruit et toujours refait, mais dans le royaume des idées, de la métaphysique, on devra dire que la philosophie trouve son achèvement et sa réalisation dans le dérisoire conceptuel qu'est le *matérialisme dialectique*[2]. Il est, à sa façon, la nécropole du marxisme. Mais il faut visiter les nécropoles.

1. Avant de devenir le proscrit assassiné, Trotsky fut le théoricien, comme Lénine, d'une conception totalitaire de la société et de l'Etat. Il écrit, en 1921, dans *Terrorisme et communisme* : « L'ouvrier ne fait pas de marchandage avec le gouvernement soviétique ; il est subordonné à l'Etat et il lui est soumis sous tous les rapports du fait que c'est *son* Etat. »

2. Dans *Matérialisme dialectique et matérialisme historique*, Staline (en 1938) définit ainsi le matérialisme dialectique : « Le matérialisme dialectique est la théorie

Le matérialisme dialectique utilise de Marx tout ce qui le rattache à l'ontologie scientiste de style darwinien, et de Engels les pages les plus polémiques et les plus simplistes (elles ne manquent pas). Surtout il se fonde, comme sa justification ultime, sur l'ouvrage dans lequel Lénine, en 1905, s'efforce, avec des arguments souvent méprisables, de réfuter les bases théoriques des mencheviks : *Matérialisme et empiriocriticisme.*

Il parvient ainsi à constituer un ensemble doctrinal qui veut répondre à toutes les questions théoriques qu'un homme de l'appareil peut être amené à se poser. Aux errements et aux subtilités de la pensée classique, il oppose la simplicité de sa pédagogie. Amusons-nous à réciter la sorte de catéchisme qui est offerte.

Ainsi, il faut savoir que la question fondamentale est celle du commencement. Et de la réponse dépend tout. Commence-t-on par poser, en quelque manière, l'antériorité de l'Esprit par rapport à la Matière et on s'inscrit dans le « camp idéaliste ». Pose-t-on, au contraire, l'antériorité et l'extériorité de la Matière et on s'inscrit dans le camp matérialiste et progressiste. Toute tentative pour éluder le problème, pour dépasser l'alternative, est vouée à l'échec et conduit, par des détours plus ou moins habiles, à rejoindre l'idéalisme. Il s'agit, certes, de deux postulats entre lesquels il faut choisir, mais qui choisit le postulat matérialiste se trouve bien vite confirmé. La science, en effet, le justifie. Elle montre — paraît-il — que la base de toute connaissance est la sensation et que celle-ci suppose l'existence d'un objet extérieur au sujet connaissant et indépendant de lui ; qu'il existait, comme le prouve la géologie, une réalité matérielle avant que l'homme, l'esprit humain apparaissent ; et, enfin, que le développement de la conscience, de la pensée, dans l'évolution animale qui conduit à l'homme, est fonction de la complication progressive de la matière nerveuse. C'est d'ailleurs bien là ce qu'avaient compris les philosophes matérialistes de l'Antiquité et leurs continuateurs français du XVIIIe siècle ; mais, faute d'avoir eu en leur possession la

générale du parti marxiste-léniniste. Le matérialisme dialectique est ainsi nommé parce que sa façon de considérer les phénomènes de la nature, sa méthode d'investigation et de connaissance est *dialectique* et son interprétation, sa conception des phénomènes de la nature, sa théorie est *matérialiste.* »

méthode dialectique, ils n'ont pu élucider complètement leurs perspectives et les pousser jusqu'à leurs conséquences ultimes, et sont restés de pauvres matérialistes *mécanistes*.

Marx a su extraire de sa « gangue idéaliste » la méthode découverte par Hegel. Celle-ci pose, en premier lieu, le fait du devenir : l'être n'est qu'en tant qu'il se transforme constamment et produit des formes nouvelles. Car le devenir ne se présente ni comme suite de moments identiques seulement différenciés par leur caractère successif ni comme cours tranquillement progressif. S'il y a progrès, celui-ci s'effectue dramatiquement, au milieu des contradictions et des déchirements. A tout terme, à toute réalité s'opposent une réalité, un terme négatifs ; et du conflit surgit un dépassement, une synthèse qui marquent, en même temps, un bond en avant et une réconciliation. Le bond en avant résulte aussi d'insensibles changements quantitatifs qui, à un certain stade, provoquent une mutation qualitative et engendrent ainsi une forme nouvelle.

Telle est la méthode dialectique, arme du révolutionnaire grâce à laquelle il n'est rien qui échappe à l'intelligibilité.

Le champ d'application privilégié de ce qu'il faut bien appeler une ontologie générale est le champ de l'Histoire. A ce niveau le matérialisme dialectique se spécifie en matérialisme historique[3].

Le postulat matérialiste nous apprend d'abord que, selon la formule de Engels, « les conditions d'existence déterminent la conscience » et, par conséquent, que cette dernière est le reflet de la société et des contradictions de classes au sein desquelles elle est située. Non seulement les idéologies politiques ou religieuses mais toutes les productions culturelles, sous une forme plus ou moins masquée, traduisent les conditions de la société et se distribuent en deux camps, selon qu'elles ont reflété le combat des exploités ou qu'elles ont aidé idéologiquement au maintien de l'injustice sociale et à la démission des forces de révolution. La règle morale qui en découle est simple : est bon tout acte qui « sert le prolétariat »

3. Staline, encore, définit ainsi le matérialisme historique : « Le matérialisme historique étend les principes du matérialisme dialectique aux phénomènes de la vie sociale, à l'étude de la société, à l'étude de l'histoire de la société. »

(et « son » parti) ; est mauvais tout acte qui le dessert ou s'en désintéresse.

Telles sont, résumées, les caractéristiques de ce que Kostas Papaioannou a appelé l'idéologie froide et qui a été la doctrine, le système de croyance qui s'imposa non seulement comme « idéologie d'Etat totalitaire » mais aussi comme idéologie des mouvements qui s'y réfèrent, de leurs militants et de leurs « compagnons de route », intellectuels que la flamme religieuse habitait et que la « lumière » aveuglait.

Fallait-il nous étendre sur cet énoncé d'une scolastique oubliée ? Oui, puisque nous y voyons un aboutissement. Faut-il en évaluer les thèses, en mesurer leur pertinence ? Evidemment non. Le matérialisme dialectique se situe dans la sphère des convictions et des idéologies, pas dans celle de la science ou de la philosophie.

Ce qui fait interrogation c'est la nature d'un pouvoir politique mis dans la nécessité de tenir ce type de discours qui a vocation à répondre à tout. Aussi n'est-il pas abusif de vouloir conclure ce chapitre par quelques considérations sur la nature de ce pouvoir et de cette société dont le matérialisme dialectique est comme l'esprit d'un monde sans esprit et le cœur d'un monde sans cœur ?

Il serait, certes, léger de voir dans le système totalitaire l'avatar de la vieille figure du despote qui hanta la philosophie politique depuis Platon. On pourra toujours découvrir des filiations, établir des généalogies, mettre en évidence des enchaînements ; on pourra analyser les divers éléments qui rendent explicable l'événement, on ne saurait oublier que, comme le dit Hannah Arendt, « l'événement illustre son propre passé mais ne peut jamais en être déduit ».

Aucune nécessité historique, aucun déterminisme économique ou autre ne peut rendre compte du totalitarisme de façon exhaustive. Perversion de la démocratie, produit de l'illusion sociale, résultat de la décomposition d'une société en « masse », tout éclaire, rien ne résume le phénomène. Aussi nos remarques rapides doivent-elles être prises pour ce qu'elles sont : le besoin de souligner la spécificité de l'inscription dans l'espace social, d'une illusion qui s'est incarnée dans un type d'organisation et que la contingence des événements a promu au rang, peu glorieux, d'invention d'une nouvelle figure politique. Nouvelle comme incarnation dans le réel, mais qui puise au plus profond de la nature de l'homme et de la société.

On ne saurait réduire le totalitarisme à la personnalité du « dirigeant suprême » et à son charisme. Ce serait une erreur d'un autre ordre que de ne pas prendre en compte la personnalité du chef, puisque la possession d'un pouvoir absolu permet de faire entrer dans les faits ses souhaits et ses fantasmes. Mais si la « personnalité » donne une coloration subjective au système, elle n'explique pas le système. C'est très précisément le contraire qui est vrai. Le système totalitaire est tel que la fantaisie de l'égocrate peut y jouer comme une loi de ce système. Résumons l'irremplaçable description que nous donne Hannah Arendt dans *Le Système totalitaire*[4] :

Le totalitarisme implique la combinaison des traits suivants :

— une idéologie officielle et exclusive qui couvre tous les aspects de la vie *individuelle* et *collective* et qui « déchiffre » le sens caché de l'histoire des hommes ;
— un parti unique de masse, dirigé par l'Unique ;
— une terreur qui, avec la police politique comme bras séculier, dirige son action non seulement contre les adversaires réels mais contre des portions entières de la société ;
— la destruction des corps qui organisent la société civile, de façon à réduire celle-ci à l'état de « multitude » que le Parti peut recomposer selon son plan. Car c'est le Parti qui doit donner au corps social son identité et son unité. Aussi son appareil doit-il embrasser toutes les manifestations de la vie et ses diverses organisations, sans que lui échappe aucune zone morte ;
— enfin, un monopole rigoureux de l'information et l'importance accordée à la propagande et à l'endoctrinement...

4. Soulignons une réserve : H. Arendt ne différencie pas essentiellement le totalitarisme bolchevique et le totalitarisme nazi ; et il est vrai que l'analogie entre leur organisation du pouvoir et leur idéocratie légitime cette confusion. Cependant le totalitarisme stalinien s'inscrit — même si c'est sous la forme de « l'illusion » — dans la descendance de la démocratie. Aussi peut-il prétendre viser à la réalisation de l'Universel. Le nazisme (qui est comme un « lapsus » de l'histoire qui ouvre une voie royale sur les arrière-mondes du « vivre-ensemble » social) est explicitement une riposte à la logique de la démocratie et qui ne peut, sans contradiction, s'offrir comme réalisation de l'Universel. La différence ne nous semble pas devoir être minimisée puisqu'elle nous fait conclure que le nazisme est un « accident », une « pathologie » de l'Occident alors que le bolchevisme est une de ses possibilités historiques menaçantes ; l'ombre portée de la démocratie, son « illusion métaphysique ».

Comment ne pas évoquer, malgré son caractère intéressé, le jugement de Trotsky réappréciant un système dans lequel il ne voulait plus voir que le produit d'une révolution *trahie* :

« "L'Etat c'est moi" est presque une formule libérale en comparaison des réalités du régime totalitaire de Staline. Louis XIV ne s'identifiait qu'avec l'Etat. Les papes de Rome s'identifiaient à la fois avec l'Etat et avec l'Eglise, mais seulement durant les époques du pouvoir temporel. L'Etat totalitaire va bien au-delà du césaro-papisme, car il embrasse l'économie entière du pays. A la différence du Roi-Soleil, Staline peut dire à bon droit : "La société c'est moi !" »[5]

Institution d'un type nouveau, le parti totalitaire engendre un homme nouveau : l'homme totalitaire dont nous avons esquissé l'approche dans l'étude des mouvements idéologiques militants. Disons, simplement, qu'il n'est rien de moins que l'homme de la foi, lorsque celle-ci, ayant rompu les amarres avec la transcendance, s'investit dans le monde profane et croit que l'absolu est réalisable « ici et maintenant ».

Ce n'est pas un « monstre ». On peut même dire que c'est sa banalité qui surprend. En dehors des périodes d'exaltation lyriques qui ne sauraient occuper toute une vie, il se présente douillettement installé dans un monde double, un langage double et doublement stéréotypé. D'un côté, l'homme de la propagande à la bouche pleine d'imprécations et d'injures soigneusement codées. De l'autre, l'homme de l'administration qui saura, si un jour l'histoire le prive de ses pouvoirs et de ses justifications idéologiques, s'apitoyer sur son sort et expliquer qu'il n'a fait qu'obéir, réduisant à la prose d'un travail de bureaucrate scrupuleux l'horreur de ses pratiques.

Dans la religion, le sujet reconnaissait les limites de sa capacité de connaître et laissait sa place à la foi, de sorte que savoir et salut sont distincts ; dans l'univers totalitaire — cette fausse religiosité — savoir et salut ne font qu'un. Ce savoir n'est, certes, pas possédé par tous mais est possédable en droit et il est supposé possédé par les instances dirigeantes et par le chef, qui est d'abord « chef du savoir »[6]. Aussi l'idéologie ne

5. L. Trotsky, *La nature de l'URSS*, textes, Maspero, 1974.

6. A. Zinoviev, qui sait de quoi il parle, ironise sur le matérialisme dialectique, devenu dans sa bouche l'*ivanisme*, en ces termes : « L'ivanisme est la doctrine de la société la plus supérieure, la plus profonde, la plus universelle, la plus toute-puissante,

peut-elle jamais laisser place à l'interrogation qui ferait se démailler, de proche en proche, tout le tissu symbolique. D'où l'obligation de nier tout événement comme irruption de l'impensable.

Lorsque l'écart se creuse trop évidemment entre la réalité et la fiction idéologique, lorsque d'un côté il y a la misère et, de l'autre l'avenir radieux voire le présent triomphant, comment faire ? Il suffira de se donner les moyens pour faire de l'imaginaire le « réel » et du réel la « fiction ». Ainsi se crée un monde fou où les significations n'ont aucun ancrage et glissent pour signifier n'importe quoi ; où le réalisme consiste à donner réalité à l'irréalité. C'est pourquoi les deux organes essentiels du totalitarisme sont le contrôle de l'information et la police politique.

Alexandre Zinoviev, dénonçant la fausse symétrie faite entre les deux « régimes », le capitalisme et le communisme, souligne que le capitalisme n'est qu'un système économique relativement récent alors que le communisme répond à d'archaïques désirs. C'est un spectre qui vient du fond des âges ! L'espoir d'une communauté indivise originaire, ignorant la propriété, le vol, ignorant aussi la prohibition de l'inceste. [Alain Besançon, dans *Les origines intellectuelles du léninisme* (1977), évoque Epiphane (et la Gnose, au IIe siècle), qui prophétise l'abolition de tout ce qui différencie — propriété et prohibition de l'inceste — et le rétablissement de l'unité du vivant et de la santé naturelle de l'humanité.]

Ce qui est ainsi posé c'est, indépendamment des formes que le désir fou de se confondre dans une grande famille, peut prendre dans l'histoire et des discours multiples qui le symbolisent, l'enracinement anthropologique de ce désir « océanique ».

[Notons que Marx disait que le communisme ne cherche pas à abolir la famille mais seulement la famille comme sphère

la plus irréfutable, nourrie par tout le développement passé de l'humanité et confirmée par tout le développement futur de l'humanité. Tel est le dogme inébranlable de la société ivanienne... Sans le secours de l'ivanisme, aucun problème social ne peut recevoir une solution exhaustive et correcte. En outre, si quelqu'un tente de résoudre ce genre de problèmes sans recours à l'ivanisme, il se condamne à l'avance aux erreurs les plus grossières, à une incompréhension complète des choses, à une monstrueuse déformation de la réalité et d'autres crimes non moins atroces... »

Et il ajoute, un peu plus loin : « Un ivanologue éminent fut fusillé pour avoir employé l'expression : « selon moi » » *(Les Hauteurs béantes)*.

du privé et veut faire de la société une grande famille, au prix du dépassement des familles particulières.]

Chacun de nous connaît la pratique totalitaire dans les microcosmes sociaux et la tentation totalitaire habite tout le monde ; c'est le rêve d'une communauté où chacun est animé par la même foi, la même volonté, le même désir, où personne n'a aucun secret pour autrui, où la transparence ne rencontre nul obstacle.

Cette abolition de l'opacité du privé est l'image du paradisiaque pour les uns, le comble de l'infernal pour d'autres. Mais ce sont bien deux faces d'un même archétype et qui hante la pensée depuis les origines de la réflexion théorique. Aristote ne reprochait-il pas déjà à Platon de croire que l'idéal pour la Cité doit être l'unité la plus parfaite possible et ne lui opposait-il pas :

« Il est évident que, le processus d'unification se poursuivant avec trop de rigueur, il n'y aura plus d'Etat ; car la Cité est par nature une pluralité, et son unification étant trop poussée, de cité elle deviendra famille, et de famille, individu : en effet, nous pouvons affirmer que la famille est plus une que la cité, et l'individu plus un que la famille. Par conséquent, en supposant même qu'on soit en mesure d'opérer cette unification, on doit se garder de le faire, car ce serait conduire la cité à sa ruine. La cité est composée non seulement d'une pluralité d'individus, mais encore d'éléments spécifiquement distincts. »

Mais la critique d'Aristote a une autre dimension : elle met en relation la théorie politique de Platon et sa théorie de l'amour, *La République* et le *Banquet*.

Ce que le *Banquet* nous donne c'est une conception de l'amour fondée sur le mythe de l'unité perdue et de l'effort de chacun pour la reconquérir en retrouvant ce qui suturera sa mutilation originale. L'amour est cette force qui veut faire éclater les bornes du moi, le désir de se perdre dans l'autre qui se perd en moi, l'aspiration à l'indissociable.

Et cette approche d'Eros (un éros où il ne serait pas difficile de mettre en évidence l'ambiguïté mortifère) est aussi une approche du politique. Se rejoindre ; de plusieurs qu'on était ne plus faire qu'un seul être, est non seulement l'idéal de l'amour, c'est aussi l'idéal de *La République*. Les amants ne rêvent que de se fondre l'un dans l'autre, les citoyens doivent vouloir se faire groupe en fusion dans lequel le sentiment, de joie ou de peine, est le même pour tous[7].

Critiquant Platon, Aristote montre que l'amour ne saurait fonder le lien social, ni l'absence de possession privée et la collectivisation, éliminer l'agressivité entre les hommes :

« Socrate loue par-dessus tout l'unité de l'Etat, unité qui paraît bien être, comme il le déclare lui-même, une création de l'amitié, et qui est comparable à celle que, dans les discours sur l'amour, nous voyons Aristophane décrire, quand il dit que les amants, dans l'excès de leur tendresse, désirent ardemment se fondre ensemble, et de deux qu'ils étaient, devenir l'un et l'autre un seul être. Dans ce dernier cas, il arrive nécessairement que les deux individualités disparaissent, ou du moins l'une d'entre elles ; au contraire, dans la cité platonicienne, sous l'effet de la communauté dont on veut nous gratifier, il est inévitable que l'amitié se dilue et que le père ne puisse plus dire du tout : "mon fils", ou le fils : "mon père". De même, en effet, qu'une faible quantité de vin doux mêlée à une grande quantité d'eau est imperceptible dans le mélange, ainsi arrive-t-il que les relations mutuelles de parenté, qui prennent leur point d'appui sur ces noms, ne manqueront pas de s'effacer. Il n'est plus du tout nécessaire, dans la république qu'on nous présente, de se soucier les uns des autres, comme un père se soucie de ses enfants ou un fils de son père, ou un frère de son frère. Car il y a, dans l'homme, deux mobiles prédominants de sollicitude et d'amour : le sentiment de la propriété et l'affection exclusive ; or aucun de ces mobiles ne peut trouver place dans un Etat ainsi constitué » [*Politique*, II, 4].

La fusion océanique, la reconstitution d'un univers indifférencié, ne les retrouve-t-on pas dans l'illusion d'un pouvoir qui croit à la toute-puissance de son *regard* et de sa *volonté* ?

De cela, nous avons disserté.

7. Sur l'illusion du bonheur total et de l'amitié des hommes par la politique E. Jones nous raconte comment Freud ironisait (in *La vie et l'œuvre de Sigmund Freud*, t. 3, PUF, 1969) : « ... Freud me prit de court en disant qu'il avait rencontré récemment un ardent communiste et avait été à moitié converti au "bolchevisme", comme on disait à l'époque. Ce dernier lui avait dit que l'avènement du bolchevisme amènerait quelques années de misère et de chaos, mais qu'elles seraient suivies de la paix universelle, de prospérité et de bonheur. » Et Freud ajouta : « Je lui ai répondu que je croyais à la première moitié de ce programme. »

APPENDICE

Psychanalyse et Politique

[Parce que nous faisons un recours constant à Freud, il nous a paru qu'une mise au clair de la façon dont nous entendions la psychanalyse, dont nous ordonnions ses concepts et appréhendions son édifice théorique s'imposait. D'où cet appendice.]

Ce qu'il faut accepter — et qui longtemps n'apparaissait pas comme une thèse sérieuse — c'est que Freud est un penseur politique. Il nous donne les instruments conceptuels pour penser la nature du rapport de l'homme au pouvoir et la nature des effets du pouvoir sur l'homme.

Le nœud du freudisme est l'Œdipe.

En 1920, dans ses *Trois essais sur la théorie de la sexualité*, Freud le soulignait avec insistance :

« La psychanalyse nous a appris à apprécier de plus en plus l'importance fondamentale du complexe d'Œdipe, et nous pouvons dire que ce qui sépare adversaires et partisans de la psychanalyse c'est l'importance que les derniers attachent à ce fait. »

Or Œdipe ne peut être compris à l'intérieur d'une « psychologie ». Il implique — au cœur même de la constitution du sujet — la marque d'un système d'intersubjectivités, qui est en même temps un système de rôles — celui du Père, de la Mère et de la Progéniture —, avec l'existence d'un ordre qui l'organise et qui est l'ordre de l'interdit. La question que pose l'Œdipe est d'abord celle-ci : peut-on le réduire à un avatar de l'histoire des hommes et n'y voir que l'effet malheureux de la division de la société entre oppresseurs et opprimés, avec, pour conclusion, l'espoir que le clivage qu'il impose en l'homme soit annulé et que le désir se redécouvre pure positivité, dans un espace social où plus rien ne l'obligerait à cette contorsion qui le transforme en manque et en désir du manque ?

De *Reich* à *Deleuze* et *Guattari* les systèmes ne manqueront pas qui, subtils dans la découverte du lien entre psychanalyse et politique n'aboutissent, historicisant l'Œdipe et y voyant le résultat dans la psyché d'un ordre répressif extérieur, qu'à une lénifiante utopie sociale qui réconcilie désir, révolution et lendemains d'amour.

Ce que Freud a établi c'est d'abord que le désir de l'homme est désir sans objet consubstantiellement lié à lui. Tout objet du désir ne fonctionne que comme objet symbolique, objets remplaçants des objets irrémédiablement absents. C'est un mythe de croire que la jouissance n'est ratée que parce qu'il y a répression et intériorisation de la répression. On sait, Freud le montre, que le « premier objet sur lequel se porte le choix sexuel du jeune garçon est de nature incestueuse, condamnable, puisque cet objet est représenté par sa mère ». Peut-on imaginer que l'absence d'interdits laisserait au désir la possibilité d'imposer sa loi et de s'apaiser ? Ne voit-on pas au contraire que l'interdit est ce qui empêche le désir impossible de submerger, de l'angoisse de son impossibilité à être, le sujet ? Comme le montre l'analyse, chez des sujets angoissés par la conscience qu'ils ont de leur désir incestueux pour leur mère, ce n'est pas une angoisse résultant des interdits qui empêche le désir de se réaliser, c'est l'angoisse devant l'effondrement possible des interdits, « une angoisse — dit *Mustapha Safouan* dans son livre : Le complexe d'Œdipe[1] — que le sujet éprouve devant sa propre abolition comme sujet qui parle, l'angoisse que le manque ne lui manque. Car le désir est ainsi fait que les objets qu'il vise ne sont jamais reçus par lui que comme des substituts d'un "je ne sais quoi" ».

Ce qui est à comprendre ce n'est pas que l'univers des règles et des interdits trouve en chaque homme, en quelque sorte, son complice par l'intériorisation qu'il en fait, c'est le besoin de cet univers des règles et des interdits pour suturer une faille intrapsychique, un conflit primordial que Freud a inscrit sous le titre de Eros et de la pulsion de mort.

1. M. Safouan, *Etudes sur l'Œdipe*, Paris, Seuil, 1974.

La détresse qui définit l'animal humain l'oblige à demander à l'Autre d'organiser le champ de ce qui est désirable et de ce qui ne doit pas l'être et par là même le devient comme objet de la transgression. L'Autre qui donne la loi c'est d'abord cette autre dans le face à face avec qui tout commence : la mère. La relation première à la mère nous permet de voir de quel jeu de dupe l'enfant — et la mère — sont les victimes inéluctables. Soumis absolument à celle qui rythme son existence par l'ordre des tétées qu'elle impose, qui est la vie ou la mort par sa présence ou son absence, par son sourire ou sa gronderie, l'enfant cherchera à entrer dans le champ du désir de la mère pour en obtenir l'amour. Il va vouloir occuper la place qu'inconsciemment elle lui désigne comme devant être la sienne s'il veut être « son enfant ». Ainsi l'enfant n'accède à la reconnaissance par la mère qu'en s'aliénant, c'est-à-dire en se faisant objet de son désir à elle. Et objet symbolique. Car ce désir de la mère est désir de quoi ? De quoi manque donc la mère dont l'enfant puisse être substitut ? L'analyse de ce manque nous renvoie à la relation de la mère avec le père de l'enfant et, derrière, à une autre relation qu'elle a nouée, enfant, avec ses propres parents, avec son père qu'elle a désiré et qui lui a été interdit, avec sa mère qui, avant d'être la partenaire jalousée, fut pour elle ce qu'elle est pour tout enfant, la source de vie et la menace première de mort. Ainsi l'enfant se perdra-t-il dans l'énigme de ce qu'il représente pour la mère, de ce pour quoi il est aimé (ou non). L'Œdipe est le pas à franchir par l'enfant pour passer de l'ombre de la mère à la séparation comme sujet. La présence, dans le champ de signification, du père comme tiers — un tiers excluant — brise la relation duelle imaginaire. L'enfant devient un sujet dans la difficulté de cette troisième naissance (la première naissance est l'arrachement au milieu intra-utérin et son cri primal, la seconde est l'arrachement au sein de la mère et le sevrage, la troisième est l'entrée dans l'univers du langage).

L'enfant « découvre » que le père et la mère ont un « dialogue » qui l'exclut. Il est celui dont on parle et non celui à qui l'on parle. Ainsi se saisira-t-il dans la position de la tierce personne et s'appréhendera-t-il comme « il », lequel, intériorisé, se fera « Je », insularité subjectivée. Cette odyssée de la conscience de soi, nous ne croyons pas qu'elle nous ait éloigné de notre propos. De l'Œdipe, constitutif du lieu où le sujet advient, à l'Œdipe constitutif du lieu où adviennent la loi et la sociabilité il n'y a que répétition du même ; plus exactement c'est le même — à savoir l'avènement du symbolisme — qui se donne dans ce jeu de dédoublement. Le montrer c'est en venir à ces textes qui, chez Freud, traitent directement du politique comme tel : *Totem et tabou*, *Psychologie collective et analyse du moi*, *L'Avenir d'une illusion*, *Malaise dans la civilisation*. Le rapport entre psychanalyse et politique, nous l'avons vu, s'est surtout donné dans la recherche d'un dépassement de Freud à partir d'une critique où l'Œdipe serait le dispositif qui soumettrait la force énorme du désir aux normes familiales, relais du pouvoir social. A partir de telles prémisses, voici que révolution et bonheur, révolution et jouissance nouent des liens de mariage. Certes, le « monstre froid » qui est né en 1917 peut difficilement se donner comme un ordre de jouissance et l'enseignement léniniste (comme celui de tout militantisme) se présente plutôt comme une éthique du refus de la jouissance définie comme un laisser-aller qui soustrait à la ferveur révolutionnaire des énergies qui doivent lui revenir.

On est dans une sorte d'économie libidinale où ce qui doit s'investir d'un côté (la révolution) doit être épargné de l'autre (le jouir individuel). A moins que le jouir puisse être — mais de façon cachée à soi-même — jouir ascétique, jouir du manque à jouir.

On pourrait objecter qu'un autre type de radicalisme révolutionnaire et un autre type de subversion individuelle sont possibles, qui ne relèveraient pas de ces militantismes militaires mais renverraient à la tradition libertaire. *A tous Freud rétorquerait :*

« Deux caractères humains sont causes que l'édifice de la civilisation ne peut se soutenir sans une certaine dose de contrainte : les hommes n'aiment pas spontanément le travail et les arguments ne peuvent rien sur leurs passions. »

Aussi permettons-nous cette digression — Freud prêcherait-il pour une politique pragmatique, lui qui rappelait cette parabole des porcs-épics en hiver, contée par Schopenhauer : les porcs-épics en hiver ont froid. Ils se rapprochent pour avoir plus de chaleur mais alors souffrent des piquants qu'ils s'enfoncent réciproquement dans les chairs. Ils s'éloignent de nouveau et risquent de mourir de froid. D'approches trop piquantes en reculs glacés ils chercheront un équilibre où ni froid ni douleur ne dépasseront le supportable. Ainsi les hommes doivent-ils chercher cette distance — compromis entre une sociabilité trop meurtrissante et une impossible solitude narcissique.

C'est que, s'il n'est pas de société sans maître, c'est-à-dire sans la coercition liée à la nature même du social, il n'est pas indifférent de savoir quel maître. Il y a des maîtres plus insupportables que d'autres.

On peut être déçu par une pensée qui voit la politique comme une ruse entre des inconciliables et lui préférer ces visions du monde péremptoires qui engendrent, en général, le contraire de ce qu'elles affirment viser. Mais :

« L'infantilisme doit être surmonté. Les hommes ne peuvent être des enfants à jamais. Il leur faut s'aventurer dans l'univers hostile. On peut appeler cela éducation à la réalité » *(L'Avenir d'une illusion).*

Tout gravite, dans *Totem et tabou*, autour du Père. Dans *Cinq Psychanalyses*, Freud écrivait :

« D'après Lichtenberg, l'astronome sait à peu près avec la même certitude si la lune est habitée et qui est son père, mais il sait avec une tout autre certitude qui est sa mère. »

La paternité est acte de foi et suppose un ordre qui l'assure. Cet ordre, cet univers de règles, de langage et de réciprocités, ne naît pas du meurtre du Père. Le mâle de la horde primitive n'est pas « Père », la horde ne connaissant que des rapports naturels de force. Il naît du meurtre de ce rapport naturel de domination pour qu'en résulte ce Père, immortel de n'être plus que symbole, et sur quoi se fonde toute paternité (et tout pouvoir ?).

Comme l'écrit *Lacan* : « Le symbole se manifeste d'abord comme meurtre de la chose et cette mort constitue dans le sujet l'éternisation de son désir. »[2] Mais déjà Marcel Mauss l'avait souligné dans son essai sur le don[3] :

« L'un des premiers groupes d'êtres avec lesquels les hommes ont dû contracter, et qui, par définition, étaient là pour

2. J. Lacan, *Ecrits*, Paris, Seuil, 1966.
3. M. Mauss, *Sociologie et anthropologie*, Paris, PUF, 1950.

contracter avec eux, c'étaient avant tout les esprits des morts et des dieux. En effet, ce sont eux qui sont les véritables propriétaires des choses et des biens du monde. C'est avec eux qu'il était le plus nécessaire d'échanger et le plus dangereux de ne pas échanger. Mais, inversement, c'était avec eux qu'il était le plus facile et le plus dur d'échanger. »

Echanges, institutions, tout le symbolique est sous la dépendance de la mort, case vide qui fait que ça fonctionne et grande exclue d'où l'ordre humain tire origine.

L'investissement rétroactif de la fonction paternelle sur le géniteur tué et dévoré dans un festin cannibale, Freud l'explique par le remords des frères au soir du meurtre. Mais ce remords reste incompréhensible si l'on n'a pas recours au postulat d'un conflit intrapsychique originaire qui en explique la possibilité : celui de la pulsion de vie et de la pulsion de mort. L'ordre de la culture s'enracine dans ce dualisme fondamental. Et il en résulte que : le sentiment de culpabilité est l'expression de la lutte éternelle entre Eros et Thanatos. Il y a une culpabilité consubstantielle au social qui explique les rapports ambigus que l'homme entretient avec les interdits et sans lesquels il n'y aurait pas de sociabilité possible. Et l'histoire des hommes est à comprendre à partir de l'odyssée de cette culpabilité dont Freud, dans *Malaise dans la civilisation*, explicite les effets dans notre monde : celui de l'individualisme et de l'universalisme.

Avec *Malaise dans la civilisation*, dans un texte à la démarche apparemment hésitante, où la réserve et la prudence semblent perpétuellement retenir l'audace des hypothèses, Freud offre une théorie du pouvoir politique et de ses effets sur le sujet du pouvoir.

Freud débute par une généalogie du social qui semble reprendre l'analyse des penseurs du XVIIIe siècle. Et pourtant... : « Les hommes veulent être heureux et le rester. » Mais ce principe de plaisir, qui détermine le but de la vie et gouverne les opérations de l'appareil psychique, l'univers entier le dément. « On serait tenté de dire qu'il n'est point entré dans le plan de la "Création" que l'homme soit heureux. »

La souffrance humaine découle de trois sources : la puissance de la nature, la caducité de notre propre corps et les nécessités de la coexistence avec autrui. Or, si les deux premières sources sont reçues comme inévitables, il n'en va pas de même de la troisième. Cette souffrance d'origine sociale — « nous nous refusons obstinément à l'admettre. Nous ne pouvons saisir pourquoi les institutions dont nous sommes nous-mêmes les créateurs ne nous dispenseraient pas à tous protection et bienfaits. » — (On voit que Freud procède bien à une description de la conscience moderne.) Cette insatisfaction d'un type particulier explique que nous trouvons là le terrain d'élection où surgit l'illusion de pouvoir accorder institutions et désir. Et Freud donne deux exemples du travail d'un tel imaginaire : la découverte des peuples « primitifs » a engendré la croyance que les sauvages savaient mener une vie simple et heureuse que notre sur-civilisation nous a fait perdre ; la découverte que la névrose résulte de la difficulté à supporter l'excès de renoncement exigé par la société, au nom de son idéal culturel, a fait croire qu'il suffirait d'abolir ces exigences pour retrouver des possibilités perdues de bonheur.

Mais un problème demeure entier : pourquoi la société implique-t-elle un ordre sexuellement répressif, et on ne saurait nier qu'il le soit. Pourquoi une société ne serait-elle pas composée d'individus qu'uniraient des intérêts communs et qui seraient libres, par ailleurs, de vivre leur sexualité comme ils l'entendent ? Quelle contradiction y a-t-il dans l'idée d'une société fondée sur le plaisir ? Est-ce simplement parce que l'amour isole les êtres et compromet l'échange ? Explication insuffisante. *Totem et tabou* nous a déjà montré que, le Père mort, le remords, c'est-à-dire la culpabilité après l'acte, fonctionne comme un interdit sexuel. Et nous savons que ce remords est le résultat de la toute primitive ambivalence à l'égard du mâle tout-puissant : les fils le haïssaient mais ils l'aimaient aussi. Et la haine assouvie, l'amour réapparaît qui ressuscite la voix du Père (ou plutôt qui la suscite). C'est du côté de cette ambivalence constitutive de notre nature pulsionnelle qu'il faut chercher réponse.

Pourquoi la société a-t-elle besoin d'unir entre eux les membres de la communauté par d'autres liens que ceux de l'utilité ? Pourquoi se doit-elle de favoriser les identifications fortes afin que se développent, entre les hommes du groupe, des relations amicales ?

Certes, pour réaliser ce déplacement libidinal de l'homme

pour ses semblables, simplement parce qu'ils sont ses semblables, il faut que la vie sexuelle soit soumise à des restrictions, qu'elle soit inhibée quant à son but premier. Mais « quelle nécessité entraîne la civilisation dans cette voie et fonde son opposition au sexe ? Il doit y avoir là un facteur de trouble que nous n'avons pas encore découvert ».

Freud aborde alors sa rupture totale avec l'*idyllisme* :

« L'homme n'est point cet être débonnaire au cœur assoiffé d'amour, dont on dit qu'il se défend quand on l'attaque, mais un être, au contraire, qui doit porter au compte de ses données instinctives une bonne somme d'agressivité : pour lui, par conséquent, le prochain n'est pas seulement un auxiliaire et un objet sexuel possibles, mais aussi un objet de tentation. L'homme est en effet tenté de satisfaire son besoin d'agression aux dépens de son prochain, d'exploiter son travail sans dédommagements, de l'utiliser sexuellement sans son consentement, de s'approprier ses biens, de l'humilier, de lui infliger des souffrances, de le martyriser et de le tuer. "*Homo homini lupus*" : qui aurait le courage en face de tous les enseignements de la vie et de l'histoire, de s'inscrire en faux contre cet adage ? »

Ainsi introduite, la pulsion de mort, non encore nommée, n'est pas une notion construite pour les besoins d'une démonstration de philosophie politique. Elle a été exigée par les difficultés rencontrées dans l'analyse de certaines névroses et énoncée, quelques années plus tôt, dans *Au-delà du principe de plaisir*.

Les tendances agressives sont une donnée instinctive primaire autant qu'est primaire la donnée érotique. Au début n'est pas l'unité, au début n'est pas l'harmonie, au début n'est pas le principe d'où tout sortira. Au début est le conflit, la fissure dans l'être qui fait que celui-ci est à la fois amour et mort, vie et suicide.

Cette pulsion de mort nous la retrouvons, dynamique cachée qui travaille dans l'histoire et travaille l'histoire.

« Par suite de cette hostilité primaire qui dresse les hommes les uns contre les autres, la société civilisée est constamment menacée de ruine. L'intérêt du travail solidaire ne suffirait pas à la maintenir : les pressions instinctives sont plus fortes que les intérêts rationnels. La civilisation doit tout mettre en œuvre pour limiter l'agressivité humaine et pour en réduire les manifestations à l'aide de réactions psychiques d'ordre éthique. »

La civilisation est prise dans le jeu conjugué de l'instinct de vie et de l'instinct de mort, car il serait erroné de croire qu'Eros et Thanatos travaillent séparément. Ils sont en perpétuel alliage et la civilisation est l'effet de leur insoluble conflit. Annuler Thanatos est une entreprise vouée à l'échec. L'illusion que le mal puisse être résorbé dans des contextes moraux sociaux ou politiques donnés ne fait que renforcer l'effet de la pulsion de mort. Derrière l'angélisme comme derrière le visage de la vertu intransigeante c'est elle qui se cache.

Et Freud d'analyser deux exemples : *le communisme, le christianisme.*

« Lorsqu'on abolira la propriété privée (disent les communistes) qu'on rendra toutes les richesses communes et que chacun pourra participer aux plaisirs qu'elles procurent, la malveillance et l'hostilité qui règnent parmi les hommes disparaîtront. Comme tous les besoins seront satisfaits, nul n'aura plus aucune raison de voir un ennemi en autrui. » On peut être choqué par la désinvolture avec laquelle Freud réduit la vision marxiste à sa « Grande Promesse ». On aurait tort. Freud n'a pas pour but de discuter la doctrine. Il accepte même de donner acte que l'abolition de la propriété privée retire à l'agressivité un instrument puissant. « Mais non le plus puissant ! »

« Abolirait-on le droit individuel aux biens matériels, que subsisterait le privilège sexuel d'où émanent obligatoirement la plus violente jalousie ainsi que l'hostilité la plus vive entre des êtres occupant autrement le même rang. Abolirait-on, en outre, ce dernier privilège, en rendant la vie sexuelle entièrement libre, en supprimant donc la famille..., que rien ne laisserait prévoir quelles nouvelles voies la civilisation pourrait choisir pour son développement. Il faut en tout cas prévoir ceci : quelque voie qu'elle choisisse, le trait indestructible de la nature humaine l'y suivra toujours. »

Ajoutons cette remarque lourde de vérité historique :

« On voit comment la tentative d'instauration en Russie d'une civilisation communiste nouvelle trouve son point d'appui psychologique dans la persécution des bourgeois. Seulement on se demande avec anxiété ce qu'entreprendront les Soviets une fois leurs bourgeois exterminés. »

Nous savons la suite. On n'en finira pas de traquer le

bourgeois, car celui-ci est à chercher là où on ne le voit pas, là où il semble ne pas être, dans le parti et en chacun de ses militants, où le « vieil homme » (entendez le bourgeois) menace toujours[4].

Une agressivité dirigée contre des groupes définis comme extérieurs (car il est toujours possible d'unir les uns aux autres une plus grande masse d'hommes à la seule condition qu'il en reste dehors pour recevoir les coups), et une agressivité dirigée contre soi, dans le sentiment de culpabilité ; dans les deux cas pouvoir et pulsion de mort passent compromis au profit du pouvoir, de la pulsion de mort, détournée mais satisfaite et aux dépens de la demande de bonheur.

Quant au christianisme, contentons-nous de cette brève remarque :

« Lorsque l'apôtre Paul eut fait de l'amour universel des hommes le fondement de sa communauté chrétienne, la plus extrême intolérance de la part du christianisme à l'égard des non-convertis en fut la conséquence inévitable... » On voit bien que ce qui est en question c'est l'illusion universaliste et unifiante. Ce qu'il faut en conclure ? Peut-être simplement que l'adage « qui veut faire l'ange fait la bête » est aussi un adage politique.

Qu'il s'agisse d'Eros, qu'il s'agisse de mort, la civilisation n'a pas à son programme le bonheur des individus. Comme l'écrit Freud : « On a presque l'impression que la création d'une grande communauté humaine réussirait au mieux si l'on n'avait pas à se soucier du bonheur de l'individu. »

Au regard de la réflexion la loi se donne aujourd'hui comme un instrument au service du bonheur de chacun et de tous. En ce sens elle ne saurait être investie d'aucun autre sentiment que celui qui résulte de sa réussite en ce domaine. Mais peut-on, dans ces conditions, parler encore de loi ? En réalité, dans le

4. Zinoviev, qui est comme le Swift du soviétisme, imagine, dans *Les hauteurs béantes*, que l'ivanisme a totalement triomphé dans le monde. Plus d'opposition... Alors on décida de créer « une République démocratique et bourgeoise non-alignée (RDBNA) de deux mètres carrés, dont le territoire devint le point de départ d'émissions calomnieuses et où on décida d'exiler des opposants de temps à autre... » Puis le « Numerus » fait un discours dans lequel il se déclare partisan de la coexistence pacifique et qu'il conclut par un appel au renforcement de la défense nationale et de l'appareil de police. Et Zinoviev de dire : « C'est ce qu'on fit. Et on renforça aussi la défense des frontières de l'intérieur, car à l'extérieur il n'y avait déjà plus rien. »

vécu des individus la loi ne s'offrira jamais sans être porteuse d'une sacralité : celle qui lui vient d'être entendue comme la volonté du « Peuple », cet « Absent » souverain ; parole d'un lieu qui ne peut être que symbolique et que *signifie*, sans se confondre avec lui, le fait du nombre.

L'avers d'une telle loi est bien cette culpabilité qui désormais, dans le champ du for intérieur, fera son travail et qu'accompagnera l'interrogation sur le moment ou deviendra insupportable. Et dès lors, quoi ?

La lecture de Freud peut laisser un sentiment d'insatisfaction par l'absence de ces prophétismes qui permettent tous les enthousiasmes et qui savent offrir des raisons de mourir. Rien, cependant, n'interdit de tirer de Freud des leçons politiques, au sens le plus prosaïque du terme. Elles nous paraissent se résumer à ce choix « triste » : le « bon pouvoir » [le moins mauvais, mais n'est pas d'absence de pouvoir possible] est celui qui sait limiter, ou plutôt, qui voit limitées ses exigences et qui offre les chemins de compensation, de déplacement et de sublimation, aux inévitables sacrifices ; disons, un pouvoir le moins totalisant et donc totalitaire, possible, le plus ouvert aux contradictions de ses diverses instances, le plus éparpillé dans la distribution de ses prérogatives, dans une société métaphoriquement *polythéiste*.

Mais ne voilà-t-il pas que nous nous laissons aller à la récitation complaisante et intempestive [car rien ne l'appelle dans notre recherche] d'une sagesse tiède du type : « Méfions-nous des faiseurs de miracles et des prophètes assurés et armés. »

Il est grand temps d'arrêter une parenthèse bien longue et dont nous ne sommes plus très sûr qu'elle fût utile, pour reprendre le cours interrompu de notre « histoire ».

BIBLIOGRAPHIE ABRÉGÉE

Andler Ch., *Le Manifeste communiste de Karl Marx et Friedrich Engels : introduction historique et commentaire*, Ed. Rieder, 1901.
Ansart P., *Idéologies, conflits et pouvoirs*, PUF, 1977.
— *La gestion des passions politiques*, Lausanne, L'Age d'Homme, 1983.
Arendt H., *Les origines du totalitarisme* (trad. en 3 parties) : *Le système totalitaire*, Seuil, 1972 ; *Sur l'antisémitisme*, Calmann-Lévy, 1973 ; *L'impérialisme*, Seuil, 1984.
Aron R., *L'opium des intellectuels*, Calmann-Lévy, 1955.
— *Démocratie et totalitarisme*, Gallimard, 1965.
Balandier G., *Anthropo-Logiques*, PUF, 1974.
— Le sexuel et le social, lecture anthropologique, *Cahiers internationaux de Sociologie*, LXXVI, 1984.
Bernstein E., *Les présupposés du socialisme*, Seuil, 1974.
Boudon R., *Effets pervers et ordre social*, PUF, 1979.
— *L'idéologie ; l'origine des idées reçues*, Fayard, 1986.
— Sur les avatars sociologiques de l'historicisme, *Commentaire*, 9, printemps 1980.
Cazeneuve J., *Histoire des dieux, des sociétés et des hommes*, Hachette, 1984.
Chatelet F., *Logos et praxis*, SEDES, 1962.
— *Hegel*, Seuil, « Ecrivains de toujours », 1968.
Cochin A., *Les sociétés de pensée et la démocratie moderne*, Ed. Copernic, 1978.
— *L'esprit du jacobinisme*, PUF, 1979.
Cohen-Tanugi L., *Le droit sans l'Etat : sur la démocratie en France et aux Etats-Unis*, PUF, 1985.
Colas D., *Le léninisme*, PUF, 1982.
Diatkine R., Agressivité et fantasmes d'agression, in *Revue française de Psychanalyse*, t. 30, 1966.
Dolléans E., *Histoire du mouvement ouvrier*, A. Colin, 1935.
Dumont L., *Essais sur l'individualisme*, Seuil, 1983.
Furet F., *Penser la Révolution française*, Gallimard, 1978.

Gauchet M., préface à B. Constant : *De la liberté chez les modernes* (choix de textes), Librairie générale française, 1980.
— *Le désenchantement du monde*, Gallimard, 1985.
Girard R., *Mensonge romantique et vérité romanesque*, Grasset, 1961.
Habermas J., *L'espace public*, Payot, 1978.
Haupt G., *Le congrès manqué : l'Internationale à la veille de la première guerre mondiale* ; étude et documents, Maspero, 1966.
Hegel G. W. F., *La phénoménologie de l'esprit*, Montaigne, 1947.
— *La première philosophie de l'esprit (Iéna 1803-1804)*, PUF, 1969.
— *Principes de la philosophie du droit*, Gallimard, 1963.
— *La société civile bourgeoise*, Maspero, 1975.
Heller M. et Nekrich A., *L'utopie au pouvoir*, Calmann-Lévy, 1982.
Hyppolite J., *Genèse et structure de la Phénoménologie de l'esprit de Hegel*, Aubier, 1963.
— *Introduction à la philosophie de l'histoire de Hegel*, Rivière, 1968.
Janet P., *Histoire de la science politique dans ses rapports avec la morale*, F. Alcan, 1887.
Kautsky K., Le catéchisme socialiste (in *Les chemins du pouvoir*), Anthropos, 1969.
Koselleck R., *Le règne de la critique*, Minuit, 1979.
Kriegel A., *Aux origines du communisme français*, Mouton, 1964.
— *Le pain et les roses*, PUF, 1968.
Lamberti J.-P., *La notion d'individualisme chez Tocqueville*, PUF, 1970.
— *Tocqueville et les deux démocraties*, PUF, 1983.
Lefort C., *L'invention démocratique*, Fayard, 1981.
Lénine V. I., *Œuvres choisies*, Ed. de Moscou, 1975.
Leroy M., *Histoire des idées sociales en France*, Gallimard, t. 1, 1946 ; t. 2, 1950 ; t. 3, 1954.
Mac Pherson C. B., *La théorie politique de l'individualisme possessif de Hobbes à Locke*, Gallimard, 1971.
Manent P., *Tocqueville et la nature de la démocratie*, Julliard, 1982.
Manin B., Volonté générale ou délibération, *Débat*, 33, janvier 1985.
Marx K., *Œuvres*, Gallimard, La Pléiade, 1965-1985.
Michels R., *Les partis politiques*, Flammarion, 1970.
Nisbet R., *La tradition sociologique*, PUF, 1984.
Papaioannou K., *L'idéologie froide*, J.-J. Pauvert, 1967.
— *De Marx et du marxisme*, Gallimard, 1983.
Polanyi K., *La grande transformation*, Gallimard, 1983.
Popper K., *Misère de l'historicisme*, Plon, 1956.
Rauschning H., *La révolution du nihilisme*, Gallimard, 1980.
Rosanvallon P., *Le moment Guizot*, Gallimard, 1985.
Schumpeter J., *Capitalisme, socialisme et démocratie*, Payot, 1963.
Simmel G., *Les problèmes de la philosophie de l'histoire*, PUF, 1984.
Strauss L., *De la tyrannie* (précédé de *Hiéron*, de *Xénophon* et suivi de *Tyrannie et sagesse* de Kojève), Gallimard, 1954.
— *Droit naturel et Histoire*, Plon, 1954.
Villey M., *La formation de la pensée juridique moderne*, Ed. Montchrestien, 1968.

Weber M., *L'éthique du protestantisme et l'esprit du capitalisme*, Plon, 1972.
— *Le savant et le politique*, UGE, « 10/18 », 1963.
Weil E., *Hegel et l'Etat*, Vrin, 1950.
— *Essais et conférences*, PUF, 1971.
Werner E., *Mystique et politique*, Lausanne, L'Age d'Homme, 1979.
Zinoviev A., *Les hauteurs béantes*, Lausanne, L'Age d'Homme, 1980.

Imprimé en France
Imprimerie des Presses Universitaires de France
73, avenue Ronsard, 41100 Vendôme
Mars 1989 — N° 34 306